一 个 人 ， 遇 见 一 本 书

TopBook

饕书客

TopBook
饕书客

叶舒宪学术文集

中国神话哲学

ZHONGGUO
SHENHUA ZHEXUE

叶舒宪
著

陕西新华出版传媒集团
陕西人民出版社

图书在版编目（CIP）数据

中国神话哲学 / 叶舒宪著 . —西安：陕西人民出版社，2018

ISBN 978-7-224-12840-6

Ⅰ . ①中… Ⅱ . ①叶… Ⅲ . ①神话—研究—中国 Ⅳ . ① B932.2

中国版本图书馆 CIP 数据核字（2018）第 172572 号

出品人 | 宋亚萍
出版统筹 | 关　宁　韩　琳
策划编辑 | 王　倩　张启阳
责任编辑 | 王　凌　安　怡
整体设计 | 开朗文化

饕书客

微信扫一扫，关注饕书客

中国神话哲学

作　　者　叶舒宪
出版发行　陕西新华出版传媒集团　陕西人民出版社
（西安北大街 147 号　邮编：710003）
印　　刷　中煤地西安地图制印有限公司
开　　本　787mm × 1092mm　1/16
印　　张　23.75
字　　数　310 千字
版　　次　2020 年 1 月第 1 版
印　　次　2022 年 8 月第 2 次印刷
书　　号　ISBN 978-7-224-12840-6
定　　价　98.00 元

如有印装质量问题，请与本社联系调换。电话：029-87205094

叶舒宪

北京人，文学博士。

现任上海交通大学资深教授。

曾任中国社会科学院比较文学中心主任、研究员。

兼任中国民间文艺家协会副主席、文学人类学研究会会长、中国比较文学学会副会长。

1999—2000 年美国耶鲁大学客座教授；

2001 年英国学术院、剑桥大学访问教授；

2003 年、2010 年荷兰皇家学院访问教授；

2009 年台湾中兴大学客座教授。

著作有《玉石神话信仰与华夏精神》《图说中华文明发生史》等 50 种，译著 7 种。

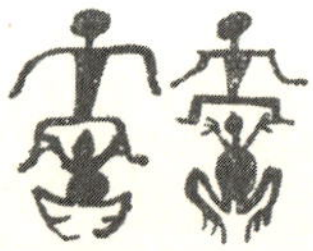

丛书总序

GENERAL PREFACE

1966年夏，我挥泪作别生活了12个年头的首都北京，独自登上绿皮火车，观望着“西去列车的窗口”，转学来到陕西西安。这便是个人命运中与陕西这个省份结缘的开端。当时根本无法预料的是，1971年从西安市第四十一中学毕业时，本应随应届毕业生去安康修三线铁路，但因为体重不足80斤，没有去成安康，阴差阳错地被分配到昆仑机械厂当工人。1977年侥幸通过十年空缺后刚恢复的高考，1978年春季步入大雁塔南侧高校；1982年毕业留校任教。直到1993年“自我流放”海南岛，我连续在陕西生活了27个年头，其间只有一年在北京师范大学学习，半年在北京语言大学修英语，还有半年在澳大利亚访学。

这里的个人学术文集，是我早年写的十部书汇总，其中多为学术著作，有六部在上世纪90年代出过第一版，2005年由陕西人民出版社再版，作为“新世纪学术文存”的个人著作选粹。当时再版的六部书是：

1.《英雄与太阳：中国上古史诗原型重构》，上海：上海社会科学院出版社，1991年。

2.《中国神话哲学》，北京：中国社会科学出版社，1992年。第二版，社会科学文库版，1997年。

3.《〈诗经〉的文化阐释——中国诗歌发生研究》，武汉：湖北人民出版社，1994年。

4.《高唐神女与维纳斯——中西文化中的爱与美主题》，北京：中国社会科学出版社，1997年。

5.《〈庄子〉的文化解析——前古典与后现代的视界融合》，武汉：湖北人民出版社，1997年。

6.《老子的文化解读》，与萧兵合著，武汉：湖北人民出版社，1994年。

以上六书，除了合著的《老子的文化解读》一书，将本人单独写的部分提取出来，改名《老子与神话》再版之外，其他五部书都是原样再版的。此次承蒙陕西人民出版社的厚意，再度给我的学术著作结集出版，并在以上六书之外，又增加了21世纪初出版的四部书：

7.《两种旅行的足迹》，上海：上海文艺出版社，2000年。

8.《耶鲁笔记》，厦门：鹭江出版社，2002年。

9.《千面女神——性别神话的象征史》，上海：上海社会科学院出版社，2004年。

10.《现代性危机与文化寻根》，济南：山东教育出版社，2008年。

其中两部是学术随笔：《两种旅行的足迹》是讲述20世纪90年代访学澳大利亚、加拿大和美国的见闻和札记。这次再版又补充了21世纪初年访学英伦的若干则笔记。《耶鲁笔记》是1999年笔者调入中国社会科学院后在美国耶鲁大学短期任教时的学术随笔集。另外两部则是学术专题著作：《千面女神——性别神话的象征史》，是笔者第一次尝试出版的图文并茂之书，根据在耶鲁大学期间收集到的资料，用数百幅彩图呈现世界各地女神的风采，并从学术上描述当代风起云涌的女神复兴运动。《现代性危机与文化寻根》则是我从海南大学调入中国社会科学院后，与文学研究所所长杨义先生共同主持的第一个院重大项目中，由本人撰写的当代文化理论专题著作。

这十部书，从1980年代最早写出的《英雄与太阳》和《中国神话哲学》，到2008年的《现代性危机与文化寻根》，前后历时约20年，总体上可以呈现出个人所经历的学术成长之路：从早年学习马克思主义原著（本人在1983年发表的学士学位论文是《马克思主义人学初探》），转向全面关注和译介当代西方文学理论，曾经特别关注的三大文学理论流派是神话—原型批评、结构主义、精神分析。本人早年的学术起步期，除了马克思、恩格斯的原著之外，也深受这三大理论流派的影响。如《英雄与太阳》和《中国神话哲学》两书，表现出神话—原型理论和结构主义理论相互融合的深刻印记；而《高唐神女与维纳斯》《〈诗经〉的文化阐释》等，则带有浓重的精神分析理论的色彩。直到同时期或稍后写的《太阳女神的沉浮——日本文学中的女性原型》《阉割与狂狷》，以及在海南大学时主编的《文学与治疗》《性别诗学》等，仍然透露出相当强烈的精神分析、女性主义或性别研究加文化分析的治学倾向。

正是由于常年沉浸在多种理论与方法思路的训练和运用实践中，因此个人在问学道路上能有某种博采众长的经验积累，给后来的文学人类学一派跨学科研究，并努力创建中国版的文化理论体系，带来某种必要的前提条件。如今回头看，要总结归纳出以上十部书的共同旨趣，那就是为2009年正式提出“神话中国”理论命题，做出的前期铺垫和理论准备。从新兴交叉学科的意义看，则是给具有中国本土特色的人文新学科——文学人类学——的问世，所做的问题探索和个案研究尝试。

2010年夏，笔者在上海交通大学创建文学人类学研究中心。2017年冬，在文学人类学研究中心基础上，又组建起神话学研究院。2019年4月，神话学研究院协同中国社会科学院比较文学研究中心主办的学术专刊《神话中国》在北京的三联书店问世。其宗旨是拓展并完善文学人类学派独家倡导的“神话中国”理论：神话并不是归属于文学的一个子类；神话是文史哲、宗教、政治、艺术等意识形态的共同源头。神话讲述活动大大早于文字的起源，它先是伴随着人类语言叙述能力的口传文化传统，在文字起源后衍生为书面记录的最早的重要内容。驱动神话发生发展的是初民的信仰观念和想象。

"神话中国"论旨在突显中国文化的上古时期并没有经历类似古希腊文明的哲学—科学突破为标志的"轴心时代"，中国文化的特征是自古及今都被神话思维、神话观念和神话信仰所笼罩，包括"中"的神话地理观和"国"的神话政治观。主体民族"汉"的命名则起源于"天汉"的神话天文观。如果说中国有哲学，那一定是某种大大有别于西方哲学形而上思维传统的"神话哲学"；中国的正史则是一部名副其实的不断延续的"神话历史"。"神话中国"的第一神山昆仑，充分体现着华夏文明独有的万年玉石神话信仰驱动的国家级的资源依赖现象，其原型是盛产全球最优质透闪石玉即和田玉的新疆南疆"于阗南山"。从于阗南山即昆仑地区向中原文明输送和田玉的历史，便成为一部"玉成华夏"的4000年国史，其运输路径则成为德国人命名的"丝路"之中国本土原型。

回到对"丝路"的学术认知方面，正是在30年前陕西西安举办的一次学术会议（1989年6月，陕西师范大学中外文化研究交流中心举办的"长安、东亚、环太平洋国际学术研讨会"）上，笔者提交的论文《文化研究中的模式构拟方法——以传统思维定向模式为例》，基于对传统思维"东向而望"的定向模式的反思与超越意识，倡导一种向中国西部开放的反潮流新理念，并正式提出"重开丝绸之路"的理论设想。就连精神分析学的顶级释梦专家也不会预料到，30年前一个西部书生的斗胆梦想，竟然变成如今举世瞩目的现实景观。

如果说"神话中国"论要开启对中国文化的深度认知新境界，那么这种深度认知的模型，一定是始于30多年译介神话—原型理论和结构主义方法时摸索出的"模式构拟"研究范式。所不同的是，如今的"模式构拟"已经完全依据本土文化传统的现实，升格为前文字时代“大传统”与文字书写时代“小传统”对接的文化理论体系。

以上对这十部书的来龙去脉的简要回顾，或已引出某种学术发展的前瞻意识。窃以为，在如今这个文化变迁速率大大超常的时代，治学者十分需要的就是这种基于学术史自觉的前瞻能力。

是为序。

作　者

2019 年 4 月 25 日于上海

导言
INTRODUCTION

神话哲学（Philosophy of mythology）并不是一个新名词，19世纪的德国哲学家谢林就写过以此为题的著作。20世纪著名的德国学者卡西尔在其《象征形式哲学》第二卷的导论部分，也是以“神话哲学的问题”为标题的。然而，对于中国学术界来说，在谢林和卡西尔的上述著作尚未有中译本的情况下，神话哲学的提法毕竟还是很陌生的，这一点，只要浏览一下国内迄今可见的神话学方面或哲学方面的著作情况便可明白了。为此，有必要首先说明一下本书标题的意义范围。

神话哲学这个汉语合成词可以从两种角度去理解，一是指神话之中所蕴含的哲学观念内容，即神话中的哲学；二是指对神话所做的哲学研究，即神话的哲学。尽管这两种理解之间是相通的，但毕竟还有侧重点上的细微差别。谢林和卡西尔主要是从后一种意义上来使用神话哲学的，因此他们所说的Philosophy of mythology的准确译法似应是“神话的哲学”。本书则主要从第一种意义上来使用神话哲学这个术语，侧重探讨的是中国神话中的哲学蕴含以及中国哲学思维模式的神话基础问题。[1]

[1] 本书所使用的“神话”一词，限指自史前至上古时期产生的神话，不包括后代历史上产生的带有神话色彩的作品。就中国神话而言，主要采用先秦以前的材料，适当兼及某些汉代、南北朝人的记载。

问题的提出本身已经意味着本书的研究具有跨学科的性质，它既不是单纯的文艺学、神话学研究，也不是单纯的哲学研究，而是旨在沟通本来就不分家的文、史、哲三大领域的一种比较文化研究的尝试，笔者的着眼点在于神话思维与哲学思维的渊源关系，在于神话中的哲学胚胎和神话向哲学的发展演化过程。为此，我不得不有意识地打破几个由来已久的学科界限。

第一个需要打破的界限是神话学与哲学之间的界限。长久以来，治中国神话的学者们埋头于神话材料的收集、整理、考订工作，自20世纪30年代的古史辨派以来，已经取得了很大的成绩。然而，当人们把神话仅仅当作神话来考据和研究的同时，似乎并未意识到他们已经开始作茧自缚了。针对此种情况，我提倡把神话作为前理论阶段的思维方式，作为前哲学的世界观和意识形态来研究，把神话学的研究重心从对个别神话本文的解释转向对神话思维的普遍模式和规则的探讨，转向对中国语言文字与中国神话及中国哲学思想的相互作用关系的探讨。这样一种探讨势必要把我们引向哲学的领域。在这里，同在神话学领域中一样，画地为牢的成见根深蒂固。在哲学家们看来，神话是初民幻想的产物，是同理性思维背道而驰的。自古希腊哲学家攻击荷马和诗人开始，直到黑格尔在其卷帙浩繁的《哲学史讲演录》中宣告，神话不应是哲学史所关注的对象，这种将神话与哲学作为水火不容之物而割裂、隔离开来的态度，在人文科学界已经司空见惯，不足为奇了。偌大一部《中国思想通史》，一开篇便讲“西周官学”，不能不说是一大遗憾。不过，自近代以来，随着人类知识的丰富、眼界的扩展，也出现了要求打破偏见的呼声。18世纪的意大利学者维柯和20世纪的法国人类学家列维－斯特劳斯都以神话研究著称于世，并且都能跻身于时代最杰出的哲学大师行列，这对于那些对神话不屑一顾的“哲学家”来说，具有充分的启迪意义。就中国哲学的研究来说，尤其具有启迪意义。如果说西方哲学的思维模式是在扬弃了神话思维模式之后发展起来的，那么可以说中国哲学的思维模式是直接承袭神话思维模式发展起来的。[1] 原因之一是，中国汉字的象形特征使直观的神话思维表象得到最大限度的保留，而语言文字作为思维的符号和文化的载体，必然会对中国人的思维方式、文化心理结构产生潜在的铸塑作用。早期的中国哲学家如老子、庄子等在很大程度上表现出神话思维的特征，而中国哲学中的基本范畴，如太极、道、阴、阳、五行、变、易，等等，几乎无一不是从神话思维的具体表象中抽象出来的。对此，我将在本书各章节的探讨中从理论和实证两方面加以阐明。从这一层意义上看，本书尝试从上古神话、礼仪、风俗、文字、建筑乃至考古文物中发掘哲学宇宙观的蕴含，可以说是一种追溯中国哲学史前史的努力。

第二个要打破的是语言学与思维科学（认知科学）的界限。中国是世界上保留历史文献最为丰富的国家，围绕着这些文献，历史上出现了一代又一代的注释训诂学家，因此，“小学”成了中国传统文化中最为发达的学术领域。然而，如果用现代的标准来衡量，中国历代的“小学”大师们很少有人够得上“语言学家”的称号。理由是，“小学”家们大都埋头于微观的经文注疏或语音、语义考据，没有人曾考虑过宏观的语言问题。众所周知，研究汉语语法的第一部著作《马氏文通》直到清代才问世，而且是取法于英语语法研究而写成的。当然，我们没有必要超越时代去要求或苛责古人，这里提出的问题意在说明，中国的“小学”传统对现当代从事人文科学研究的中国学者仍有潜在的副作用，即微观考据有余而宏观研究不足，这一缺陷在语言学尤其是古文字学研究中甚为突出。正像神话学家只把神话当作神话来研究，古文字学家也只把文字当作文字来研究，对形、音、义的发微索隐津津乐道，却没有想到语言文字本是思维的物质符号[2]，而从思维规则的研究中所获得

[1] 关于神话思维的初步探讨，可参看笔者与俞建章同志合著的《符号：语言与艺术》一书第四章“神话思维”，上海人民出版社 1988 年版。

[2] 叶舒宪：《原始思维发生学研究导论》，《哲学研究》1988 年第 2 期。

的启示足以给沉闷的古文字学打开一个新的领域，使学者们从对个别字、词的考究琢磨转向对文字发生的神话思维规则和象形字所由产生的原始表象系统的研究。这，正是本书所要尝试探索的又一个方向。既然是探索，就难免会有局部的失误，但我坚信这个方向是大有可为的，即语言文字学与思维科学的交叉结合，使微观的考证服务于宏观的理论建构，用思维科学的普遍模式来指导个别的微观研究。

第三个必须打破的界限是“国学”与“西学”之间的界限。本书题为“中国神话哲学”，也许有人会以为只是研究中国国粹的，其实不然，笔者力求通过人类神话思维的普遍规律来考察中国神话的哲学意义，因此必须以世界神话作为广阔的参照背景，同时广泛地借鉴和吸收当代国外人文科学发展中的理论与方法，特别是文化人类学、语言学和文艺学中已经广泛使用的模式分析法，使古老的中国文献得到新的理解，为素以残缺、简短、含混而著称的中国神话材料构拟出原型模式系统，并根据模式的理论演绎功能，参照跨文化的（包括少数民族的和外国的）同类材料，对若干残缺不全或完全失传了的上古神话做出原型重构。虽然本书的直接研究对象是中国的，但由于所使用的方法、术语和参照材料大部分来自国外，所以本书既可以说是西学中用的一个实例，也可以说是自觉寻求国际学术的共同语言，使中国神话、哲学和文化的研究走向世界的一种尝试。为了改变国内人文科学研究的封闭和落后局面，缩小同国际学术现状的差距，学习和引进国外的新理论和新方法是必要的，但更重要的是消化和吸收，使西学的方法同中国的材料有机地结合起来，发前人所未发，见古人所未见，这样才能真正确证中学与西学相融会的可行性和必要性，避免“新名词轰炸”、生搬硬套的嫌疑或闭门造车，主观臆造体系的“六经注我”式偏颇。

在本书中，为了实现同国际学术相交通、对话的初衷，笔者特别注意引用当代文化人类学研究中的原型模式理论，并努力从这一角度出发重构出中国神话哲学的“元语言”，以期超越目前国内神话研究和文化研究的无规范、无系统的状态。所谓“元语言”（metalalanguage）又称“后设语言”或“普遍语言”，按照英国学者哈特曼（R.R.K.Hartmann）和斯托克（F.C.Stork）的定义，“元语言”指用来分析和描写另一种语言（被观察的语言或对象语言）的语言或一套符号，如用来解释一个词的词或外语教学中的本族语。”[1]他们还强调说，在语言分析中，把被语言学家观察的语言（对象语言）同语言学家用来进行观察的语言（元语言）区分开，是十分重要的。借鉴语言学分析的这一原则，我们可以说，在整个人文科学的研究领域中，寻找和确立一种同所研究对象的语言相区别的“元语言”是使研究趋向于规范化、系统化的重要前提。假如我们站在当代符号学家的立场，从比喻的意义上，把所要考察的神话或文化对象看作是一种“语言”，[2]那么，什么才应是可供我们对这种“语言”进行观察、描述和解释的“元语言”呢？笔者以为正是原型模式。人类学家的经验告诉我们，文化是一个系统，是蕴含着意义、象征、价值和观念的系统，只有找到了凝聚着该系统的生成及转换规则的内在模式，这个系统才能得到理性的把握。

人类学家，甚至当他被土著生活的具体事件所吸引时也力图构拟出一种模式，使事件能够获得解释。模式一旦构拟出来，那些具体事件就显出了逻辑性，变得易于理解了。

构拟（formulate）这个术语很重要。……人类学家不能直接看到、听到或摸到一种模式，模式，就像规律一样，是一种依靠智力的建构，而不是认识到的事物。构拟模式或规律是为了解释事物，反过来，认识了的事物为构

[1] 哈特曼与斯托克：《语言与语言学词典》，中译本，上海辞书出版社 1984 年版，第 213 页。译文略有改动。
[2] 罗兰·巴尔特（R.Barthes）：《今日神话》，载《神话学》英译本（*Mythologies*），纽约，1977 年版，第 109 页。

拟模式和规律提供基础。[1]

可喜的是，在神话研究中，列维－斯特劳斯和埃德蒙·利奇等结构主义人类学家已在模式构拟方面积累了有益的经验。结构主义的最大特点在于从事物之间的关系中考察事物。这一方法论原则已在人类学研究中得到了充分的体现：

构成模式，而不只是罗列部分，是人类学家的一项基本任务。与此相反，探险者常常简单地记录某一集团的生活的不同部分，并不深入到这些部分之间的关系中去。从一个探险者那里我们可以了解到某个居处于湿地平原的社会，那里种植水稻，保留着一夫多妻风俗……但我们不能了解这些风俗习惯有怎样的内部联系，因为这种分析不是探险者的目的。相比之下，人类学家感到不仅需要描述这些孤立的风俗习惯，还需理解它们联结在一起的方式。……这样，他将构拟一个简明的模式。[2]

这段引文中揭示的探险者和人类学家考察事物的不同方式对于我们的神话研究和文化研究具有重要意义。从方法论角度看，可以说迄今国内人文科学领域还基本处于“探险者”的水平上，远远没有达到系统观照的当代科学高度。究其原因，同我们前面说到的以微观的考据为特长的“小学”传统的影响不无关系。由此看来，走出传统考据之学的死胡同，构拟出一套具有深层解释功能的原型模式，确立考察具体的神话和文化现象的“元语言”，就不仅是可行的，而且也是势在必行的了。本书第一编副题为“神话哲学的元

[1] 皮科克（J.Peacock）与基尔希（A.T.Kirsch）：《人类的方向：社会和文化人类学发展概览》，1980年英文版，第4页。

[2] 皮科克（J.Peacock）与基尔希（A.T.Kirsch）：《人类的方向：社会和文化人类学发展概览》，1980年英文版，第5页。

语言”，意在突出构拟原型模式对于系统整理中国神话及文化遗产的方法论意义。打破上述三方面的界限，总的精神就是强调神话是人类把握外部世界的一种思维方式、一种精神形态，是人类精神形态发展整体中的一个有机组成部分，一个不可缺少的阶段。神话同人类其他精神形态处于联系、渗透、转化的辩证关系之中。人类的精神形态归根到底是在实践活动的基础上发生和发展的，实践活动的历史性质制约着人类精神活动的历史特点，制约着人类精神活动的形式。马克思主义哲学，特别是历史唯物主义对实践和人类社会的历史发展、实践和人的认识发展、人类认识诸形式的相互关系做出了科学说明。因而，在马克思主义哲学的世界观、方法论基础上实现上述三方面的结合就可以为神话哲学的研究制定一个科学的方法论纲领。

本书的构拟工作仅仅是一个初步的摸索，疏漏或错误之处在所难免，但我希望在这一方向上继续迈进，更希望能够觅得知音与同道。为此，恳请海内外专家、读者批评指教。

目录
CONTENTS

THE SEVENTH PART

第七章 混沌七窍

下编 九州方圆

——神话的生命哲学

THE EIGHTH PART

第八章 息壤九州

上编

易有太极

——神话哲学的元语言

THE FIRST PART

第一章

太一歌的启示

原始精神并没有意识到造物的意义，揭示这种意义——探查在这无数假面具之后的真相的，乃是我们，是我们的科学分析。

——卡西尔

全部哲学的最高问题，像一切宗教一样，其根源在于蒙昧时代的狭隘而愚昧的观念。

——恩格斯

一、太一礼仪的人类学观

中国自古号称“礼乐之邦”，所谓“制礼作乐”之说，已经成了建立文化秩序的一种象征。用现代人类学的眼光来看，所谓“礼”，乃是自史前社会的部落宗教仪式发展而来的礼仪——一种象征性的符号行为；而所谓“乐”，最初也不过是配合宗教仪式行为而进行的另一种象征性的符号行为。礼和乐的差别最初只是所运用的象征媒介手段的差别，而不是实质性的差别。简言之，礼是以人本身的一套程式化动作（或表演）为符号载体的，而乐是以有声符号——音乐和歌唱——来表达象征性内容的。由于这二者原来就是原始宗教仪式活动中不可分割的统一体，所以尽管它们在进入文明社会以后逐渐有了功能上的分化，但仍然总是联系在一起加以强调的。如汉代司马迁的《史记·乐书》这样说：

大乐与天地同和，大礼与天地同节。和，故百物不失，节，故祀天祭地。明则有礼乐，幽则有鬼神，如此则四海之内合敬同爱矣。礼者，殊事合敬者也；乐者，异文合爱者也。礼乐之情同，故明王以相沿也。故事与时并，名与功偕。

同书又说：

化不时则不生，男女无别则乱登，此天地之情也。及夫礼乐之极乎天而蟠乎地，行乎阴阳而通乎鬼神，穷高极远而测深厚，乐著太始，而礼居成物。著不息者天也，著不动者地也。一动一静者，天地之闲也。故圣人曰“礼云乐云”。

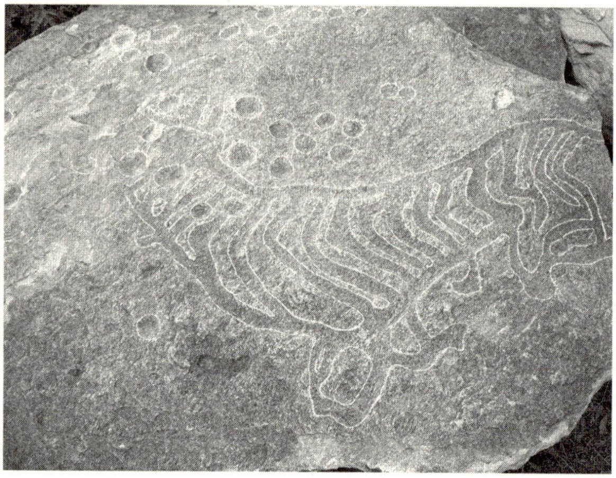

贺兰山岩画：白虎星座图

从这种多少有些说教性夸张的说法里，我们尚能分明看出礼乐活动的原始宗教功能：使自然秩序、社会生活秩序同超自然的存在（鬼神）取得某种和谐。本来，主持这种宗教仪式活动的是部落的首领兼巫师，因为只有他们才具有与超自然的世界相交往传通的能力，所谓“上天入地”，正是他们的法力所在。随着文明的建立，国家的产生，礼仪活动的主持权也就自然转移到了集政权与教权于一身的所谓“明王”身上。实际上，弗雷泽等早期人类学家已经揭示出，最初的国王们（Kings）便是从史前社会中的酋长、巫师们脱胎而来的。

人类学的透视启示我们，由于宗教礼仪活动具有极大的历史稳定性，其模式可以历数千年而基本不变地保持在各时代的社会生活结构中（当今印度社会中的宗教活动即可上溯到远古时代），所以从现有的关于宗教礼仪活动的记载中，可以构拟、复原出已经失传的上古时代的仪式模式以及与之相应的宗教——神话观念。

按照这样一条人类学的思路，笔者将在下文中从一组留传至今的仪式歌词入手，尝试重构中国上古时代神话思维的宇宙图式。

值得注意的是，司马迁在谈到当时盛行的官方礼乐活动时有这样一段记载：

汉家常以正月上辛祠太一甘泉，以昏时夜祠，到明而终。常有流星经于祠坛上。使童男童女七十人俱歌。春歌《青阳》，夏歌《朱明》，秋歌《西皞》，冬歌《玄冥》。世多有，故不论。（《史记·乐书》）

从这段记载中可以提出几个疑问：

第一，汉朝官方所礼祠的太一是什么性质的神？

第二，为什么祭太一神的仪式行为要在夜晚举行？

第三，在仪式活动中规定的四支伴唱歌有什么意义？

第四，为什么在仪式中唱歌者为七十人？

最后一个问题涉及上古神秘数字的象征意义问题，我们留待后面的章节中探讨，这里先来考虑前三个问题。实际上，前两个问题的答案线索似乎已潜藏在第三个问题的答案之中了，我们只要集中探讨这四首仪式歌曲的性质和意义，太一礼仪的真相也就可以不言自明了。

司马迁只点出了这四首歌的名称，没有记述其实际内容，原因是“世多有，故不论”。可见这四首歌在西汉时期是广为人知的，所以无须专门记载。多亏班固在《汉书·礼乐志》中如实照录了这些诗歌的原文，否则司马迁的疏漏将给我们带来无可挽回的损失。这组仪式古歌的全文如下：[1]

青阳

青阳开动，根荄以遂。

[1] 引自逯钦立辑校《先秦汉魏晋南北朝诗》上，中华书局 1983 年版，第 148—149 页。

青润并爱，跂行毕逮。
霆声发荣，壧处顷听。
枯槁复产，乃成厥命。
众庶熙熙，施及夭胎。
群生啿啿，唯春之祺。

朱明

朱明盛长，旉与万物。
桐生茂豫，靡有所诎。
敷华就实，既阜既昌。
登成甫田，百鬼迪尝。
广大建祀，肃雍不忘。
神若宥之，传世无疆。

西颢

西颢沆砀，秋气肃杀。
含秀垂颖，续旧不废。
奸伪不萌，妖孽伏息。
隅辟越远，四貉咸服。
既畏兹威，唯慕纯德。
附而不骄，正心翊翊。

玄冥

玄冥陵阴，蛰虫盖藏。
草木零落，抵冬降霜。

易乱除邪，革正易俗。

兆民反本，抱素怀朴。

条理信义，望礼五岳。

籍敛之时，掩收嘉谷。

从字面上看，这组乐歌的内容涉及一年之间不同时节的自然现象和人事活动，四首歌合起来，恰与春夏秋冬的时间顺序相吻合对应。歌词中出现了一些与时间观念明确相关的语汇，如“唯春之祺”“秋气肃杀”“抵冬降霜”“籍敛之时”等。按照《史记》的说法，这些歌是在正月上辛于甘泉宫举行的太一礼仪中唱的，但从歌的内容来看，它们原来或许是在不同季节的仪式活动中演唱的，因而后人仍将它们分别叫“春歌”“夏歌”“秋歌”和“冬歌”。若再从这些歌词所暗示出的原型象征意义上看，它们除了含有一种明显的时间意识之外，同时还含有一种不大明显的空间意识。

原型理论家弗莱在概括作为西方文学之基础的原型象征模式时指出，人类的想象发生一开始便遵循着某种由自然现象的循环变易所提供的“基型”（prototype）：

阳光每天都要消失，植物生命每逢冬季即告枯萎，人类的生命每到一定期限也要完结。但是，太阳会重新升起，新的一年又将来到，新的婴儿也要问世。或许在这个生命世界中，想象的最初的、最基本的努力，所有宗教和艺术的根本要旨，都在于从人的死亡或日和年的消逝中看到一种原生的衰亡形象，从人类和自然的新生中看到一种超越死亡的复活形象或基型。[1]

[1] 弗莱（N.Frye）：《威严的均称》（*Fearful Symmetry*），普林斯顿大学出版社 1969 年第二版，第 217 页。

对于人的想象影响最大的莫过于太阳。图为贺兰山岩画中的太阳神面符号

在纷纭万变的各种自然现象中，对于人的想象影响最大的莫过于太阳。太阳的朝出夕落是人类祖先借以建立时间意识和空间意识的最重要的一种基型，也是引发出阴与阳、光明与黑暗、生命与死亡等各种对立的哲学价值观念的原始基型。在神话的比较研究中，人类学家发现了一种带有规律性的现象：神明世界中的中心运动是某个神的死与复活，消失与再现。该神的这种循环运动往往被认同为某种自然界的循环过程。最常见的是将此神认同为太阳（sun—god），他在夜幕降临的同时死去，伴随着黎明之光复活，或是在每年夏至后衰老死去，到了冬至又开始复生。[1] 这样的神话显然是对太阳的日周期运行现象和年周期运行现象的一种拟人化表现，而远古社会中盛行的某些宗教礼仪活动正是基于同样的神话观念。例如德国人类学家利普斯所描述的巫术性助日仪式：

巫术行为中最重要的一种是用火作为象征，加强太阳的力量。特别是当

[1] 弗莱：《批评的解剖》（*Anatomy of Criticism*）第三编，中译文见叶舒宪编：《神话—原型批评》，陕西师范大学出版社 1987 年版，第 209—210 页。

一年最短的时候——冬至来临，太阳被想象为正在疲倦，要用巫术的火堆加以鼓舞。

例如，在纳弗和印第安人之中这样的仪式是非常好看的。当夜降临，在一块围着松枝篱笆的空地中间的巨柱点燃起来，并一直燃到天亮。庆祝者出现了，他们头发披在肩上，他们的面部和身体涂上白黏土以象征太阳的白色，这些模仿者代表“漫游的太阳”。他们的手中拿着羽毛装饰的舞棒，围着火堆排成紧密的行列跳舞。他们从东到西来回移动，模拟太阳的运行。虽然火的热力现在已经差不多达到不可接近的程度，舞蹈者还是尽可能靠近它，用他们棒头上的羽毛球点火。当一个人成功了，小球燃烧起来，他立刻替换上一个事先准备好的新羽毛圈，这便是新太阳的象征。于是欢乐的呼声响彻四周。

仪式的高潮是对日出的象征性模仿。开始，出现十六个男人，一个篮子中装着太阳像，他们围绕一个高柱唱歌和跳舞。突然他们往回移动，这时太阳像缓慢而庄严地在柱子上升起，并在柱顶停留片刻，然后降下隐没不见了。

黎明快到时，结束了仪式。涂着白色的舞蹈者再次出现，点燃一片正在冒烟的杉树皮，以一种模拟舞蹈表示战斗。仪式地点周围的松篱原来仅在东方有一个入口，表示太阳由那里来。当真正的太阳在天空开始自己的旅程时，东西南北都打开豁口，表示太阳向各方放射光芒。

广场中心和篱笆四个入口的太阳图画，出现在印第安人许多艺术品上。墨西哥的火神，就称为“四方的主人”。这种象征性的画中心有一个代表太阳的球，由此引出四根线条，结果形成一种十字形装饰。[1]

这一则材料十分有趣，从所记的无声的象征性仪式行为中可以看到，原

[1] 利普斯：《事物的起源》，中译本，四川民族出版社 1982 年版，第 327—328 页。

始人由太阳神话中引申出来的时空意识以及相关的巫术信仰。如果把司马迁简略提到的汉代祀太一礼仪同印第安人的助日仪式加以对比，我们会惊奇地看到：两种仪式确有很相似的因素。其一，助日仪式始于夜晚来临之际，终于黎明之时；而祀太一礼仪也恰恰是“以昏时夜祠，到明而终”。其二，助日仪式活动是以歌唱和舞蹈为主的，其唱词内容虽然已不得详知，但根据仪式的性质推测，显然会同太阳的运行相关。太一礼仪也是以歌舞活动为突出特征的，所谓“童男童女七十人俱歌”的场面，想必也是颇为壮观的。这些童男童女们合唱所用的曲调虽已不存，其歌词却完整无损地保存至今。

那么这些歌词的内容是否与太阳神话相关呢？

回答这一问题，可以使前面提出的第一、第二问题随之冰释，太一祭仪的实质亦可得到发生学的说明。

重新考察《青阳》等四首仪式歌，它们同太阳的关系简直是一目了然的。首先从字面意义上判断，“青阳”可以看作是“初升旭日”的同义语，“朱明”也就是当空的赤日，至于“西颢”和“玄冥”似应解为西照的斜阳和昏暗不明的落日。这四个名称同一年四季有什么关系呢？《尔雅·释天》说“春为青阳”，“夏为朱明”；《广韵》说：“西，秋方也”，《史记》司马贞《索隐》引韦昭语把“西颢”注为西方之神少皞，原来也是秋天之神。玄冥则是北方之神（《汉书·礼乐志》注），又似乎身兼冬天之神：“立冬之日，迎冬于北郊，祭黑帝玄冥”（《后汉书·祭祀志》）。

这里值得注意的是，表示方位的空间观念“西”和“北”同表示时间观念的概念“秋”与“冬”的认同。究其原因，似乎还在于太阳神话观念的基型作用。

从造字结构上考察，阳、明、颢、冥四个字有一个共同的特征，其字形之中都有“日”。看来这不是偶然巧合，而是某种规律现象的暗示：它们的本义或许都与太阳的运行有关。进一步地考察，可以使上文中按照字面的解释得到补充和修正。“阳”字意为太阳，似无须旁证。“青阳”却不只是初升旭日，而且也是青春的太阳即春天的太阳，因为“青”乃是“春”的象征。朱明当为夏天的太阳，依此类推，秋神西颢本为秋天的太阳，冬神玄冥为冬天的太阳，也就顺理成章了。[1]

至于这四个太阳的别名如何转变成了四季节的代称，我们可以从远古人依据太阳在年周期运行中的不同方位来确定季节这一事实出发，做出合理的解释。

通过以上简略的分析，我们已可以初步证实，太一祭仪同印第安人的助日仪式同类，都是与太阳的运行有关的宗教活动。尽管二者一个是原始社会的，一个是文明社会的，存在着规模、程度等方面的差异，但其实质却是相通的。据此，我们可以用人类学家所描述的原始助日仪式的细节去补充文献的缺失，构想出太一祭礼的原初形态。同时，保存完好的中国古代仪式歌词也能反过来为人类学提供上溯考察的依据。

至此，我们可以说，太一祭仪的本来面目似应追溯到史前时代的太阳神崇拜仪式活动，其本义是借助于人类自身的象征性模拟帮助、促进太阳神的正常运行，确保其应有的光度和热力，从而保证自然过程和社会生活的正常秩序。[2] 汉朝官方的太一礼仪之所以要在夜间进行，是由于它仍旧沿袭着自史前流传下来的巫术性助日仪式的传统程式，尽管其本义已经几乎丧失殆尽，发展成封建国家“礼乐”统治的装饰性活动了。

这样看来，无限神秘的太一神只不过是原始太阳神的抽象化、观念化。

无怪乎汉武帝要在冬至之日“郊拜太一”，其仪式特征也还是“烈火满坛”（《史记·封禅书》），原来也是沿袭传统的太阳神祭法。

[1] 在《尔雅》中说到四时之气的名称：“春为青阳，夏为朱明，秋为白藏，冬为玄英。四气和，谓之玉烛。”这里的四气显然似从四季太阳之名中演化而来，其中秋冬之气已改称，而春夏之气则沿旧名。

[2] 俞建章、叶舒宪：《符号：语言与艺术》，上海人民出版社 1988 年版，第 76 页。

二、时空混同的神话宇宙观

治中国古代哲学和思想史的学者们常常强调这样一个事实：在古代中国哲学的思维模式中时间与空间总是交错混同，彼此不分的。探讨这种民族思维性格的形成，近来有的学者追溯到《礼记·月令》所反映的图式：

在西方，古希腊很早就产生了纯时间与空间观念。亚里士多德在其范畴表中，分析了时间与空间范畴，提出时间与空间本身加以界说。时空单位是客观的时空的量度。这种时空观对近代自然科学的发展无疑起了极其有利的作用。但在“月令”图式中，时间却是与空间结合的。东方与春季相结合，由木主持；南方与夏季相结合，由火主持；西方与秋相结合，由金主持；北方与冬相结合，由水主持。土兼管中央与四季。作为地上及地上皇权的代表，土在天人关系中，实际是人的代表。因此，不仅没有脱离特定空间的纯时间观念，亦没有脱离特定时间的纯空间观念。[1]

众所周知，《礼记》是记载上古礼仪风俗的典籍之一，《礼记·月令》中时空混同的图式实际上是远古乃至史前的神话思维模式经过五行学说加工改造的结果。所以，研究中国哲学思维的特征，只有同神话思维模式相联系，才能从根源上做出解释。

人类学已有大量材料表明，原始人的时空观往往是混沌不分的。卡西尔在《象征形式哲学》第二卷研讨神话思维的特征时，亦举出了大量的例证。如祖尼（Zuni）人的世界观便将东西南北四个方位认同于地水火风四元素，

[1] 金春峰：《“月令”图式与中国古代思维方式的特点及其对科学、哲学的影响》，见深圳大学国学研究所主编的《中国文化与中国哲学》，东方出版社 1986 年版，第 129 页。

以及秋春夏冬四个季节。[1] 相比之下，中国神话宇宙观中的时空混同现象更为明显，而且影响后人的思维和行为方式至为深远。那么，这种混同究竟是如何产生的呢？

在分析《青阳》等四首仪式歌题时，我们已经看到，是太阳的年周期运行为人们提供了划分四季的尺度之一，所以太阳的四个别称具有时间标志的象征意义。假如我们把太阳循环运行的年周期转换为日周期，就不难看出青阳等四个名称的空间象征意义了。理由似很简单：古人根据太阳在一年中运行轨道的不同位置分辨春夏秋冬的更替，又根据太阳在一昼夜间的不同位置分辨出东南西北四个空间方位。[2] 这样，春天的太阳与初升的旭日相应，成为东方的象征，配以新生命之色“青”，称为“青阳”；夏天的太阳与正午的烈日相应，成为南方的象征，配以燃烧之色“赤”，称为“朱明”；秋天的太阳与傍晚的夕阳相应，成为西方的象征，配以素色“白”，称之“西颢”或“西皞”；冬天的太阳同夜间转入昏暗地底的太阳相应，成为北方的象征，配以黑色，称之“玄冥”。如此看来，太阳的这四个别名，除了“西颢”

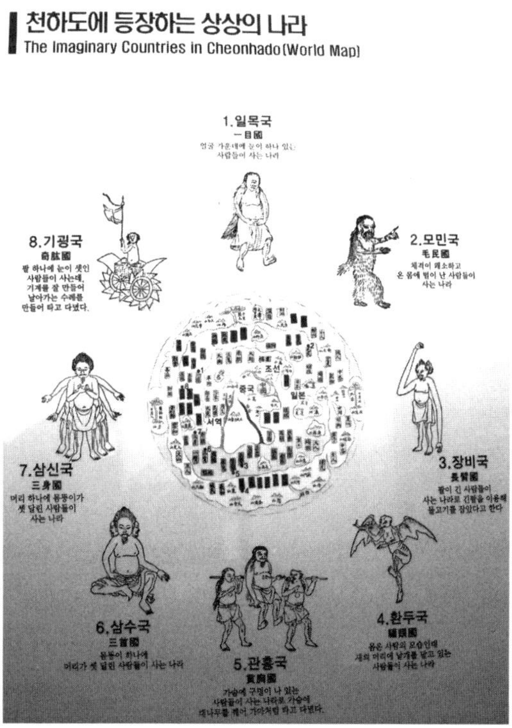

朝鲜新罗时期的神话宇宙图像。韩国首尔，国立中央博物馆

[1] 卡西尔：《象征形式哲学》，英译本，第二卷，耶鲁大学出版社 1955 年版，第 86—87 页。
[2] 提泰（M.Titiev）：《人的科学》（*The Science of Man*），1963 年英文版，第 27 章。

是以空间方位命名的之外，其余三个皆以不同的配色命名（青、朱、玄）。在这种特殊的意指模式中，史前期神话思维的特征是一目了然的：原始人往往用具体的颜色来象征抽象的时间与空间方位观念。由此可以推知，后代哲学思维所抽象出来的时空概念在神话思维中是不存在的，或者说是以未分化的形式统合在具体的视觉表象之中的。把握住这一原则，神话的宇宙观不同于科学宇宙观的本质差异也就易于理解了。

作为对神话思维表象的文字概括，“玄冥”这个词从直观上领悟就有落入地底下的太阳的意思，所以引申出昏暗不明的抽象意义。由于神话传说中的地底本是黄泉大水所在之处，所以玄冥在神话中又兼有了水神的神格。《左传·昭公二十九年》说：“水正曰玄冥。”《后汉书·张衡传》：“委水衡乎玄冥。”注：“玄冥，水神也。”既然黄泉大水与围绕四方大地的“四海”相通，所以水神与海神在位格上可以彼此认同。《山海经·海外北经》郭璞注：禺彊“字玄冥”。这个禺彊便是海神。又由于雨水自大海蒸发而成，所以水神和海神也可兼任雨神。《艺文类聚》卷二引《风俗通》说：“玄冥，雨师也。”从玄冥的多重身份来看，他与北方的夸父很可能是一个神（详见第四章）。至于北方与黑暗的地下黄泉的联系，又可由玄冥身兼北方之神这一事实得到说明。《汉书·礼乐志》注：“玄冥，北方之神也。”《汉书·司马相如传》：“左玄冥而右黔雷。张揖曰，玄冥，北方黑帝佐也。”这样，冬天、黑色、水神、北方之神等风马牛不相及的表面现象，就都统一在太阳运行于地下这一神话观念之中了。西颢，作为秋天的太阳，与西方相通，这一点更容易理解，因为“西”字本身不言自明。最后，还剩下青阳与东方、朱明与南方的象征关系，我们可以举出如下例证：《艺文类聚》卷三引《尸子》：“南方为夏。”同书引《易通卦验》：“离，南方也，主夏，日中赤气出……”这里“赤气”同时说明了夏天的太阳何以叫“朱明”。又《尚书大传》曰：“东方者，动方也，物之动也。何以谓之春？春，出物也，物之出，故谓东方春也。”《易纬通卦验》也说："震，东方也，主春分。日出青气……"这样看来，由太阳的循环运行所派生出的就不只是四季的更替，而且也有四时辰、四方位、四颜色、四神灵的循环变易。

追寻这种对中国人的思维模式至关重要的时（四季）空（四方）认同的起源，我们将在历史化的神话人物尧那里看到最有权威的规定。《尚书·尧典》记载：

乃命羲、和钦若昊天，历象日、月、星辰，敬授民时。

分命羲仲：宅嵎夷，曰阳谷，寅宾出日，平秩东作；日中，星鸟，以殷仲春；厥民析，鸟兽孳尾。

申命羲叔：宅南交，平秩南讹，敬致；日永，星火，以正仲夏；厥民因，鸟兽希革。

分命和仲：宅西，曰昧谷，寅饯纳日，平秩西成，宵中，星虚，以殷仲秋；厥民夷，鸟兽毛毨。

申命和叔：宅朔方，曰幽都，平在朔易；日短，星昴，以正仲冬，厥民隩，鸟兽氄毛。

帝曰："咨，汝羲暨和：期，三百有六旬有六日，以闰月定四时成岁；允厘百工，庶绩咸熙！"[1]

帝尧的这一规定正是马林诺夫斯基所说的神话的"法规"（charter）作用的一例，它把某一社会共同体的信仰中的宇宙秩序和价值观念用类似法典的形式固定下来，以使后人尊奉不疑。随着神话的历史化，本为母系氏族社会的女性太阳神羲和被上古男性帝王尧所"肢解"，分化成四位兄弟天文官，

[1] 据顾颉刚校点，见《中华文史论丛》1979 年第二辑，第 41 页。

分别派往东南西北四个极边去观测太阳方位，以便按照自然运行的秩序“敬授民时”，建立社会生活的秩序，使“天不变，道亦不变”的国家统治长治久安。

从这个规定时空秩序的神话中，我们看到了四组等值的象征。它们可以确证前文中对四首仪式歌的多重语义分析，使我们有把握初步确定中国神话宇宙观的原型模式的时空坐标：

（1）东方模式：日出处，春，青色，晨，旸（汤）谷。

（2）南方模式：日中处，夏，朱色，午，昆吾。

（3）西方模式：日落处，秋，白色，昏，昧谷。

（4）北方模式：日隐处，冬，黑色，夜，幽都。

这个模式系统的循环运动可以通过图1得到动态的描述。

需要说明的是，图中的圆周代表太阳运行的周期轨道，圆周上的点代表太阳日周期运行所经过的地点及所表示的时间（根据《淮南子·天文训》所记载的太阳日周期行程精简而成）。圆周中水平黑线代表浮于大水之上的陆地（九州），黑线下的波纹曲线代表地下的黄泉之水。黄泉是中国上古宇宙观念中地狱的象征，其两大特征是：无边大水与黑暗无光，所以《淮南子》称之为“蒙谷”，蒙者，蒙昧不明也。《尚书》称之“幽都”，幽者，幽暗不明也。幽都地处朔方即北方，似指地面上的位置，但其本义当指阴间地狱，如《楚辞·招魂》“君无下此幽都”，才是用其本义。中国上古地狱观念的形成，实与太阳运行的方位有关。太阳白昼自东向西运行，夜晚潜入地底自西向东回返。古人认为太阳在夜晚所经行的是另一世界，由于该世界处于地底和水下，所以被想象成黑暗的阴间，诸如“玄”“冥”“蒙”“昧”“幽”等词，皆与阴间世界相关。至于“昔”字，虽然用来指阳界的夜晚，但其原初字形也反映了地底大水下另一世界的观念。

如果我们把初步构拟出来的这个神话思维的循环模式示意图同象征着中

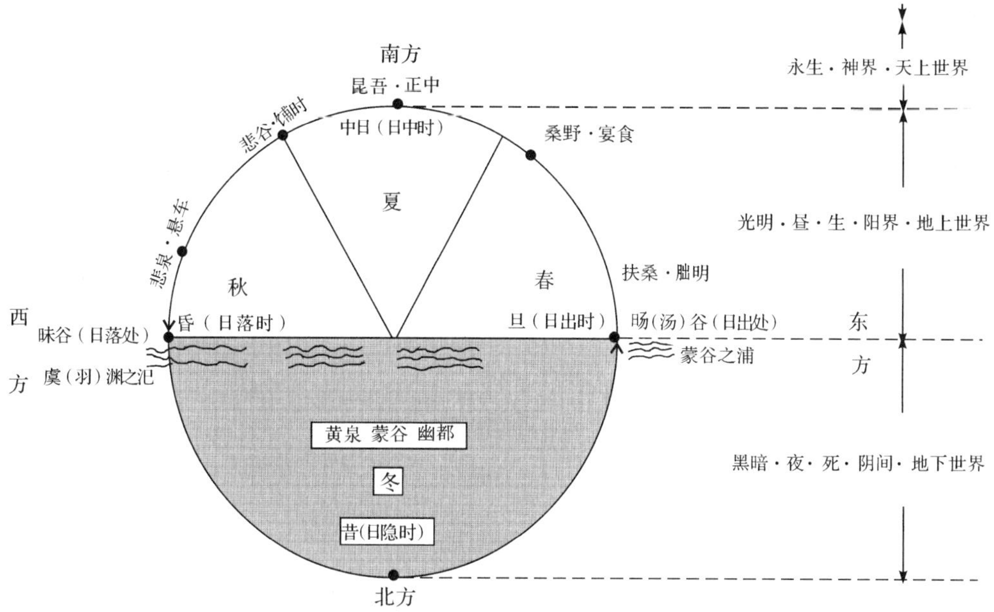

图 1

国古代哲学智慧的《易经》太极图相比较，将会获得非常有益的启示。可以毫不夸张地说，本书基本构思便是在这种启示下逐渐形成的。笔者确信，在时空混同的神话宇宙图式中可以找到中国哲学最高智慧的源头。作为宗教范畴的太一和作为哲学范畴的太极，都是对神话思维中太阳循环运动的抽象。《易经》标题中的“易”正是对这种循环变化现象的概括。所谓两仪、四象、八卦，等等，不过是对以太阳运动为基准的时空坐标的神秘表述。至于时空范畴的这种原始的混同对于现代哲学究竟有何种意义，只要引用一下池田大作和汤因比之间的一段对话便可以有所了悟了：

池田：时间和空间，是认识一切事物的尺度，是最基本的概念。困难也恰恰在这里。比如，仅就时间、空间来说，物理学中所说的科学的时间和空间，有时跟人们主观意识中的时间和空间不同。……古典物理学把时间和空间各自都看成绝对的存在。……以这种时空概念作为说明一切自然现象的基准。

然而在爱因斯坦发现相对论以后，明确了时间和空间也是相对的，是互相影响的。这样产生出统一认识时间和空间的时空观。

汤因比：……爱因斯坦的相对论，如果我没有理解错的话，空间只有以时间为基准，才能考察和测定。相反，时间只有以空间为基准，才能考察和测定。就是说，时间和空间，不管它是存在，还只是人的思考中错觉的范畴，都是不可分割的统一体。[1]

由此看来，取代神话思维的古典理性思维所划分出的时间与空间范畴已受到了相对论的质疑。那么，如果重新思考一下神话思维所特有的时空认同性质，究竟应把这种现象看成是恩格斯所说的“狭隘而愚昧的观念”呢，还是把它看成某种具有超前智慧的直观理性呢？

[1] 汤因比、池田大作：《展望二十一世纪》，中译本，国际文化出版公司1985年版，第340—341页。

THE SECOND PART

第二章

古文字中的宇宙模式系统

采用少量的从土著社会中选出的神话，就好像采用少量从实验室得出的标本，我试图进行一种试验，假如试验能成功，它将具有普遍的意义，因为我期望它证实世界上存在一种可以感触到的具体逻辑，说明这种逻辑的运算过程，揭示其规律。

——列维－斯特劳斯《生食与熟食》

太阳是时间的管理者和监守者，它建立、管理、规定并揭示出变迁和带来一切的季节。

——赫拉克利特《著作残篇》

在本章中，我将借鉴结构主义的二元对立原则，对中国上古神话宇宙观做进一步的结构分析和系统还原，以求构拟出一整套作为神话思维的符号基础的宇宙模式。

若将上一章中所揭示的神话宇宙图式（图1）加以简化，可以得出两个交叉对立的模式系统（图2），即以“昆”和“昔”两字为垂直轴线的时空系统和以“旦”与“百”两字为水平轴线的时空系统。不难看出，中国汉字的象征性特点已经使我们从这四个以“日”为结构素的关键字的字形中直观到了某种潜在的时空范畴的意蕴。将要展开的分析便从字形（能指）的象征性结构入手，探讨这些字形得以发生的心理表象，即神话思维运演所凭借的特殊符号，把握这些字形中所涵括的多重语义（所指）及其转化模式。

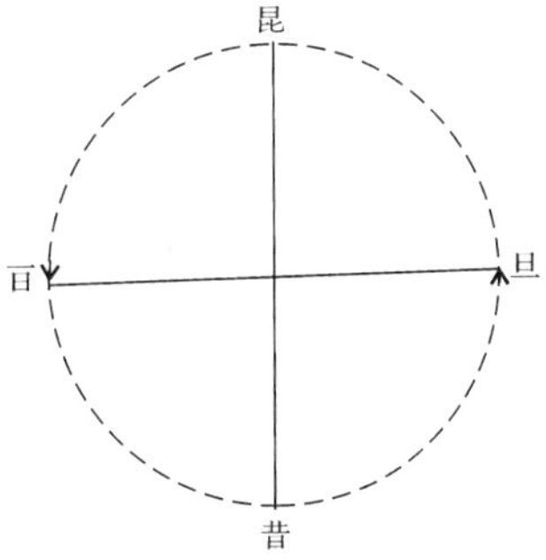

图2

一、“昆”与“昔”
——神话宇宙模式的垂直系统

西方人类学家在解析原始文化的二元对立模式时，需要对广泛占有的材料进行细致的排比和纯抽象性的意义还原工作，而我们由于有世上独一无二的庞大象形符号体系——汉字作为观察的初始材料，可以在一瞥之中即刻领悟“昆”与“昔”的二元对立意蕴。

在这两个直观字形中，作为太阳之象形的偏旁“日”分别处在一上一下两个不同的结构位置上，这不是已经暗示出它们各自具有正相背反的时空语义指向吗？稍加考察，便可验证我们的直觉判断没有欺骗我们。

在前示宇宙模式图（图2）中，处在圆周上方顶点的位置，相当于太阳白昼运行到天顶的时刻，古汉语中的“昆”字或以“昆”组成的合成词是这个时空坐标的最佳符号。《淮南子》将这一坐标命名为“昆吾”：“日……至昆吾，是谓正中。”“正中”若作时间观念来理解，也就是先秦两汉常用的习语“日中”：

自朝至于日中、昃，不遑暇食，用咸和万民。（《尚书·无逸》）

卒偏之两，右广初驾，数及日中，左则受之，以至于昏。（《左传》宣公十二年）

日中考政。（《国语·鲁语》）

日出言之，日中不决。（《史记·平原君列传》）

至日中奴不出。（《汉书·游侠列传》）

这个时间概念的渊源还可上溯到甲骨文时代，不过当时不叫“日中”，而叫“中日”：

庚寅雨，中日，既。（《人》三一一四）

中日，其雨？（《粹》七一九）

中日，大启？（《甲》一五六一）

中〔日至〕昃，其雨？（《掇一》三九四）

可见，作为时间标记，中日、日中、正中、中午、正午等不同说法都是等值的。日行中天的时刻，是太阳位置最高的时刻，若用一个象形符号来表示，莫过于“昆”字。《说文》释昆字为：“同也，从日从比。”又

“比”字在古文中作两人并立之状，[1]可知昆字本义似指处于人们头顶上方的太阳，也就是中午时刻，其空间等值意义为天顶上端与正南方向。由于天在神话思维中被构想为圆盖形的，所以表示天顶位置的“昆吾”亦可引申指代圆形：“昆吾谓圆浑。”（《通雅》）再引申为指有圆盖形的器皿：“壶，昆吾，圆器也。”（《说文》）“壶名康瓠，即壶名昆吾。”（《尔雅·释器》）

又因为太阳运行于天顶之际是光明的极点，所以“昆”字本身又具有了光明、发光的意义，以及与“阴”相对的“阳”的意义。我们今天所说的昆虫，泛指一般虫类。而在古人看来，之所以名为“昆”虫，是指那些阳而生，阴而藏的虫类：

《礼记·王制》：“昆虫未蛰。”注：“昆，明也；明虫者，得阳而生，得阴而藏。”

《礼记·郊特牲》：“昆虫毋作。”注：“昆虫，暑生寒死，螟虫之属，为害者也。”

古人把闪闪发光的刀剑命名为“昆吾刀”或“昆吾剑”（见《海内十洲记》），还把“昆”字同与之意义相近的“阳”“明”等字组合成词，作为南方的象征性地名，如位于今日云南省的“昆明”和“昆阳”，均是神话宇宙观的古老遗存符号。乃至位于云南的滇池和洱海也有了“昆明池”的别称。而南方的少数民族如苗人亦被称为“昆苗”。

与“昆”字的会意特征相似的字还有“是”“昌”“昆”“昱”“晃”“昊”等，这些字在造字之初无疑都是以神话宇宙观的垂直系统为会意基础的。如

[1] 杨树达：《说比》，《积微居小学金石论丛》（增订本），中华书局 1983 年版，第 87 页。

“是”字，本作“昰”。《说文》：“是，直也，从日正。”本义为日当正中，引申为正直、法度、善等抽象价值观念，同时又兼指时间坐标“夏”。《集韵》：“夏，古作昰。”再如“昌”字，本义为太阳大放光明，引申为昌盛、美好、善等抽象价值观念。了解到这些字的原始象征性时空蕴含，对于研究中国上古神话体系有着极其重要的意义，像“昌意”和“昌若”这样一些上古神名，也只有还原到神话宇宙模式系统中，才能重新显示出其本来的象征意义。就是祭太阳的太一礼仪举行的地点甘泉宫，也有叫作“昆台”的属官，似乎仍是取“昆”字的宇宙意义而命名的（参见《汉书·百官公卿表》）。

在垂直系统中与上方“昆”的意指模式形成二元对立的是下方“昔”的意指模式。同昆字一样，昔字也是兼具空间方位和时间坐标双重意义的。

> “昔”字在甲文中作，像日在浩漫大水之下，示太阳已沉落西下，故昔之本义为“白天结束，晚上开始”。《榖梁传·庄公七年》：“日入至于星出谓之昔”，是其确诂。引申而“夜晚”亦称“昔”。《博雅》训：“昔，夜也。”[1]

正是由于太阳的夜间运行要先以入水开始，后以出水告终，所以《淮南子》中说“日入于虞渊之汜，曙于蒙谷之浦。”这里的“汜”和“浦”连同其他典籍中所说的“汤谷”“羽（虞）渊”，都向我们暗示出地下的黄泉世界是水的世界，无怪乎夜间和冬天的太阳“玄冥”被想象成水神、黑帝。

那么，阴间地狱又为什么偏偏同北方联系到一起了呢？理由似乎也非常简单。古人观察到的太阳，早晨从正东方向升起，中午偏向了南方，黄昏时

[1] 温少峰等：《殷墟卜辞研究——科学技术篇》，四川社科院出版社 1983 年版，第 8 页。

落入西方地平线下，次日又从东方复出。其夜间若不是潜行于北方的地下，又能到哪儿去呢？况且时值夏季昼长夜短，太阳出得早，落得晚，每日西沉时已经偏向了北方，这就更容易使人产生太阳夜间潜行北方地底的错觉。又因为东南西三方均是太阳白天运行所经过所照耀的区域，唯独北方永远见不到太阳的踪迹，所以北方又与“阴”的观念发生了必然的象征联系，阴间地狱，也就非北方莫属了。

总结以上讨论，由“昆”与“昔”的对立统一所构成的中国上古神话宇宙模式的垂直系统及其相关意蕴已大致明了，用二元对立的图式来概括，则有如下派生的价值等式：

“昆”模式：

上=阳=南=神界=男=天（气）=光明=正=夏=白昼

“昔”模式：

下=阴=北=鬼界=女=水=黑暗=负=冬=夜晚

把握住这一对对立模式的丰富含义，我们似乎有了一种用以说明广泛的文化现象的“元语言”。不过，在这里我们愿引用出自其他原始文化的类似对立模式以资比较，确定此种元语言发生的人类普遍性。

当代人类学家道格拉斯（Mary Douglas）从象征的角度研究原始民族的宇宙观与社会结构，发现二者之间具有一种暗合对应的关系。例如美拉尼西亚所罗门群岛的槐欧族人便将其宇宙观的象征性区分投射到社会的政、教组织、仪式以及居住形态的空间格局上：

槐欧仪式最重要的事，就是使神圣的领域、污秽的领域与日常的“现世”领域保持适当的隔离。……道格拉斯的分析导引我们预期这些范畴在仪式上很重要；而象征上这种隔离表现于一系列的二元对立上：

女：男

污秽：神圣

下：上

因此男女使用不同的食器进食，用不同的竹筒喝水等等。男和女、神圣和污秽均很清楚地被认为是彼此之间的象征性倒影。

这个象征的宇宙观模型也表现在槐欧人聚落的空间格局上。在空地上缘为男子会所，是男子膳宿之处，该地是圣洁的，妇女不得接近。在空地的下缘为妇女的月经小屋，是污秽之处，男子不得接近。在空地的中央则为“现世”，盖有一栋或几栋家屋。但即使在每栋家屋中，上方（火炉的上方）也为男子专用地，下方才是男女皆可活动之处。……这种圣洁和污秽在宇宙观和社会上的倒影，在男子最圣洁的活动上和妇女最不干净的行为上表现得最极端：即焚化牲猪的大祀和妇女之生产。妇女要生产时，必须退隐到不净的月经地区下方森林里的小屋里去，不能与任何男子接触，只由一位年轻女孩照顾。举行祭祀的男子则退隐到祖祠近傍的男子会所去，不能与任何妇女接触，“卧病”在床，只由一位年轻男孩照顾。[1]

从比较中可以明显看出，自然宇宙观念是社会观念的基础，宗教、道德等方面的价值模式正是从宇宙观模式中类比引申而来的。这样看来，神话宇宙观提供的元语言也是研究文化价值的元语言了。

槐欧人以自然的划分上与下为尺度，进而划分出了男与女、神圣与污秽等二元对立范畴，这不能不使我们联想到中国古代的类似情形。

与“昆”模式所代表的阳性、光明等正价值相对应，南方也就成了政治伦理方面正价值的象征方位了。自古以来流行的说法如“南面为王”等便是一个最普通的例子。

[1] 基辛（R.Keesing）：《当代文化人类学》，中译本，台北巨流图书公司1981年版，第575—577页。

与此相反，由“昔”模式所代表的负价值也早已渗透到包括建筑空间布局在内的文化深层结构中去了。与南相对立的北，自然也是阴性、黑暗的方位，同时也是与上相对立的下，与尊相对立的卑。故与“君人南面”的礼俗相应，也有“臣人北面”的规定。《周礼·夏官·司士》：“正朝仪之位，辨其贵贱之等。王南鄉，三公北面东上，孤东面北上，卿大夫西面北上。”《礼记·郊特牲》：“臣北面答君也。”《孟子·万章上》：“舜南面而立，尧帅诸侯，北面而朝之。”由此，尊卑贵贱的模式进一步类推，便又有了师生之礼俗规定。《庄子·田子方》：“文王于是焉以为太师，北面而问曰：政可以及天下乎？”成玄英疏曰：“俄顷之间，拜为师傅，北面事之。”又《汉书·于定国传》：“定国迎师学《春秋》，身执经北面，备弟子礼。”

又由于南面与阳、男性的象征认同，北面与阴、女性的认同，所以帝王宫室的空间格局总是将正阳之位留给国君，而北宫则毫无例外留给了属于女性的王后。《周礼·天官·内宰》：“以阴礼教六宫……正岁，均其稍食，施其功事，宪禁令于王之北宫，而纠其守。”注曰：“北宫，后之六宫。”孙诒让正义：“云北宫后之六宫者，古者宫必南向，王路寝在前，谓之南宫……后六宫在王六寝之后，对南宫言之，谓之北宫。《左传·襄公十年》传云：子国子耳劫郑伯以如北宫。又《哀公十七年》传云：卫侯薨于北宫。是侯国后宫亦称北宫也。贾内小臣疏云：对王六寝在南，以后六宫在北，故云北宫也。”其实，这些注疏家们只注出了北宫的字面意义，并未说明北宫所以然的宇宙象征意义。今以槐欧人的聚落布局为参照，这种象征意义便不言自明了。

除了北宫与女性有关之外。北堂、北室、北里等众多名目亦无不与女性有不解之缘。先看北堂，原指士大夫家主妇所居处之地。《仪礼·士昏礼》：“妇洗在北堂。”郑玄注：“北堂，房中半以北。”贾公彦疏：“房与室相连为之，房无北壁，故得北堂之名。”从这些解释中可知，北堂和北宫一样，因去古遥远而丧失了本义，其宇宙观的象征意义已成为民族的集体无意识内容了。唯其如此，北堂在后代干脆又换喻为母亲的代称了。周鲁《类书纂要》说得明白：“称人母，曰萱堂、北堂；自称母，曰家母、老母、家慈。”为何母亲要称北堂，后人似不得其解。宋王楙《野客丛书》云：

今人称母曰北堂，盖本于毛诗伯兮。萱草令人忘忧，其意谓，君子为王前驱，过时不返，家人思念之初，安得萱草种于北堂，以忘其忧。北堂幽阴之地，可以种萱；初未尝言母也，不知何以遂相承为母事。

与此相类似，北室原指堂北妇人所居之室，后亦换喻为妇女的代称。《易林》：“不胜私情，以利自婴，北室出孤，毁其良家。”至于北里，同样是由地点位置引申指代妓女。唐孙棨写有《北里志》一卷，列举唐时名妓十三人。之所以以“北”为名，大概除了北属阴性方位之外，还像槐欧人将妇女视为不洁一样，以为妓院是污秽之地吧。

二、“旦”与“百”（昏）
——神话宇宙模式的水平系统

从中国汉字的初期形态来考察，旦字与百字的宇宙观坐标意义要比昆与昔更为直观，更容易理解。

“旦”字在甲骨文中作 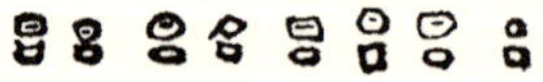 等形。[1]在金文中写作

[1] 均见《甲骨文编》，中华书局1965年版，第288页。

 等形。[1]《说文》作“旦”，许慎的解释是：“旦，明也，从日见一上，一，地也。”徐笺云：“从日在一上，日初出地平时也。”其实，旦字的象征意义是双重的，既有空间坐标意义，又有时间坐标意义。若从造字之初的功能看，似乎空间意义在先，时间意义是从空间方位意义中认同引申出来的。《说文》将“旦”训为明，是其确诂。东方日出则天下明，“旦”字的空间意义显然是东方，也就是太阳每天初出地平线的方位。太阳的升出标志着夜晚的结束，白昼的开始，所以“旦”这个合体指事字在后代的主要功能是标志白昼开始的抽象时间坐标的。于是我们在后代的字书及文学作品中看到：

> 旦，早也。（《尔雅·释诂》）
> 旦，晓也。（《玉篇》）
> 女曰鸡鸣，士曰昧旦，（《诗·郑风·女曰鸡鸣》）
> 鸣雁，旭日始旦，（《诗·邶风·匏有苦叶》）
> 将旦昧爽之交，日夕昏明之际。（《列子·汤问》）

至于“旦”的空间意义与时间意义之间的联系，有《公羊传·哀公十三年》的一段话可以表明：“冬十有一月，有星孛于东方。孛者何，彗星也。其言于东方何，见于旦也。”表示空间方位的符号转化为表示时间观念的符号，这正是神话思维借具体表象传达抽象观念的规律性现象。《说文部首订》说得入理：“篆从日在一上，以其位置见义，亦叙所谓视而可识，查而见意者。”

不过，从“旦”字的造字结构中“视而可识，察而可见”的空间意蕴

[1] 均见《金文编》，中华书局1985年版，第459—460页。

并不仅限于方位坐标方面，更重要的是，它为我们重构上古神话宇宙观的水平模式系统提供了重要的直观线索。在考察垂直宇宙模式时，我们已经了解到，神话宇宙观中的大地是浮在水面上的，那么这个构成横向展开的水平空间的大地是什么形状的呢？这又可从像日出大地之形的“旦”字原始形中看出端倪。学者们认为，“甲文‘旦’字下部之地作口，这还反映了先民认为地是一个方形平面即所谓‘地方’的观念。”[1]于是，后代文献中屡屡提到的“地方”之说，便可从甲文“旦”字得到物化符号的溯源性证明。

屈原《天问》在问到大地形状时有一句：“地方九则，何以坟之？”注家多以为“九则”乃指九州而言，而地方九则，等于说由九州组成的整个大地是一个巨大的方形。作为地方观念的旁证，还可以举出许多古书中的记载：

天道圜，地道方，圣王法之，所以立上下。（《吕氏春秋·圜道》）

法阴阳者，德与天地参明，与日月并精，与鬼神总，戴圆履方（高诱注：圆，天也，方，地也），抱表怀绳，内能治身，外能治人。（《淮南子·本经训》）

是故能戴大圆者履大方。（《淮南子·俶真训》）

方属天，圆属地；天圆，地方。（《周髀算经》首节）

这种天圆地方的观念是中国古代三种宇宙观中产生最早的一种，即所谓盖天说的由来。另外两种是“宣夜”说和“浑天”说。《晋书·天文志上》：“古言天者有三家。一曰盖天，二曰宣夜，三曰浑天。汉灵帝时，蔡邕于朔方上书，言宣夜之学，绝无师法；周髀术数俱存，考验天状，多所违

[1] 温少峰、袁庭栋：《殷墟卜辞研究——科学技术篇》，四川省社科院出版社 1983 年版，第 6 页。

失；唯浑天近得其情。……蔡邕所谓周髀者，即盖天之说也。其本庖牺氏立周天历度，其所传，则周公受于殷商，周人志之，故曰周髀。髀，股也，股者，表也。”照此看来，盖天说源于殷商，显系神话宇宙观的遗存，而浑天说则始自东汉，是科学宇宙观对神话宇宙观的挑战。英国著名学者李约瑟在论及中国古代地理学思想时亦涉及天圆地方观念的问题，他写道：

古代中国思想界关于大地形状的最为盛行的想法，是认为天圆地方。但也有人对这种说法提出过疑问。例如在《大戴礼记》中提到，曾参在回答单居离所提出的问题时曾说过：按照传统的观点，人们是很难解释地的四个角怎么能够正好被天盖住的（“四角之不揜也”）。在公元一世纪和二世纪时，就不止一次地有人（如虞耸和张衡）说过：宇宙像一个鸡卵，而地球就像卵黄一样处在它的当中。中国各个时代的思想家都曾附和虞喜（公元330年前后），对地是方而平的说法表示怀疑。例如李冶曾经说过，如果地是方的，那么天的运行就会受到阻碍（窒碍）了。在他看来，地和天一样，也是圆的，只是比天小一些罢了；所有支持浑天说的人都相信这种看法。但是，这些看法对中国制图学的影响，一直是很小的。[1]

所有这些后起的反对盖天说的学者并没有意识到，天圆地方观念虽然经不起科学的推敲和验证，但作为神话思维的产物，早已渗透到文化深层中去了，而神话思维是不遵循逻辑规则——尤其是矛盾律——的，[2]在科学思维看来是矛盾的东西（圆天怎能刚好盖住方地？），对于神话思维来说，并不一定是矛盾的。

那么，地方的观念究竟是怎样发生的呢？我以为是神话思维类比推论的

[1] 李约瑟：《中国科学技术史》，中译本，第 5 卷第 1 分册，科学出版社 1976 年版，第 4—5 页。
[2] 卡西尔：《象征形式哲学》，第二卷第一部第一章。

结果。原始人根据从太阳运行所获得的四方方位观念，以为有限的大地在四个方向上均有尽头，因而大地也就被想象成是四边形的实体了。大地之所以是有限的，又同大地四面由大水围绕的神话观念相关，由此还派生出中国上古的“四海”之说，认为在大地的每一条方边之外都有一个海，故四海被指定为东海、南海、西海和北海。

再加细察，我们发现神话宇宙观中的所谓“地方”并不是正方形，而是长方形的。具体言之，大地的东西边距要比南北边距略长一些。《吕氏春秋·有始》云：“凡四海之内，东西二万八千里，南北二万六千里。”注云：“子午为经，卯酉为纬。四海之内，纬长经短。”

朝鲜古代天下图：大地为四方形，四边为海水。韩国首尔，国立中央博物馆

除了“旦”的模式以外，构成宇宙模式水平系统的还有一个与“旦”正相对立的模式，即“百”的模式。不过，“百”这个从字形上看与“旦”正相颠倒的字现在早已废弃不用了，代替它而通行的写法是“昏”字。“昏”字在甲文中作日落西山之形，作为空间标志，自然是太阳隐没的西方，引申为时间观念，就是《说文》所说的，昏者，瞑也，指太阳沉下地平线之际。《字汇补》：“百，古文昏字。”不过，我们在甲骨文中还看到有这样的字：

，在金文中亦有类似的字：。这种与“旦”字结构相对的字，目前都被视为“旦”字的别写，我以为是不妥的。这些指事字的本义很明显，象征太阳落到了方形大地之下，实应为“百”字的初形。所以说，“百”与“昏”虽含义相近，但从造字之初的原始表象来判断，似仍有微细差异，前者表示日落地平线下，后者表示日落山下。只因后来二字混同，而“百”字废弃不用，我们就只剩了一个“昏”字。

旦与昏，在空间方面构成了宇宙的水平轴线，在时间方面，则构成了白昼和夜晚的分界线。从旦至昏，正是太阳旅行经过大地之上的全过程，是为昼；在甲骨卜辞中就有这样的说法：“旦至于昏不雨。”（《京津》四四五〇）这就等于后人说一整天没有下雨。自昏至旦，是太阳隐行于地底的全过程，是为夜。这正是前文所论“昏时夜祠，到明而终”的太一仪式举行的时间。

值得注意的是，由“昏”（即百）的模式中引申出的另外一些社会意义。我们知道，中国古代用来指男女结婚之“婚”字，本来也就是“昏”字。《说文通训定声》：“昏，假借为婚。《仪礼·士昏礼》疏：士娶妻之礼，以昏为期，因以为名焉。必以昏者，阳往而阴来。”可知上古结婚仪礼规定要在太阳落山时方可举行，所以便以标志该时间坐标的“昏”字命名在同一时刻举行的仪礼了。后人为了进一步区别，才在“昏”字上又加了“女”旁，成为“婚”字。按照上述解释，婚礼之所以必以昏时举行，是“阳往而阴来”之故。对此，现代学者曾提出反驳：“掠女为昏，野蛮人盖习为常事。会战而俘多女，乘隙以篡一人，皆是也。昏礼必行之昏时者（何）？《郑目录》云：取阳往阴来之义。此后来之曲说，其初盖以便劫掠也。”[1]

[1] 吕思勉：《中国制度史》，上海教育出版社 1987 年版，第 324 页。

若从“昏”字的宇宙哲学意义上看，我们可以说，婚礼在日落时举行正像太一礼在夜间举行那样，具有深远的文化根源。用“便劫掠”来解释，似乎是不能成立的。而“阳往阴来”之说亦不准确，人们还会问，为什么不在日出的时候即“阳来阴往”之际举行婚礼呢？对于万事取法天道自然的古人来说，昏时就是太阳离开光明的阳界进入到黑暗的阴间之时，也就是阳与阴相会相合之时，还有比这更恰当的男女结合的机会吗？

了解到“旦”与“昏”的这种宇宙蕴含即元语言意义，不仅婚礼之谜可以迎刃而解，就连《诗经》中许多以“鸡鸣”“昧旦”“三星在天”“今夕”“旭日始旦”“日之夕矣”“东方明矣”“东方未明”“月出”等时间坐标为限的男女欢会之诗亦可获得新的理解。

“旦”训明，“昏”训不明，故一对背反的价值观念由此而生。古人将好的君王称为“明君”或“明王”，而将不好的君王称为“昏君”“昏主”“昏王”或“幽王”[1]，现在看起来也是取法太阳的运行特征而构成的比喻。由此看来，“旦”与“昏”的二元对立，正同“昆”与“昔”的二元对立一样，也是正价值与负价值对立的一种自然表象基础。古人将昏与明并称，用来指代昼夜（《文选》载刘琨《劝进表》“臣闻：昏明迭用。”）；又由此引申为昏乱与清明的抽象对立。古人还将“昏”与“晨”结合，用来指代早晚。《管子·宙合》：“日有朝暮，夜有昏晨。”此外还有类似的“昏晓”“昏曙”“昏旦”等对立概念。

在神话思维的拟人化类比作用下，太阳总是被想象成一个生命存在，因此，太阳的初升总是同“生”或“复生”相联系，而太阳的西落也自然被视为衰老与死亡。心理学家容格指出：

---

[1]《逸周书》云：“古者明王奉法以明幽，幽王奉幽以废法。奉则一也，而绩功不同。”（据王念孙《读书杂志》“逸周书第一”校改，原文为“奉则一人也”。）

原始人对显见事实的客观解释并不那么感兴趣，但他有迫切的需要，或者说他的无意识心理有一股不可抑制的渴望，要把所有外界感觉经验同化为内在的心理事件。对原始人来讲，只见到日出和日落是不够的，这种外界的观察必须同时也是一种心理活动，就是说太阳运行的过程应当代表一位神或英雄的命运。[1]

人类学家利普斯看到，原始民族中有一种信仰：太阳早晨升起（即旦）就是出生，黄昏落下（即百或昏）就是死亡。[2]文学批评家弗莱在论证其原型模式时亦指出：

神明世界中的中心运动是某个神的死与复活，消逝与回返，隐退与重现。……这个神可以是太阳神，夜晚死去而黎明复生，或是在每年的冬至复活。[3]

按照上述学者的提示，我们可以做出如下推测：以“旦”和“昏”为标志的中国神话宇宙模式的水平轴线的两端，分别具有生与死的象征价值。验证于中国文献，这种推测将获得充分的证明。《庄子·大宗师》：“彼有形骇而无损心，有旦宅而无情死。”疏曰：“旦，日新也。宅，神之舍也。以形骇之改变为宅舍之日新耳。”这里把“旦”解作日新，乃取其新生之象征意，在《山海经》等神话典籍中，与“旦”字相对应的日出处还有许多别名，如扶桑、汤谷、甘水、甘渊，它们除了具有同“旦”字相似的时空象征意之外，也同样具有生命、初生、复生之类的引申意义。

[1] 容格：《集体无意识的原型》，见《容格选集》英文版，1968 年，第 9 卷第 1 分册，第 6 页。
[2] 利普斯：《事物的起源》，中译本，四川民族出版社 1982 年版，第 341 页。
[3] 弗莱：《批评的解剖》，普林斯顿大学 1957 年版，第 158—159 页。

东海之外，甘水之间，有羲和之国。有女子名曰羲和，方浴日于甘渊。羲和者，帝俊之妻，生十日。（《山海经·大荒南经》）

这里的甘渊，是母太阳神给她新生的十个小太阳神洗澡的地方，也是光明和生命萌发的地方。至于十日诞生的神话及其隐含的意义，我们留待后面加以研讨。

与扶桑等日出处相对立的是神话意识中的日落处，这也有众多不同的别称，如虞渊、羽渊、羽山、昧谷、崦嵫、昊姖天门、羽郊等。名号虽不一样，但作为太阳神丧生的地点，大都与死亡观念相联系。更值得玩味的是，标示太阳西落的“暮”字同衰老暮年的“暮”字是同一个符号。不过这个符号的原始形态却是“莫”字，在甲骨文中写作：

（《殷墟文字类编》卷四第9页）

（《殷契粹编》六八二）

在金文中写作：

（《散氏盘》）

《说文》：“莫，日且冥也。从日在草中。”《说文系传》：“臣锴曰：平野中望日且莫将落，如在草中也。今俗作暮。”这个象征太阳落入草中的符号“莫”，后来又兼有了“无”的意义和“去”的意义。《礼记·礼运》：“是谓合莫”。注云：“莫，虚无也。”至于“莫不”这样的词，也是“无不”的意思：《诗·小雅·天保》：“以莫不庶。”笺曰：“莫，无也。”《广雅·释诂二》：“莫，去也。”用于这个意义的莫字如《管子·制分》：“屠牛坦，朝解九牛，而刀可以莫铁。”如果我们提出疑问，去和无这样的抽象观念同太阳堕入草中的表象之间有什么内在联系呢？答案似乎是：太阳之西落本身正意味着它的消失、逝去，这也就是生命和光明

的逝去，剩下的岂不是黑暗、死亡与虚无吗。也许后人正是为了把表示抽象否定义的“莫”字同太阳西沉的表象相区别，才又新创造出一个“暮”字来，谁知这个字在语言演变过程中又在本义之外衍生出许多表示趋进死亡的词汇，如暮年、暮齿、暮岁、暮节……而另外一个表示死人归向的“墓”字原来也是从表示将死的太阳归向的“莫”字类比出来的。这一类比所根据的可能是一个相通的表象：太阳以入地底为死，而汉族葬俗人死亦埋入地下。《方言》第十三：“凡葬而无坟谓之墓。”正是墓字的本义，也是上述类比的明证。

既然“莫”字训为“日冥也”，“昏”字亦训为“日冥也”，那么后者是否也可转引出死亡之类的意义呢？事实正是这样，“昏”字既有“没”的意义，又有“死”的意义。《尚书·益稷》：“下民昏垫。”郑注，“昏，没也。”用于这一意义的昏字后来又写作“殙”（《说文通训定声》）。《左传·昭公十九年》：“郑国不天，寡君之二三臣。札瘥夭昏。”注：“大死曰札，小疫曰瘥，短折曰夭，未名曰昏。”疏：“子生三月父名之，未名之曰昏，谓未三月而死也。”

由此看来，神话宇宙模式的水平系统不仅蕴含着空间与时间的二元对立，而且蕴含着生与死的二元对立。

三、神、鬼、人的分野
——神话的三分世界结构

通过对神话宇宙模式的垂直系统和水平系统的描述，我们已经有了一个较为清晰的神话宇宙观的立体图像，用极概括的语言来描述这个立体宇宙图像整体的基本特征，那就是：天圆，地方，大地环水。

在这里，大地环水的观念十分重要，由于水平系统中环绕大地的四海之水与垂直系统中地底的黄泉之水相通相连，这就使垂直模式同水平模式联系起来。由昏所代表的黑暗、死亡价值同由昔、冥所代表的黑暗、死亡价值联系起来，它们共同和由昆、旦所代表的光明、生命价值构成二元对立。从方位上说，这是东与南对西与北的对立；从时间上说，这是昼与夜的对立，又是春夏对秋冬的对立；从抽象的哲学意义上说，这是阴与阳的对立，《易经》的太极图像便是这种对立的最简明、最精确的表达。

由天、地、水三种不同的物质形态所构成的三分世界以地为界限形成二元对立：天神世界和人类世界共为阳界，同地下的水世界即阴界形成对立。因此，地下的阴间神同时又兼为水神或海神。

上古神话宇宙观的三分世界观念起源于史前时代，在跨入文明门槛的殷商民族的象形文字中留下了鲜明的印迹，直到西汉时代仍然相当清晰地保留在人们的集体意识中，尽管已经多少有所改变或夸张。在湖南长沙马王堆一号汉墓出土的西汉帛画中，我们便可看到这种经过装饰性夸张的神话宇宙观三分世界模式。

天神世界：处在画面上方，其标志为位于中央的最高天神和两旁的日、月以及龙凤等不死的神兽。

人间世界：处在画面中央，大地明显为一方盘之状，其上有人、一般动物及人类生活场面。

地下世界：大地之下虽未画出海水形，但却出现了鱼鳖之类的典型海生动物。方盘状的大地恰由阴间神兼海神的巨人两臂托起，而巨人脚下则是两只巨大的水生动物形象。限于帛画的尺幅，除了天圆一项未能得到展现之外，神话宇宙观中另外两大特征即地方和地载于水均得到了确凿的验证。

从跨文化的角度加以比较，我们发现类似的宇宙观念具有很大的普遍性。巴比伦尼亚人以为宇宙是一个密封的箱子或小室，大地是它的底板。大地四周有水环绕，水之外复有天山，以支撑天穹。[1]埃及人认为宇宙是一个方盒，南北的长度较长，底面略呈凹形，埃及就处在凹形的中心。天是一块平坦的或穹窿形的天花板（天盖），四方有四个天柱，即山峰所支撑。方盒的四周有大河环绕，河上有一条船载着太阳来往。尼罗河是这条河的一个支流。[2]在古印度，人们也用“海水周环之地土”[3]来形容世界。

这里的某些细节可使我们的神话宇宙观得到进一步的补充。如巴比伦人的海外有山的观念，自然使我们联想起《山海经》的地理观念也是四海之外有山的。又如四方有四山充当天柱的构想，又与中国神话中“有八山为柱”撑天（《天问》“八柱何当”句王逸注）的表象相对应。关于地载于水，由某种生物（或为人，或为水生动物，或为其他动物）支撑的神话观念同样是世界性的。在北美印第安人的十字宇宙图中，我们看到了又一个以两手托起方盘形大地的人形神，在一幅古埃及雕刻中，三分世界的结构模式与马王堆帛画十分相似，而大地照例是压在一个人面蛇臂的神之头顶上的。[4]

这些不约而同的表象使我们又想起金文中常见的一种尚未有确解的符号（图3）：

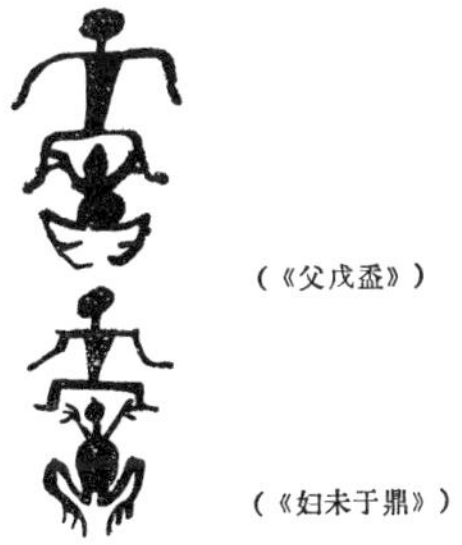

图3

[1] 马斯佩诺（G.Maspero）：《文明的曙光》，英译本，1910 年版；转引自丹皮尔《科学史》中译本，商务印书馆 1979 年版，第 32—33 页。

[2] 马斯佩诺（G.Maspero）：《文明的曙光》，英译本，1910 年版；转引自丹皮尔《科学史》中译本，商务印书馆 1979 年版，第 37 页。

[3]《五十奥义书》，徐梵澄译，中国社会科学出版社 1984 年版，第 134 页。

[4] 参看尼尔森（N.C.Nielsen）等编《世界上的宗教》（*Religions of the World*），圣马丁出版社 1983 年版，第 39 页图片。

在金文中类似的符号一共有二十多次出现，[1]有人以为是“天鼋”二字。笔者以为这是一种宇宙模式的拟象。其意蕴显然包括了天、地、地下大水所构成的三分世界。处在拟象底部的，毫无例外都是龟鱼形水生动物，它以两臂支撑起用人的腿脚为象征的方形大地，而人象的头部显然是象征天的。《说文》：“天，颠也。”原来人们在未抽象出“天”的概念以前是用具体的人的颠顶来指代天的，所以在甲骨、金文中的天字都无例外地摹写出一个大头人形，而后人则用“顶天立地”来夸耀人的特征。由此观之，上述符号的象征意义也就是对以顶天立地（地载于海）的人为中心的宇宙模式的形象概括。

从这个神秘符号中，我们又联想到一个广为流传的神话表象模式：鱼鳖类动物（或其他动物）撑天或支地。

如我国南方彝族民间史诗《梅葛》中描述天神造世界的一段：

天补好了，
地补好了。
打雷时天不会垮，
地震时地不会塌；
可是补好的天还在摆，
补好的地还在摇；
因为没有撑天的柱，
没有撑地的柱；
要找撑天的柱，
要找撑地的柱。

[1] 均见《金文编》附录上，第1023—1024页。

格滋天神说：
“水里面有鱼，
世间的东西要算鱼最大
公鱼三千斤，
母鱼七百斤；
捉公鱼去！
捉母鱼去！
公鱼捉来撑地角，
母鱼捉来撑地边。”
公鱼不眨眼，
大地不会动，
母鱼不翻身，
大地不会摇，
地的四角撑起来，
大地稳实了。[1]

在这已经艺术化了的神话中，大地的四角（边）是由两条鱼支撑起来的，而鱼又显然只能浮游在海中，所以间接说明了地载于水的神话宇宙观。再如拉祜族民间史诗《牡帕密帕》中描述的同类表象：

厄莎搓下脚手汗，
做了四棵柱子：
金柱子，

[1]《梅葛》，云南人民出版社 1978 年版，第 8—9 页。

银柱子，
铜柱子，
铁柱子。
又做了四条大鱼：
大金鱼，
大银鱼，
大铜鱼，
大铁鱼。
柱子明晃晃，
大鱼光灿灿。
柱子支在鱼背上，
再架四棵天梁，
再架四棵地梁，
天椽放在天梁上，
地椽放在地梁上，
从此天地分开了，
厄莎心里好喜欢。[1]

这里的天和地都是以金、银、铜、铁四条鱼为支撑基点的，同样折射出天、地、地下大水的三分世界宇宙模式。除了鱼以外，在神话中支撑天地的还常常是大龟大鳖。如乌丙安先生所述："在1890年俄国地理学会出版的《东西伯利亚部纪要》中记载了布里亚特人的创世神话，其中就有以下的情节：世界开初，只有水和水中的一只大龟，天神便命龟仰在水面，在它的肚上造

[1]《牡帕密帕》，云南人民出版社1979年版，第3页。

了大地。还有一说是命大龟背负大地，每当大龟感到累时便晃动身子，大地便发生了地震。这种解释在蒙古族和鄂温克族中也有流传。在西藏的佛教大地神话中也有龟驮大地的故事，只不过这只龟被解释成是维休奴神变的龟形，用来支撑大地的。”[1] 从这里得到的龟撑大地的表象，反过来可以说明在上引金文符号中处于下部用两足撑（天）地的龟形的神话功能。而神可变形为龟的神话旁证又对马王堆帛画中双手托起大地的水神形象提供了解释线索。在该水神的两边，我们早已注意到，两只解除了负载大地之重任的龟，已演化为一种对称性的装饰图案了，而处在水神脚下的，仍是一只巨大的鳖鱼。

神话意识中的三分世界分别确定了神、鬼和人的空间分界。在正常情况下，三界之间的界限是不得混淆的。神界是永生的世界，凡人与鬼魅不可企及；人间是有生亦有死的世界，一切生物都要受到死亡法则的支配，它们的最后归宿是地下的鬼域，那里是黑暗之家，也是水的世界。只有太阳和月亮才有权力周游三个世界，它们在运动中获得永生。

四、作为文化元语言的宇宙模式

前面已经提到，元语言作为一种解释性的模式，犹如文化深层意蕴的密码本，依据这种密码本，我们可以对许多无意识的文化现象做出解释。在本节中，我们将依据已经重构出的中国上古神话宇宙模式，对若干早已失去本义的文化现象做出说明。由于我们所依据的元语言的密码意义——其象征系统和价值系统已在前几节中得到了阐述，所以下面的说明只需举出适当的文化事项特征，问题便可释然了。

第一项：公元前 5 世纪成书的《穆天子传》，其间神话传说与历史掺

[1] 乌丙安：《满族神话探索》（之一），中国神话学会编《中国神话》第一集，中国民间文艺出版社 1987 年版，第 37 页。

杂难辨，但究其作者的想象范围，可以看出神话宇宙观二元对立模式的铸塑作用。《穆天子传》中的地理概念总是“东土”与“西土”对言，如卷三云：

西王母为穆天子谣……天子答之曰：“予归东土，和治诸夏。”……西王母为天子吟曰：“徂彼西土，爰居其野……”

这种东西对峙的地理现实为神话宇宙水平模式的一种变相投影，因为这不仅是空间方位的对立，其中还蕴含着价值的对立。东土指的是以宗周为中心的中原地区，西土指的是当时人想象的极西辽远的荒漠之域，“东方为正统雄性之王，西方荒远之区则设一雌性之王，东西相对，男女相配，体系简明。”[1]

在这里，东与西两大空间表象之后，潜在的二元对立范畴是：

阳：阴

男：女

中心：边远

文化：自然

正统：非正统

作为此种对立的象征基础的是西王母之国与日落处的认同，以及西方与北方的联系。《穆天子传》中提到的“日入所”弇山被天子命名为“西王母之山”，天子的东归宗周又被叙述为“南征”，可知西王母所代表的阴性空间实包括整个西北荒漠之域，在以黄河中下游地区为天下中心的周人心目中，那个神

[1] 吴春山：《古代小学的宇宙观》，《中国古典文学研究丛刊》小说之部（一），台北巨流图书公司1979年版，第54页。

秘的阴性空间总是与阴性的月亮或阴间的鬼有着某种象征性的联系。这一点，可以从下述事实得到说明：西王母曾被视为月神；西北边鄙的汉语命名中常出现像“月氏”“大月氏”“禺氏”（北方之神禺强之姓）、鬼侯（又称九侯，周初居住在华夏族西北的九国）、鬼方[1]等等。

第二项：作为中国道家思想渊薮的《庄子》一书表现出了与《穆天子传》截然不同的思维模式。简言之，《庄子》不是以神话宇宙模式的水平系统，而是以垂直系统为其构思之基础的。这一点，突出表现在书中大量出现的南与北的二元对立。如《逍遥游》中的：

北冥有鱼，其名为鲲……化而为鸟，其名为鹏。……是鸟也，海运则将徙于南冥。南冥者，天池也。

《在宥》中的：

我为女遂于大明之上矣，至于彼至阳之原也；为女入于窈冥之门矣，至彼至阴之原也。

《天地》中的：

黄帝游乎赤水之北，登乎昆仑之丘而南望。

治，乱之率也，北面之祸也，南面之贼也。

《天道》中的：

[1] 陈梦家：《殷墟卜辞综述》，科学出版社1956年版，第275页。

夫虚静恬淡寂寞无为者，万物之本也。明此以南向，尧之为君也；明此以北面，舜之为臣也。以此处上，帝王天子之德也；以此处下，玄圣素王之道也。

静而与阴同德，动而与阳同波。……故曰：其动也天，其静也地。

《天运》中的：

夫南行者至于郢，北面而不见冥山，是何也？则去之远也。

《天下》中的：

我知天下之中央，燕之北越之南是也。

《秋水》中的：

且彼方跐黄泉而登大皇，无南无北……

《知北游》中的：

知北游于玄水之上……反于白水之南。

《应帝王》中的：

南海之帝为儵，北海之帝为忽，中央之帝为混沌。

如果有人要问，《庄子》一书中为什么在涉及空间方位时，总是南北对举，而罕言东西呢？答案在于，作者在南北的二元对立中寓托着至关重要的价值体系。对此，我们只需将《庄子》中以宇宙模式垂直系统为基础的象征性对立罗列出来，就不难理解了：

南：北

阳：阴

火：水

动：静

实：虚

有：无

有为：无为

雄：雌

王：圣（玄圣）

在这种特殊的二元对立体系中，庄子哲学的反文化（即反对以仁义礼乐为核心的正统文化）特征已经十分明显地概括出来了。传统的价值标准总是以南、阳、雄、生的一方为正价值，而以北、阴、雌、死的一方为负价值的。但庄子却与之正相背反，他以“无”为本，主静不主动，“以生为丧”“以死为反”（《庚桑楚》），倡导的是一种“无为而治”的政治，顺应自然的人生态度。同老子一样，庄子的哲学可以称之为“玄冥哲学”“阴柔哲学”“阴性哲学”或“北方哲学”。这种对中国文化影响至为深远的阴性哲学的奥义，我们将留待后文继续阐发。

第三项：后世道教经典中有一部《太上登真三矫灵应经》，叙述道人作法召唤龙、虎等动物的方式，其中讲到如何召唤白虎的一段是：

凡用虎矫者，先当斋戒七日，于庚寅日夜半子时立坛，下方上圆，地方一丈二尺，天圆三尺，用灰为界，道上安灯七盏，香一炉，鹿脯七分，白茆草一握，安排了当，然后焚香告祝……

这里首先引起注意的是一系列“七”数的神秘用法，同太一礼仪中七十童男童女之谜一样，暂留待后面详细探究。要说明的是，道人筑坛的结构模式“上圆下方”无疑是以神话宇宙观为范式的。这个小规模的民间祭坛又使我们想到具有类似结构特征的国家官方统治中心的建筑群——明堂。

第四项：明堂。对于这个自周代以来一直象征着封建最高统治的神秘所在，我们只好列专章加以研究，这里仅先点出其最明显的神话宇宙观的特征：上圆下方，环之以水。

第五项：中国古代具有神秘意义的瑞器之一——琮，看来也是由于取象于宇宙模式而获得神圣法力的。张光直先生以为这是古代萨满巫师用来通神的工具：“琮的方、圆表示地和天，中间的穿孔表示天地之间的沟通。从孔中穿过的棍子就是天地柱。在许多琮上有动物图像，表示巫师通过天地柱在动物的协助下沟通天地。因此，可以说琮是中国古代宇宙观与通天行为的很好的象征物。”[1]

第六项：了解到神话宇宙观地载于海中生物的观念以及海与冥界、北方的象征关系，后代产生的许多奇特传说也就易于理解了。如为什么北岳之神被说成是“主世界江河淮海，兼四足负荷之类”（《古今图书集成·神异典》卷二四引《恒岳志》）。为什么女娲修理世界时要“断鳌足以立四极”

[1] 张光直：《考古学专题六讲》，文物出版社 1986 年版，第 10 页。

（参看本书第八章第四节），等等。

以上六项解释足以说明“元语言”作为人类学的工具，对于文化底层的诸多无意识问题具有重要的解读或破译功能。这一点，在以下的讨论中将得到进一步的确证。

五、龙凤与鲲鹏
——三分世界的动物象征系统

在世界各民族的神话宇宙观中，上、中、下三分的世界模型常常由水、陆、空三类不同的动物形象来象征。了解这种三分动物象征系统的普遍性及文化差异性，对于神话研究、上古艺术（青铜器图案、帛画、画像石、陶器图案、浮雕等）研究和图腾制的研究，均有很大助益。

天空世界是各种飞行动物的王国，所以上界的象征几乎没有例外均由鸟类形象来充当。中间世界的常用象征是各种陆栖动物，自然也包括作为万物之灵的人类。而地下世界的象征稍复杂一些，但大致仍不外乎两类，一类属于水生动物或海洋动物，另一类则是各种以能钻地入穴为特征的爬行动物。这一点尤其值得注意，因为神话思维对各种动物的分类同现代的动物学分类的根本区别就体现在这里。神话思维往往根据事物的某一点外在特征就按照类比联想将其归入到具有同类特征的类别中去，而不考虑其他方面的差异。如在尼尔人（Nuer）的分类图式中，蜜蜂和巨蟒被视为同类动物，因为这两种动物有着特征类似的体形。把巨蟒当作图腾的人也不杀死蜜蜂。在红蚂蚁和眼镜蛇之间也有同一种类型的联系，因为眼镜蛇的字面意义就是“棕色虫”。[1]

[1] 列维 - 斯特劳斯：《野性的思维》，李幼蒸译，商务印书馆 1987 年版，第 67 页。

三分世界的动物象征可以同创世神话具有某种联系，从而使某一类动物的活动领域在讲述世界创始情形的神圣法典（charter）中得到溯源性的确定。这种联系明显表现在希伯来人的创世神话中，[1]该神话的宗教化和哲理化形式如《圣经·旧约·创世记》第一章所述，上帝耶和华造好了海、陆、空三分世界后，从第五天开始造动物：

上帝说，水要多多滋生各样有生命的物，要有雀鸟飞在地面以上，天空之中。上帝就造出大鱼和水中所滋生各样有生命的动物，各从其类。又造出各样飞鸟，各从其类。……上帝说，地要生出活物来，各从其类，牲畜、昆虫、野兽，各从其类。事就这样成了。于是上帝造出野兽，各从其类，牲畜，各从其类，地上一切昆虫，各从其类。上帝看着是好的。上帝说，我们要照着我们的形象，按照我们的样式造人，使他们管理海里的鱼、空中的鸟、地上的牲畜和全地，并地上所爬的一切昆虫。上帝就照着自己的形象造人，乃是照着他的形象造男造女。

在神话的这个已经充分理性化的叙述中，我们似乎看到了一种与进化论大致吻合的动物创生顺序，其分类法也趋向于科学抽象了，“各从其类”的思想得到了反复强调。不过该分类体系与神话宇宙观三分世界的对应关系仍然是明确的：

上界：空中的飞鸟，各从其类

[1] 希伯来神话中的蛇在《创世记》中表现为爬行动物，但其原型却是巴比伦神话中的混沌海怪，属于水生动物（详后）。

中界：陆地动物 ｛野兽，各从其类
牲畜，各从其类
昆虫，各从其类
人｝

下界：水生动物 ｛大鱼
各种水生动物，各从其类｝

如果说，《圣经》神话中的海陆空三界动物已逐渐失去了象征性，趋近于现代动物学分类的话，那么，在北欧斯堪的那维亚神话中，可以看到动物的宇宙象征意义的较古朴的形式。从记载在新、旧《埃达》（Edda）中的神话可知，宇宙被划分为天神世界（上界）、地上世界（中界）和地下世界（下界）。天神世界叫阿斯加尔德，是永生世界；地上世界的中心叫米德加尔德，是生的世界；它们共同与地下世界即死的世界地狱构成生与死的二元对立。就平面空间方位而言，阿斯加尔德和米德加尔德均位于南方，而地狱则位配北方，这同我们前面描述的中国神话宇宙观完全一致。上中下三界之间由一个叫作伊格德拉西尔的宇宙树联结在一起，该树上通天神界，下通地上和地下两个世界，三界的划分被象征为处在不同水平上的动物形象：鹰在树的顶端，巨蟒（蛇）在咬树根，而鹿则在树的中部吃树叶。三界之间的调解者是一只松鼠，它在树上能上能下。[1]

在这里值得注意的是代表上方的飞行动物鹰与代表下方的爬行动物蟒的二元对立，因为这种对立形成了一个流传很广的鹰蛇之战的神话的原型。我国长沙出土的夔凤搏斗帛画似可看作是出于同一原型的神话变体。郭沫若先生解释说："帛画画了一个中年细腰妇人，侧面向右立，两手合掌似做祈祷状。

[1] 坎贝尔（J.Campbell）：《神之面具：原始神话学》（*The Masks of God: Primitive Mythology*），纽约1959年版，第120页。

图4

头上有一夔一凤在搏斗中，凤有威势，夔却垂死。画上没有文字。”[1] 画中一足之夔实为龙蛇之形，而凤鸟作为上界飞行动物的身份，与鹰同类，所以这张图显然也是上下阴阳两界之间对立统一的象征，其所蕴含的原始哲学真谛，仍未超出一幅《易经》太极图。从象征意义上看，鹰与蛇的对立反映的是光明与黑暗、白昼与夜晚、太阳与月亮、天神与恶魔、善与恶、生与死的对立（图4）。从辩证的观念看，这种对立中仍蕴含着统一，表现在神话中则是飞行类有翅动物与爬行类蛇虫动物的某种变体结合，如巴比伦古文物中的鹰爪蛇头兽身形象（图5），美洲印第安人崇拜的羽蛇形象等。

图5

[1] 郭沫若：《奴隶制时代》，人民出版社1973年版，第259页。

特别值得强调的是，这种光明与黑暗的对立统一在中国上古文化中具有特殊的意义。由于中国文化突出强调对立面的相互转化，所以阴与阳成了两个相化相生，互为依存的有机整体，表现在神诂中，便是飞鸟类有翼动物同龙蛇类爬行动物之间的变形转换和功能转换。所谓变形转换指的是某一种动物通过变形而化生成另一种动物，诸如“龙生龙”“凤生凤”的说法在神话中须改为“龙生凤，凤生龙”才是。所谓功能转换指的是某一类动物具有另一类动物的特有功能。《易经》所说的“飞龙在天”，《荀子·劝学》所说的“螣蛇无足而飞”便是这种爬行动物具有了飞行动物之功能的神话转换。在马王堆汉墓帛画中，我们看到有四条龙的形象，下面的两条略呈现为垂直展开状，它们纵贯于地上的人间世界和地下的水族世界；上面的两条龙略呈现为水平状形象，对称地位于天界之中，日月之下，同飞行类动物凤鸟等一同组成不死神界的动物群像。这幅汉代帛画鲜明地表现了龙这种爬行动物在中国文化中的功能僭越和特殊的象征地位。1985 年发现的山东诸城县西汉墓棺底彩绘板画上，有两条带有双翼的飞龙，曲身卷尾作腾飞之状。可以同马王堆帛画中的龙相参照。[1]

考察宇宙模式的动物象征及其转换系统对于文化研究来说确有元语言的重要意义，它不仅能揭示出人类神话思维的某些共同规律，而且有助于我们把握个别文化的独有特征。蛇这种爬行动物在大多数文化的象征系统中均具有负面的价值，是恶魔的形象，而唯独在中国文化中神化为龙，具有了最高的正面价值，成为统治者（真龙天子）的象征，这其间的奥秘究竟是什么呢？

一般说来，蛇在众多文化中之所以是一种否定的形象，主要原因在于蛇在宇宙模式象征系统中的地位。正如索绪尔所说，一个词的意义不是孤立存在的，意义只存在于该词与其他词（系统）的关系之中。同理，一个象征

[1] 诸城县博物馆：《山东诸城县西汉木椁墓》，《考古》1987 年第 9 期。

符号也只有放到整个象征体系中方可确定其意义与价值。作为爬行动物，蛇的基本生理特征决定了它在宇宙模式象征系统中只能处在与上界飞行动物相对立的下界地位。因此，凡是与天神世界所代表的正面价值如光明、生命、善等相对立的负面价值如黑暗、死亡、恶等，便都归结到蛇这种无辜的动物身上了。于是，在巴比伦创世神话中，我们看到蛇的象征变体——混沌恶龙（Chaos—dragon）同创造主神马杜克的敌对关系；在迦南人的神话中，恶

“爬行动物与飞禽的奇妙组合，古埃及石棺内壁的羽蛇浮雕。维也纳，国家艺术史博物馆

龙同主神巴尔（Baal）之间的敌对关系；在古埃及神话中，蛇同太阳神之间的敌对关系，等等。如果了解到埃及的太阳神常以鹰来象征，那么，蛇同太阳神争斗的神话显然是鹰蛇之战神话原型的又一变体形式。在所有这些神话中，光明与黑暗的对立主题都得到突出的表现，而在古代伊朗，这一主题甚至发展出一整套典型的二元论宗教教义，记载在《阿维斯陀》古经中：

《阿维斯陀》的主旨，在于确认有关世间光明与黑暗两种本源针锋相对的二元论。前者化身为光明、善之神——众阿胡拉，后者化身为黑暗、恶之神——众提婆。居于光明神之首者为阿胡拉·玛兹达。与之相抗衡者为居于众黑暗神之首的安格拉·曼纽。

两大灵体(神祇),同被奉为旗鼓相当的万有之造化者。然而,光明、洁净、理智以及有益于世人者,皆出自阿胡拉·玛兹达;而邪恶、不洁以及诸般危及世人者,皆出自安格拉·曼纽。光明神造肥土沃壤,黑暗之神造贫瘠荒漠。前者造家禽家畜,后者造猛兽凶禽,毒蛇害虫。[1]

同样突出表现对立面之间冲突的母题在希伯来人的《圣经》中转化为上帝同蛇(恶魔)的敌对关系,这种关系奠定了蛇在整个西方文化中的否定性象征意义。据现代《圣经》学研究,《圣经》中的上帝与蛇的敌对关系源于巴比伦神话中主神马杜克与混沌恶龙提阿马特的对立关系。[2] 提阿马特除了被抽象化为混沌出现在《创世记》神话中外,还在《圣经》其他篇章中以海中怪兽的形象出现,如《诗篇》第七十四篇中所述上帝创世神话:

你(指上帝)曾用能力将海分开,
将海中怪兽(Leviathan)的头打破。
你曾砸碎鳄鱼的头,把他给旷野的禽兽为食物。
你曾分裂磐石,水便成了溪河,
你使长流的江河干了。
白昼属于你,
黑夜也属于你。
亮光和日头,
是你所预备的。
地的一切疆界,
是你所立的。

[1] 托卡列夫:《世界各民族历史上的宗教》,魏庆征译,中国社会科学出版社 1985 年版,第 372—373 页。
[2] 参看胡克(S. H. Hooke):《中东神话学》(*Middle Eastern Mythology*),企鹅丛书 1963 年版,第 106 页。

夏天和冬天，

是你所定的。

在《以赛亚书》第二十七章中，上帝同海生动物的对立与上帝同蛇的对立完全等同为一了：

到那日，耶和华必用他刚硬有力的大刀，刑罚海中怪兽，就是那快行的蛇，刑罚海中怪兽，就是那曲行的蛇。并杀海中的大鱼。

既然巴比伦神话中与恶龙敌对的主神马杜克本为太阳神[1]，那么上帝与海怪冲突的神话同埃及人关于太阳与蛇冲突的神话便属于蕴含着同类象征内容的故事了，类似的故事还以其他动物象征形式出现在世界各地：

美国西北部海达人以鲸鱼吞食乌鸦（后者是神话中太阳神的人格化）的故事，对日落和日出提出自己的解释。

非洲祖卢人认为，当黄昏时天空出现一片红色，便是太阳为河里的妖怪吞食而“死”。在那些没有海洋或巨河的地方，太阳是被一只象或狼吃掉。《小红帽》童话只不过是约拿神话的翻版，少女头上戴的红帽子就是落下的太阳，狼就是夜晚。有些地方认为白天的光明为体现夜晚的巨蛇所吞噬，这种故事中的蛇渐渐变成神秘的龙。中国人认为龙从海中捉走了太阳。中国皇帝是太阳之子，要坐在金黄色的龙座上，他的旗子上表现带有太阳红球的龙。[2]

利普斯的这段陈述似乎为我们说明了鹰蛇之战神话原型的发生根源，但

[1] 卡西尔（E.Cassirer）：《象征形式哲学》（*The Philosophy of Symbolic Forms*），英译本，第二卷，耶鲁大学出版社 1955 年版，第 96 页。

[2] 利普斯：《事物的起源》，汪宁生译，四川民族出版社 1982 年版，第 358 页。

他未能说明为什么作为光明之神太阳的敌人的蛇（或狼、鱼）偏偏在中国文化中变成与太阳具有同样价值的龙。

看来，上古中国神话并没有像巴比伦、埃及神话那样强调太阳与阴间世界的绝对敌对关系，相反，倒是突出了光明与黑暗、阳与阴之间的相生相化的依存关系。所以上界的动物象征如凤、乌鸦、玄鸟等同下界的动物象征如龟、蛇、龙等并不是以你死我活的仇敌面目出现的，而是可以通过变形转换和功能转换统一起来的，因此蛇类爬行动物在中国文化中具有正面的象征价值。[1]

强调对立面的斗争，还是强调对立面的统一，这一差异是研究中国神话、神话宇宙观以及由此而发展出的中国哲学的关键所在。在前文中构拟神话宇宙模式系统时，我们看到二元对立的普遍性。这里需补充说明的是，二元对立在中国神话思维和哲学思维中是相对的而非绝对化的。这一点，若以伊朗玛兹达宗教二元论为参照，可以得到简要的说明。按照二元论宇宙观，世界万物有一善一恶、一光明一黑暗两个本源，强调的是分裂与对抗和二者择一：

混沌初开，即有二神；其行径迥然不同，一善一恶，及于思、言、行。两神奉其一，尊善而弃恶。……此二神须皈依其一：诳惑，邪恶之神，抑或忠诚、圣洁之神。如奉前者，势必劫难临头；如奉后者，敬礼以诚，阿胡拉·玛兹达则福佑其万事亨通。（《阿维斯陀》“耶斯那”第 3 歌）[2]

相比之下，中国神话哲学在对立的统一中蕴含着一元论的宇宙观，阴与阳的对立只不过是同一个宇宙本源即太一的变化形态而已。“两仪”的分裂不是对抗性的，而是统一在一个“太极”圈之内的，是道在其运行过程的不

[1] 关于蛇在中国文化中的演变为龙的问题，可参看出石诚彦《关于龙的由来》一文，《支那神话传说研究》，中央公论社昭和十八年版，第 91 页以下。关于中国文化中的龙蛇崇拜，可参看丹尼斯·赵《中国人信仰中的蛇》，中译文见《民间文艺集刊》第七集，上海文艺出版社 1985 年版。

[2] 转引自托卡列夫：《世界各民族历史上的宗教》，魏庆征译，第 374 页。

同表现。所谓“一阴一阳之谓道”“道生一、一生二”“太极生两仪”等说法都是把二统合在一之中的。因而，价值判断的取向不是二者择一式的，而只能是合二而一式的，“故有无相生，难易相成，长短相形，高下相倾，音声相和，前后相随”（《老子》第二章）。构成中国文化思想核心内容的老子的辩证法和儒家的中庸精神，正是此种“相生”“相成”的合二而一哲学的发展和引申。而这种“相生”哲学又显然是以突出同一主题的“变形”神话为其思想渊源的，这种变形神话的最典型的例子，莫过于《庄子·逍遥游》开篇所述：

北冥有鱼，其名为鲲。鲲之大，不知其几千里也。化而为鸟，其名为鹏。鹏之背，不知其几千里也……是鸟也，海运则将徙于南冥。南冥者，天池也。

这个多少被庄周寓言化了的鲲鹏相化生神话，其本义似乎两千年来未有确诂，若从元语言即神话宇宙模式着眼，则是一目了然的。“北冥”在象征意义上等同于地底冥界之水，已如前论，而“南冥”，在庄子的本文中说明是“天池”，显系上界即天界的象征，所以从北冥到南冥的水平运动也就是自下界到上界的垂直运动。鲲，有的注家说是鲸鱼，也有人考据为龙，当属水族动物无疑；鹏乃飞行动物，与鹰同类。水族动物化为飞行动物，从黑暗的北极向光明的南极[1]运行，这正是“道”的运动、太极的运动。当然也是太一即太阳的运动模式，因为太阳是能以其循环运动而贯通上中下、海陆空三界的死而复生的象征。

从庄子神话中不难看出，将太阳的朝出夕落构想为一幽一明、一水一天两类动物之间的关系，这是一个具有跨文化普遍性的原型神话。只因两类动

[1] 成玄英疏言：自北徂南者，鸟是凌虚之物，南即启明之方；鱼乃滞溺之虫，北盖幽冥之地；欲表向明背暗，舍滞求进，故举南北鸟鱼以示为道之迳耳。

物之间的关系性质不同，同一原型在中外文化中产生出了不同的神话变式。强调两类不同动物之间的对立斗争关系，便有了太阳或飞行动物（乌鸦、鹰、鹏等鸟类形象）被水族动物（鲸鱼、大鱼、海中怪兽、蛇或龙等）所击败、所吞食的神话。强调两类动物相统一、相化生的关系，便有了水族动物（鲲、鱼、龙等）与飞行动物（鹏、乌鸦、凤）周期性化生循环的神话。

把握住这种与对立模式相异的化生模式，可以使我们对古神话研究中许多千年难解的“死结”，许多莫名其妙的神奇变化，许多迄今未有人注意的规律现象，做出新的理解和说明。从而把因曲解和蔑视而遗失、埋没、散碎的中国古神话重新建构起来，按照神话思维的内在逻辑（而不是凭借想象）去复原神话的体系。

更富有启迪意义的是，我们在这里找到了神话发生和发展的思维基础和文化基础，从而确立新的神话解读原则：将每一个神话整体作为一个“能指”，放置到它所由发生的文化和语义背景之中，从该神话与该文化意识形态的联系中去译解其“所指”。按照这种研究方式，中国神话与中国哲学、中国人的文化心理特征的研究将真正地融合为一体。

THE THIRD PART

第三章

原型模式与神话礼仪

文化的内容包括我们对世界的了解和人们的相互关系以及对重大事件的解释；文化还包括人们对各种模式的解释，这可以称作情感的体系。从文化的价值观念，可以知道人们需要些什么，并且可以确定我们在不断的变迁中的前进目标；最后，文化还包括人们行动的合情合理的原则。

——辛格尔顿《应用人类学》

历史学根据社会生活的有意识的表现，来组织其材料，而人类学的研究则在于深入探讨社会生活的无意识基础。

——列维－斯特劳斯《结构人类学》

在以上两章中，我们重构了上古神话宇宙观的模式系统，并试图说明该模式系统作为元语言而无意识地铸塑文化现象的作用，在本章中，我们将进一步参照弗莱的原型模式理论，将上述宇宙观系统加以分解，探讨每一个子模式作为原型是怎样无意识地发挥其元语言作用，规定、制约着古人的思维方式，转换、生成出各种程式化的象征礼仪活动和神话传说的。

分解后的宇宙模式系统共有四个子系统，分别对应于垂直系统中的“昆”模式与“昔”模式，以及水平系统中的“旦”模式与“百”（昏）模式。为了更加突出其原型特征和秩序，我们将这四个模式加以重新排列并命名，其依次顺序为：

（一）旦：东方模式

（二）昆：南方模式

（三）“百”：西方模式

（四）昔：北方模式

作为文化的元语言，这组模式也是古代中国人赋予自然现象和社会生活以规则和秩序的元分类系统，它具有极为广泛的包容性和概括性，可以说是探索中国文化深层结构的一扇窗口。

一、东方模式：春天的神话与仪式

在神话思维中，空间方位和时间观念都不是纯然客观的范畴，它们同时也是价值范畴，具有相对固定的原型意义。

东方由于同春天相认同，在空间意义之外又有了生命、诞生、发生等多种原型价值。所以，各种与上述原型价值相联系的神话、传说、仪式和风俗都照例要以东方和春季为其时空背景。

弗莱指出，与黎明和春天相对应的神话，常常是叙述神或英雄的诞生、苏醒、复活，或表现神或英雄战胜黑暗势力、冬天、死亡的神话。的确，我们在上古各民族的神话体系中可以看到这种对应于春天的神话是十分普遍的。在古代西亚，春天复活的是青春植物神阿都尼斯，关于他的传说可以上溯到公元前三千年的苏美尔神话《杜姆兹和印南娜》。

春天的仪式模型。韩国首尔，国立民俗博物馆

杜姆兹(Dumuzi)是所有植物之神的原型,死而复活是这类神的根本特征。杜姆兹在每年春季伴随着植物的生长而从死亡中复活，这种复活又是他的配偶神印南娜下到地狱中救助的结果。这个神话的巴比伦变体在后世流传极广，与之相联系的宗教仪式活动遍及西亚及古代希腊地区。在巴比伦神话中，杜姆兹又称塔穆斯（Tammuz）。

塔穆斯是繁殖之神，一般人都称他为“青春的塔穆斯”。……塔穆斯在阴府长大成人，出落得非常漂亮，潇洒出尘。阴府的王后非常喜爱他，想占为己有，不肯交还他的生母。他的母亲不服，向天帝控诉。天帝为息事宁人起见，命令塔穆斯每年和生身的父母在地上同住半年，和阴后在地下同住半年。……春天一到，塔穆斯又回到人间来；枯死的大地立刻充满生气，愁凄的苦脸立刻变为欢容。人们很高兴地过“迎春节”，欢乐地设筵庆祝青春之神复苏。[1]

这个神话同女性生殖神易士塔的神话相混合，衍生为男女二神生死恋的神话，并流行至希腊，变成阿弗洛狄忒与阿都尼斯相恋的神话。

在古希腊本土的神话中，植物神为狄奥尼索斯，也就是后来的葡萄种植神或酒神。他的特征也是一年一度的死而复活，庆祝他复活的宗教活动构成新春礼仪的一部分。另外，古希腊人还在葡萄收获季节举行酒神祭仪，悼念他的死亡。由此似可解释，狄奥尼索斯为什么兼有欢乐、喜庆、善和狂放、悲哀、恶这样两种对立的属性和价值。众所周知的希腊戏剧的两大典型形式，即悲剧和喜剧，便都是从酒神祭仪中演化而来的。这种仪式原来盛行于民间，有时带有明显的狂欢和性放纵的特点。

希腊历史学家希罗多德把埃及人的植物神奥西里斯也称为狄奥尼索斯，并记载了该神祭仪同希腊的类似之处："在别的方面：狄奥尼索斯（指奥西里斯——引者）的这个祭日的庆祝是几乎和希腊人的狄奥尼索斯的祭日完全相同的，所不同的只是埃及人没有伴以合唱的舞蹈。他们发明了另外一种东西来代替男性生殖器，这是大约有一佩巨斯高的人像，这个人像在小绳的操纵下可以活动，它给妇女们带着到各个村庄去转。这些人像的男性生殖器，和人像本身差不多大小，也会动。一个吹笛的人走在前面，妇女们在后面跟着，嘴里唱着狄奥尼索斯神的赞美诗。"[2]

在古巴比伦，对植物神塔穆斯的崇拜仪式是同女性丰产神、地母神易士塔的祭祀联系在一起的。喜庆的气氛和性的放纵也是一种一年一度的新春大典的特征。巴比伦人相信，正是这男女二神的重新结合给大自然恢复了生命。按照交感巫术原理，人与自然、人与神、神与自然之间具有交相感应的关系。

[1] 丰华瞻编译：《世界神话传说选》，外国文学出版社 1982 年版，第 44—45 页。
[2] 希罗多德：《历史》第 2 卷 48 节，商务印书馆 1985 年版。

农作物的生长，动物的繁衍，人类自身的生产都遵循着同一原则，并且彼此促进，相得益彰。因此，在举行新春庆典之际，部落男女集合于野，一方面举行促进大地回春、万物生长的集体性交，另一方面举行象征死后复活的成年人社仪礼。[1]

了解到春天的神话和仪式的通常性质，我们可以回过头来讨论中国上古的相应现象。遗憾的是，中国上古神话中没有像阿都尼斯神话那样完整的有关死而复活神的故事。但是，与男性植物神阿都尼斯和女性生殖神、地母神相对应的中国神还是不难找到的，那就是稷神和社神。

稷神与后稷传说密切相关。《淮南子·汜论》说，“后稷作稼穑，死而为稷。”这使我们想到作为农业和谷物之神的狄奥尼索斯的传说：他扶着犁头，撒播种子，减轻了农耕者的劳动。[2]《尚书·吕刑》说：“稷降播种，农殖嘉谷。”二者十分相近。还有的传说把狄奥尼索斯同牛耕相联系，说他是第一个驾牛犁田者。[3]这又使我们想起后稷与牛耕的关系，据《山海经·海内经》所说，是后稷之孙叔均“始作牛耕。”至于稷神的死而复活特征，文献中亦有记载。《淮南子·地形训》：“后稷垄在建木西，其人死复苏，其半鱼在其间。”又《老子》亦云：“谷神不死，是谓玄牝。”玄牝作为一种永恒不绝的生殖力象征，盖无争议。但这里的“谷神”却历来被注解为“空虚之道”。其实谷神就是谷物之神，其所以不死，就在于死后复生，绵绵不绝。“谷”又通“穀”，“穀”训生、训养。谷还与生命的方位东方相通：《尔雅·释天》：“东风谓之谷风。”盖取其能生、能养之意。《孟子·滕文公上》便把谷神后稷的生养功能同人民的繁衍相联系：

[1] 汤姆逊：《古代哲学家》，中译本，三联书店 1963 年版，第 87 页。
[2] 弗雷泽：《金枝》，中译本，中国民间文艺出版社 1987 年版，第 562—563 页。
[3] 弗雷泽：《金枝》，中译本，中国民间文艺出版社 1987 年版，第 562—563 页。

后稷教民稼穑，树艺五谷。五谷熟而人民育。

与稷始终联系在一起的是社。据日本学者池田末利等人的研究，社神原为主管生产万物的地母神。[1] 在神话思维时代，社神所蕴含的哲学意义当为宇宙万物生育繁衍的阴性元素。作为土地神，又是同阳性的天神、太阳神相对应的。祭社神的神圣场所——社，在上古文化中是社会政治、宗教活动的核心象征。值得注意的是，社的建筑结构总是露天的，不像其他庙宇、神殿。为什么是露天的呢？原来就是为了便利阴性生育元素（地母）同阳性生育元素的结合，使大自然保持旺盛的生产繁殖力。只有当国家灭亡之际，才在亡国的露天之社上面盖起房屋，阻隔它同阳性元素的进一步结合，这就是史籍上所说的：

丧国之社屋之，使不受天阳也。

既然一个国家已经灭亡，它的社会生命也即宣告终结，阻断其自然生命力的来源，看来也是理所当然的了。

把地神化为阴性的母亲神，相应的阳性父亲神也就非天莫属了。这便是在各民族神话中常见的天父地母观念的原型。在神话思维时代，春天曾被认为是天父与地母相交合而滋生自然万物的最佳季节。《礼记·月令》仍保留着这种神话观念："孟春之月，东风解冻，蛰虫始振，鱼上冰，獭祭鱼，鸿雁来。乃择元辰，天子躬耕帝籍。是月也，天气下降，地气上腾，天地和同，草木萌动。"这里，把草木萌动的原因说成是天地和同即天父地母交合的结果，而天子作为阳性天父在人间的代表要"躬耕帝籍"，也就是所谓的籍田礼仪。其本

[1] 池田末利：《关于古代中国地母神的考察》，见《中国古代宗教史研究》，东海大学出版会昭和 56 年版，第 89—107 页。

义实为天子代表天父同阴性的地母相结合，促进自然生殖力的旺盛。在这种春天的仪式行为中又潜藏着一个十分普遍的原型。如果以古希腊的狄奥尼索斯祭仪和古埃及的奥西里斯祭仪为参照系，中国的籍田礼可以说是同一原型的不同表现形式。在这里虽然没有直接抬出阳性元素的象征——男性生殖器或男神像加以赞美和膜拜，但天子本人便充当了阳性元素代理者，籍田礼的核心行为“躬耕”，则是与地母交配的象征。美国原型理论家威尔赖特指出：

它（男性生殖器——引者）同植物的发育、谷物的生长的联系由于一种极为普遍的经验现象——在性交与耕田、播种的双重活动之间显而易见的类似关系——而得到了强化。马克斯·缪勒曾追溯了“arable”（可耕种的）中的“ar”同“eros”（性本能）中的“er”之间的语言学方面的联系，并把它作为一个实例来说明远古的自然的隐喻是怎样出现在语言中，而且随后又凝固在词汇里的。在古老的文学中有时也可以看到一些零散的然而也是确实的证据。在索福克勒斯的《安提戈涅》中，当克瑞翁宣布他的儿子海蒙不能和被定了罪的安提戈涅结婚时，说了一句嘲讽的话：“还有其他的土地可以让他去耕种。”早在比这更早一千年的古埃及，智者普塔赫契普就曾为丈夫们提出过他那著名的教训：“要忠心对待你的妻子。她是一块多产的土地，等待着主人去耕耘。”[1]

作为补充，我们还可以举出中外文学中以耕田播种隐喻男女性爱的若干例证：莎士比亚的剧作《安东尼与克莉奥佩特拉》中阿格立巴谈论克莉奥佩特拉的魅力时说：“了不得的女人！怪不得我们从前那位恺撒为了她竟放下刀枪，安置在她的床边：他耕耘，她便发出芽苗。”[2]《诗经·齐风·南山》也

[1] 威尔赖特：《原型性的象征》，中译文见叶舒宪编《神话·原型批评》，陕西师范大学出版社 1987 年版，第 220—221 页。

[2]《莎士比亚全集》，朱生豪译，第 10 卷，人民文学出版社 1987 年版，第 36 页。

曾以种麻时“衡纵其亩”喻婚娶之事。

相形之下，上古籍田礼可以说是一种行动中的隐喻，其功能仍在于祈求地母的丰产。《诗经·周颂·载芟序》：“《载芟》，春籍田而祈社稷也。”如果说社是母，稷是地母吐生出的子，那么亲执耒耜在田中做做样子的天子不正是给地母播种的父亲的角色吗？诚然，天子只是扮演天父的角色而已，真正的父亲还是阳性天神，或者就是太阳神——生命的赋予者。无怪乎植物神狄奥尼索斯被说成天父宙斯之子，而中国神话中的谷神后稷则既是地母神兼高禖神姜嫄之子，又是天神帝俊之子（《山海经·大荒西经》）。这样看来，“民以食为天”的生存基础，华夏农耕文化的经济命脉——粮食生产，也就是天父地母的神圣结合所赐予的果实了。这便是蕴含在籍田古礼中的天父地母神话和阴阳化生哲学。换言之，籍田礼是远古神话的仪式化重演，是一种实践中的阴阳哲学。

除了籍田礼之外，中国上古还有另一组春天的仪式和神话，那便是流传更广的高禖祀典和感生神话。对这一课题笔者拟在另外的著作中探讨，在此仅提示而已。[1]

在古希腊，植物神、酒神狄奥尼索斯常常被认同为树木之神。“我们听说几乎所有的希腊人都祀奉‘树神狄俄尼索斯’。在维奥蒂亚，他的称号之一就是‘树中的狄俄尼索斯’。他的形象通常总是一棵直立的木柱，没有手臂，身披外套，有一个满脸胡须的面表示头部，头上和身上覆着枝叶，以显示神的本性。”[2]

与树木神相应的中国神无疑是鸟身人面的句芒。袁珂先生说：木神句芒手执圆规，和东方上帝伏羲共同管理着春天。“人们叫他做句芒，意思是说，春天草木生长，是弯弯曲曲，角角杈杈的，句芒两个字就做了春天和生命的

[1] 叶舒宪：《探索非理性的世界》，四川人民出版社 1988 年版，第 31—34 页。
[2]《金枝》，中译本，第 561 页。

象征。”[1]

《吕氏春秋·孟春》云：“其帝太皞，其神句芒。”高诱注：“太皞，伏羲氏，以木德王天下之号，死祀于东方，为木德之帝。……句芒，少皞氏之裔子曰重，佐木德之帝，死为木官之神。”高诱以五行五德之说解释古神话，恰为我们提供了了解五行思想起源的神话线索。原来以东方、春天为时空背景的植物神崇拜成了后人以木德配东方的观念基础。随着五德思想的进一步抽象化，木成了一种抽象元素，其植物神原型的生命（死而复活）意蕴也就日趋淡化，为人遗忘了。倒是在先秦典籍《墨子·明鬼下》中保留着句芒作为生命之神的一则传说：

昔者，郑（当为“秦”，引者）穆公当昼日中处乎庙，有神入门而左，鸟身素服，三绝面，状正方。郑穆公见之，乃恐惧奔。神曰：“无惧，帝享女明德，使予锡女寿，十年有九；使若国家蕃昌，子孙茂，毋失郑。”穆公再拜稽首，曰：“敢问神名，”曰：“予为句芒。”

东方之神句芒，《山海经海外东经》插图

[1] 袁珂：《中国古代神话》，中华书局1961年版，第49页。

这位能给人赐寿延年的句芒神已失去了其原始的植物神外貌，成了一位神秘的掌握生命的大神，其功能是降福消灾，给个人和国家带来生机和繁荣。《玉函山房辑佚书》辑《随巢子》中有如下故事：

昔三苗大乱，天命殛之，夏后受命于元宫。有大神人面鸟身，降而福之。司禄益食而民不饥，司金益富而国家实，司命益年而民不夭，四方归之。禹乃克三苗而神民不违，辟土以王。

袁珂以为此人面鸟身之神即句芒，[1] 从形貌和功能两方面看，这种推测是合理的。

还有些传说把句芒神看作是日出处即东极扶桑国的属神，这就更突出了生命神的原型性空间背景。如《尚书大传·洪范》云："东方之极，自碣石东至日出榑木之野，帝太皞神句芒司之。"又如《淮南子·时则训》云："东方之极，自碣石山，过朝鲜，贯大人之国，东至日出之次，榑木之地，青土树木之野，太皞、句芒之所司者万二千里。"按照此说，句芒似为一地方性的神了，唯其所在地为生命之方无疑。

从原型的观点看，司生命的木神句芒与司生育的地母神高媒是可以在东方模式的神话系统中获得一种象征性的认同关系的。其实，丁山先生已从语音学方面发现了这种认同关系，他写道：

句芒，当然是东方大神。句芒的造像特征是，"鸟身，素服，玄纯。"假定将"素服"的服字通假为腹，那么它就成为黑身白肚子的鸟，活像玄燕子了。《诗·商颂》所谓"天命玄鸟，降而生商，"商祖玄鸟，固可确定的

[1] 袁珂：《中国神话传说词典》，上海辞书出版社 1985 年版，第 129 页。

句芒的化身，即《礼记·月令》所谓“仲春，玄鸟至，至之日，以太牢祠于高禖”，高禖当然也是句芒的语转。[1]

在这里，我们看到的是古汉语语音通转规则和神话思维的类比认同规则的一次奇妙的吻合。

二、南方模式：夏天的神话与仪式

植物一般都生长于春季，繁茂于夏季，衰败于秋季。所以，从春到秋之间，是植物生命最旺盛的时期。《朱明》一诗中所说的“桐生茂豫，靡有所诎。敷华就实，既阜既昌”便是对夏季生命昌盛现象的描述。

韩国民间的方位神柱。韩国首尔，国立民俗博物馆

夏季又是一年四季当中太阳的生命力最强烈的时节，这一方面表现为太阳在阳界的时间长于在阴间的时间——昼长夜短，一方面又表现为太阳发出最强的光和最多的热量。于是，古人用象征燃烧之火的颜色“朱”“赤”等

[1] 丁山：《中国古代宗教与神话考》，龙门联合书局1961年版，第49页。

来形容夏天的太阳，故有“朱明”之称。所谓朱明，大约相当于“赤日炎炎似火烧”中的“赤日”。在神话思维中，植物生命最旺盛的时期同太阳生命最旺盛的时期两相吻合，后者便成了前者的原因和前提。“既阜既昌”的绿色植物世界的生命，原来是“朱明盛长，旉与万物”的结果。所以指代季节的“夏”又通“假”：

夏，假也，宽假万物使生长也。（《释名·释天》）

“夏”又可训“大”，盖取其盛长阜昌之义：

自关而西秦晋之间，凡物之壮大者而爱伟之，谓之夏。周郑之间谓之嘏。（《方言》卷一）

“夏”字既有昌盛、壮大这样一些吉祥美好的正价值，被用来命名氏族国家，也就是十分自然的了。《国语·周语下》云：

有崇伯鲧播其淫心，称遂共工之过。……其后伯禹念前之非度，……共之从孙四岳佐之……合通四海。……皇天嘉之，祚以天下，赐姓曰“姒”，氏曰“有夏”，谓其能以嘉祉，殷富生物也。

这样，形容自然生命昌盛的夏字就成了中国历史上第一个社会生命体即夏朝的名称了。这一命名本身就反映着神话思维时代的突出特征：语言符号的“祝词”功能。现存世界上第一部史诗《吉尔伽美什》中一句话是对这种祝词功能的明确解说：“让你口说的话，变成眼见的事实。”国号名夏，大概也是为了将繁盛壮大的美好祝愿变成国祚永存的现实。

不过，夏作为季节的名称是后起的，因为在周以前只有春秋两大季节。王力先生说：在商代和西周前期，一年只分为春秋二时，后来称春秋就意味着一年。后来历法日趋详密，由春秋二时再分出冬夏二时，所以有些古书所列的顺序不是“春夏秋冬”，而是“春秋冬夏”，如《墨子》《管子》等，这是值得注意的。[1]这里的一个疑问是，在从二季到四季的发展中，为什么偏偏用夏字来命名春之后、秋之前的这段时间呢？解答这个疑问，实际上也就是追寻“夏”字的原始意义为何。

甲骨文中有这样一些字：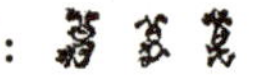。叶玉森《殷契钩沉》甲卷认为是“夏”之本字，其说云：“并象蝉之绥首翼足形，蝉为夏虫，闻其声即知其夏，故先哲假蝉形以表之。”从用具体事物的名称指代抽象观念的意义转化规则来看，叶玉森的这一推测是可信的。但是叶氏似乎并未意识到，作为夏虫的蝉在神话思维时代还具有生命象征的意义，唯其如此，蝉蜕才同蛇解、鹿角等周期性变形现象一起成为死而复活、生命永续的象征，这一点，我们将在以后的章节中展开讨论。这里可以借用列维-斯特劳斯的一段议论来说明由蝉到夏、由自然名称到社会名称的语义转换规则。“神话系统和它所运用的表现方式有助于在自然条件和社会条件之间建立同态关系，或更准确些说，它使我们能够在不同平面上的诸意义的对比关系之间确立等价法则，这些平面是：地理的、气象的、动物学的、植物学的、技术的、经济的、社会的、仪式的、宗教的和哲学的等平面。”[2]在这里，我们还要补充的是，在时间平面和空间平面之间的等价关系。

把时间平面上最炎热的季节同空间平面上最炎热的地区彼此等价认同，于是就有了神话系统中的南方模式原型。属于南方模式的神有炎帝、祝融、丹朱等。《吕氏春秋·孟夏纪》云：

---

[1] 王力：《古代汉语》，中华书局 1963 年版，第 794 页。

[2] 列维－斯特劳斯：《野性的思维》，李幼蒸译，商务印书馆 1987 年版，第 107 页。

孟夏之月……其日丙丁，其帝炎帝，其神祝融。（高诱注：丙丁，火，日也。炎帝，少典之子，姓姜氏，以火德王天下，是为炎帝，号曰神农，死托祀于南方，为火德之帝。祝融，颛顼氏后，老童之子吴回也，为高辛氏火正，死为火官之神。）

《白虎通·五行》云：

时为夏，夏之言大也。位在南方，其色赤，共音徵。徵，止也。阳度极也。其帝炎帝者，太阳也。其神祝融。祝融者，属续，其精为鸟，离为鸾。

从这些说法中可以推知，南方模式的诸神与夏天的太阳这一自然现象有关。炎帝不过是赤日炎炎的人格化和神化，所以又叫“太阳”。祝融之“祝”与“朱明”之“朱”，“融”与“明”皆一声之转。[1]《淮南子·天文训》云：“南方火也，其帝炎帝，其佐朱明。”是把朱明当祝融的确证。进一步分析，炎帝与祝融也当理解为同一神才是。神农炎帝被排在东方之帝伏羲之后（《周易·系辞下传》），恰符合由春到夏的季节更替，而火神祝融作为炎帝佐，诚如木神句芒之为伏羲佐。所谓钻木取火，说明了火是以木为物质前提的。

相传火神祝融与水神共工是父子关系，但父子之间不能相容，导致了一场大战。“共工和他手下的那群帮凶，在江流里坐了大木筏子，鼓动了大波大浪，前去攻打祝融，大江里各种水族动物，想来就是他的兵马，可是终于敌不过愤怒的火神发出来的炎炎猛火，烧得这些元帅和兵丁一个个焦头

[1] 杨宽：《中国上古史导论》，《古史辨》第七卷上。

烂额。结果，根据善常胜恶的法则，代表光明的火神胜利了，代表黑暗的水神——那个野心家和侵略者，是失败了。”[1]从原型模式来理解这个神话，可以说祝融与共工之争不仅是水与火之争，光明与黑暗之争，而且是夏与冬、南与北之争，是我们在前面提到的水族动物同飞行动物之争的又一变体形式。祝融“其精为鸟”，而共工则“人面蛇身”（《山海经·大荒西经》注）。鸟类对蛇类，正是凤对龙或凤对夔的二元对立的表现。基于同一对立模式，黄帝与炎帝之争，或黄帝与炎帝后代蚩尤的涿鹿大战，也可获得原型性的解释。

作为炎帝之后的蚩尤与西方模式相应：“蚩尤者，炎帝之后，与少昊治西方之金。”（《黄氏逸书考》引《遁甲开山图》）而黄帝亦即光帝，乃东方日出之象（详后）。黄帝胜蚩尤正如祝融胜共工，是善战胜恶，正气压倒邪气。因为东方和南方乃是水平宇宙模式和垂直宇宙模式中具有正价值的原型方位。难怪蚩尤和共工在神话中都扮演着恶神、凶神的角色，他们所从属原型的时空范畴已经预先注定了他们的负价值。只是到了抽象概念化的五行理论中，金与水才同其他三元素一样，成为中性的存在。

由于东方模式和南方模式所具有的光明、生命的正面价值，一些著名的大神或古帝都分属于这两个模式的神话系统。流传甚广的“三皇五帝”传说，除了五帝是附会五行观念而编排出来的体系外，三皇的体系显然都属于春天的神话和夏天的神话。伏羲氏为东方春神已如上论，神农氏炎帝为南方夏神亦无可争议，唯燧人氏的身份尚待说明。记叙燧人氏事迹较详的先秦文献当推《韩非子·五蠹》：

上古之世……民食果蓏蚌蛤，腥臊恶臭，而伤害腹胃，民多疾病。有圣

[1] 袁珂：《中国古代神话》，第57页。

人作，钻燧取火以化腥臊，而民悦之，使王天下，号曰燧人氏。

按照神话学的分类，给人类带来火的善神同创造了八卦的伏羲，发明了农具的神农一样，都是为文明的建立做出巨大功绩的文化神或文化英雄，他们在古人心目中是恩慈和智慧的象征，是正价值的化身。在一则关于燧人氏造火的传说中，明确提到造火的空间方位在南垂，造火的方式是钻木取火。[1]有人把中国的取火神话同古希腊的盗天火神话加以比较研究，提出："古代中国人的火种来自树林里，而不像古希腊人那样，是从一位圣全知的巨人普罗米修斯那里得来。比较而言，希腊人对火种之来源和使用的解释是超越论和本体论式的，而中国人之解释则是源自经验而为人文的。再者，中国人并不像古希腊人，认为诸神统驭一切，钻木取火的传说就跟发明象形文字、织网捕鱼和传递农业知识一样，肯定的完全是人类的智慧。"[2]进一步比较，我们还可发现，普罗米修斯同燧人氏的差异是神话演变的结果，其实质却是相同的，即对钻木取火方法的神话化。这从二者的名称中便可看出。相传燧人氏的得名是因看到"有鸟喙树，粲然火出"的现象而激发了灵感，"用小枝钻火，号燧人氏。"[3]至于普罗米修斯的名字，按照德国比较神话学家阿达尔贝尔特・昆（A・Kuhn）在《火和酒神的降凡》一书中的考证，来自梵语的prâmatyas一词，这个词的本义就是"钻木的人"。由此可知，中西神话中的火神来源于同样的人类经验原型。

把燧人氏同火、南方相认同，实际上就等于把他同南方司夏的火神祝融相认同。所以在《庄子・胠箧》中三皇的排列顺序为"祝融氏、伏羲氏、神农氏"。这里的祝融氏就相当于燧人氏。而《白虎通・号》说得更明确了：

[1]《太平御览》卷八六九引《王子年拾遗记》。
[2]陈鹏翔：《中西文学里的火神》，见陈鹏翔主编《主题学研究论文集》，台北东大图书公司1983年版，第39页。
[3]《太平御览》卷八六九引《王子年拾遗记》。

三皇者，何谓也？谓伏羲、神农、燧人也；或曰，伏羲、神农、祝融也。

前面已说明，神农炎帝和火神祝融均为夏季太阳朱明的神化，现在看来，燧人氏亦为朱明的第三位分身神。《绎史》卷二引《尚书大传》云："燧人为燧皇，伏羲为羲皇，神农为农皇也。燧人以火纪，火，太阳也。阳尊，故托燧皇于天。"可知，同一个南方模式的朱明原型分别置换变形为三位不同的神的故事，而每一位神的故事又都或多或少、或隐或显地透露出与炎炎赤日的某种关系，透露出"阳尊"的正价值特征。

据此模式，还可以解释为什么农神炎帝又兼医药之神。希腊神话中的日神阿波罗便兼有农神和祛灾治病之医神的身份。而中国神话中的炎帝既是神农又是神医，"多少与他之被尊为日神有关。阳光可以治愈皮肤病，其之被视为一种医疗力量是理所当然的。关于他在医药方面所扮演之角色有多种传说。传说他曾经用'赭鞭'（显然是指红色的阳光）来鞭打各种各样的药草，这些药草经过鞭打后，它们有毒无毒，或寒或热，各种性质都会呈露了出来，然后他就根据这些药草所含的赋性，以治疗病人。"[1]

又由于一年之中生命力最盛的太阳在原型模式中等同于一日之中生命力最盛的太阳，所以夏季的太阳朱明又可兼指正午的太阳。从这种原型认同之中又派生出了关于炎帝作市和祝融作市的神话。炎帝作市说见于《史记·补三皇本纪》和《潜夫论·五德志》。袁珂先生据此阐发了炎帝以自身为尺度，"教人日中为市"的故事：那时没有针表，也没有别的记录时间的方法，凭什么来定交换的时间呢？于是炎帝又教人民就拿他本身——或者是

[1] 陈鹏翔：《中西文学里的火神》。

他管辖的太阳来做标准，太阳当顶的时候就在市场上进行交易，过了这段时间就散市，大家实行起来觉着真是又准确、又简便，人人都很欢喜。[1]关于祝融作市之说仅见于《世本・作篇》，记述甚简，不多论。这里值得注意的是，作市传说分别追溯到炎帝与祝融，绝非偶然。把作市的时间定为正午日中之际，本身就蕴含着深刻的价值意义。市场交易的理想原则乃是正大光明，公平合理。而日中之时正是表影不偏不倚的时候，故《淮南子》说日至于昆吾，“是谓正中”。在前面我们已提到，《说文》训“昆”为同，训“是”（昰）为直，都暗含着公允正直的价值意义。现在我们又发现，将市场交易的时间定在日中，正如“日中考政”（《国语・鲁语》）一样，是有着从自然现象引申出来的价值祝愿的。而作为夏神兼正午日神的炎帝与祝融之所以成为市场的创建者，因为他们自身便是日行中天、光明正大的象征。事实上，“夏”字古写作“昰”，与“是”字同，似亦暗含日当正午之意。

了解到南方模式的原型价值蕴含，重新解读屈原《离骚》开篇数句的神话潜义，我们发现那不只是对自己出身的一般追溯，而是一种正价值的自我赋予和自我确证：

帝高阳之苗裔兮，
朕皇考曰伯庸。
……
名余曰正则兮，
字余曰灵均。

朱芳圃先生说，“伯庸即祝融，是高阳即炎帝。”[2]此说极是，下文所

[1] 袁珂：《中国古代神话》，第 71 页。
[2] 朱芳圃：《中国古代神话与史实》，中州书画社 1982 年版，第 131 页。

言“正则”“灵均”都是围绕着正中的太阳做文章，突出表现的乃是一种足以为人效法的正大与光明。

从以上讨论中不难看出，中国上古流传的三皇之说，均派生自以“阳尊”为特征的东方模式和南方模式。不过要真正理解东方与南方、春季与夏季、早晨和中午这些自然现象的文化蕴含，还必须首先搞清西方和北方、秋季和冬季、傍晚和夜间这些属“阴”的自然现象在中国古代神话思维中的地位和象征意义。

三、西方模式：秋天的神话与仪式

悲哉！秋之为气也。萧瑟兮，草木摇落而变衰。

嫋嫋兮秋风，洞庭波兮木叶下。

皇天平分四时兮，窃独悲此凛秋。白露既下降百草兮，淹离被此梧楸。

秋日凄凄，百草俱腓。

在中国文学中，秋季自古以来就同“悲”这样一种特殊情感价值有着不解之缘。用秋天的自然景象来抒写伤感凄凉的心境、悲哀失意的情绪，早已铸就一种源远流长的表现传统。从跨文化的视野上看，原来秋天、西方与“悲”的关联并不只是中国文学中独有的现象，而是一种世界性的现象，只是这种普遍性的关联在不同的文化区域中发展出了不尽相同的文学表现传统。如果说原型便是“具有人类意义的自然意象”[1]，那么与秋天相

[1] 弗莱：《批评的解剖》（*Anatomy of Criticism*），普林斯顿大学 1957 年版，第 102 页。

关的自然意象正是这样一种具有人类意义的原型。这一原型在西方叙事文学中派生出“悲剧性程式”的结构传统，在诗国中国则派生出感时悲伤的抒情传统。

如果进一步追问，秋天为什么会同悲的情感联系在一起？为什么秋季的自然物“象”具有了人类价值的“意”，成为一种原型性意象呢？答案只能是：史前人类神话思维的拟人化类比逻辑早已在秋天的景象与生命的衰老和死亡之间建立了牢固的象征联系。在拟人化作用下，各种自然物体均被视为生命存在，即同人一样的活的灵性存在（万物有灵信仰的表现）。正如草木发生的春季被想象为生命萌发的时间，草木摇落而变衰的秋季自然被想象为生命衰微、走向死亡的时间。而那直接造成草木摇落的经验现象——秋风，也就在神话的拟人世界中扮演起刽子手即生命的凶杀之神的角色。张衡《西京赋》中说：“夫人在阳时则舒，在阴时则惨，此牵乎天者也。”注云：“阳谓春夏，阴谓秋冬。牵，犹系也。善曰：《春秋繁露》曰：春之言犹偆也，偆者，喜乐之貌也。秋之言犹湫也，湫者，忧悲之状也。”

与生命趋向衰亡的秋季相吻合，生命的本体太阳，在度过了赤日炎炎的盛夏之后，它的生命力（光度和热量）也日趋衰减，而太阳在一年之中生命力衰退的时间又可认同于它在一日之中生命力衰退的时间——日落时，所以预示死亡来临的秋天又同太阳死去的空间方位——西方有了象征性的联系。秋天的神话与仪式之所以要以西方为其空间背景，一方面或许由于生命的刽子手秋风往往是从西（北）方刮过来的，但最关键的原因仍在于西方是与生命诞生的东方相对立的日落之方。

在弗莱所归纳出的原型模式系统中，与秋天、日落相对应的是“悲剧叙述程式”。这里所说的“悲剧”不仅限于作为戏剧体裁之形式的悲剧，而是大于体裁的“文学叙述范畴”。[1]从原型意义上看，悲剧是对牺牲的模仿。或者更具体地说，是对太阳神之死的神话基型的模仿或改造。

这类太阳神之死神话的典型代表可以举出北欧的巴尔德尔神话：巴尔德尔是天地间最可爱的光明之神，他的死是降在诸神头上的第一个灾难。巴尔德尔生来一直快快活活，但一次预兆危险的噩梦使他改变了生性，心怀忧郁和恐惧。他的母亲，奥丁之妻弗丽加决心保护他免遭厄难。她走遍世界，让一切有生命和无生命的东西都立誓不伤害巴尔德尔。奥丁还不放心，去阴间女神处探询，后者告诉他阴间已为迎接巴尔德尔准备了盛筵。奥丁知道巴尔德尔活不了多久了。但其他神却相信巴尔德尔能抵御一切伤害，永不会死。他们玩起一种游戏，用石头、刀、箭去打击巴尔德尔，在欢笑声中确证巴尔德尔的不死性。对巴尔德尔十分嫉妒的洛基决定用尽一切办法害死他。洛基化装成一个老太婆去访问弗丽加，从她那里知道了一个秘密：世间所有东西都立誓不伤害巴尔德尔，只有一颗小草“槲寄生”未曾起誓。洛基找到槲寄生，把它交给巴尔德尔的兄弟、黑暗之神霍德尔，并指导他将槲寄生投向巴尔德尔，巴尔德尔心脏被击中，倒地而亡。众神哀悼光明之神的死，在一只大船上准备了火葬堆。巴尔德尔的妻子南娜悲痛过度而身亡。众神把他们的尸体架在火葬堆上，燃起火来，让大船向海中漂去，当船漂到西方地平线时，只见海天之间一片火红。[2]

这个神话显然是对太阳西沉入海的一种象征性说明。巴尔德尔在做那预兆性的噩梦之前，正相当于正午或夏至以前的太阳，他生性快活，因为他的生命力在逐渐加强；而噩梦之后的巴尔德尔之所以患上了忧郁症，因为他的光明即生命力在正午或夏至之后已趋向衰减，阴间为他准备的筵席说明了他死亡的不可避免。他被兄弟黑暗之神所杀，正是日夜交替、秋冬取代春夏的

[1] 弗莱：《批评的解剖》，第162页。

[2] 主要依据汉米尔顿（E.Hamilton）《神话学》（*Mythology*），新美图书公司，纽约1969年版，第309—310页。

形象化解释。对太阳神之死的悲悼构成这个自然神话的情感基调。

在中国神话中没有留下明确而完整的太阳神之死的故事，但在神话思维时代产生过类似的故事却是无疑的。前引《淮南子·天文训》所述太阳一日之内的行程，在南方正中昆吾之后、西方蒙谷之前，有名为“悲谷”和“悲泉”之类的方位标记，这里的“悲”同巴尔德尔的忧郁症一样，不是偶然出现的。它无异于告诉我们，在“悲”字命名的方位背后，一定存在过拟人化的太阳之死的神话。我们今天尚可从古籍中看到的关于“入日”和“饯日于西”的礼仪记载，无疑同太阳之死的神话观念互为表里。

值得注意的是，中国上古以西方模式为空间背景的仪式活动，除了“饯日于西”之外，还有“祭月于西”的规定。《礼记·祭义》云：

大报天而主日，配以月。夏后氏祭其暗，殷人祭其阳，周人祭日，以朝及暗。祭日于坛，祭月于坎。以别幽明，以制上下。祭日于东，祭月于西。以别外内，以端其位。

孔颖达疏云：“祭日于坛谓春分也；祭月于坎谓秋分也。”“祭日于东，用朝旦之时，是为外；祭月于西，乡夕之时，是为内。”可知古人有在秋分时节于西方祭月之礼俗。日属阳而月属阴，日生于东而月生于西，故月亮与西方、秋天、阴皆有象征性认同关系。“祭月于西”的感情色彩不同于“饯日于西”，后者为悲悼性的送往，前者为喜庆性的迎来。阳去阴来，既有悲的一面，又有喜的一面，这是中国文化不同于西方的悲剧叙述程式的一个突出特点。光明与黑暗的交替，暑去寒来的变易，没有被解说成善恶二神的搏斗，而被看作是阴阳相生相化的必然。这样，由悲秋而产生的生命衰亡的焦虑就在很大程度上得到缓和，因而不足以构成全民性的悲剧意识，使这种模仿牺牲的戏剧形式未能在华夏生根发芽。这样，与秋相关的悲的情感虽然在后世文人墨客的作品中形成了原型性的表现传统，积累了不少文学典故，但在民间风俗中却又是以喜悦之情来欢迎秋季之到来的，这便是一年一度的中秋佳节。这种始于“祭月于西”古礼的民俗节庆的流传普及，终于使远古悲悼太阳之死的“饯日”仪式湮没不闻。秋天，作为“阴”元素的节日，同春天即“阳”元素的节日一样，也是值得庆贺的。《周礼·春官》云：

中春，昼击土鼓，龡豳诗，以逆暑（阳）。中秋，夜迎寒（阴），亦如之。

在春天迎接的是暑，是阳，所以仪式举行在白昼；秋天迎接的是寒，是阴，所以仪式举行在“夜”。又因太阳是暑气、阳气的可经验的具体形象的代表，而太阴即月亮为寒气（广寒宫）、阴气（女性化、嫦娥）的可经验的具体形象的代表，所以，在中秋之夜间举行的此种“迎寒”礼俗，不正是《礼记》所言“秋分祭月”的原因，不正是后世相沿至今的中秋赏月风俗的起源吗?

由太阳神之死所引起的悲哀得到了月神不死信仰及相关的神话和仪式的消解、缓和，这便是上古中国文化中生命观念发生的深层基础，也是阴阳哲学得以产生的集体无意识的原型。相比之下，在古代西亚和古希腊等地，由季节的变迁所产生的大悲大喜的人类情绪波动构成了许多表现对立主题的神话和仪式的心理基础，成为喜剧与悲剧两种文学形态的分化发展的精神背景。而在中国，祭日配月的宗教仪式与阴阳相交相化的神话哲学同时突出的是一种强调对立面的统一的思想[1]，所以由季节变换所产生的情感运动没有向极悲或极喜的两极方向发展，而是向调和与统一的方向

[1]《礼记·祭义》：“日出于东，月生于西。阴阳长短，终始相巡。以致天下之和。”孔疏：“……以致天下之和者，以日月交相依巡，是阴阳和会，故致天下之和也。”

发展，这是了解中国人的文化心理，研究中国哲学思维特质的一个关键所在。对此，我们在以下的章节中还将以具体的神话母题的比较为例，做出进一步的阐发。

在西方模式中，表达衰落与死亡主题的神话除了以太阳为原型的一类之外，还有以动植物为原型的一类。曾子说，“树木以时伐焉，禽兽以时杀焉。夫子曰：断一树，杀一兽，不以其时，非孝也。”（《礼记·祭义》）这虽是后代引申出的伦理规范，却透露了“以时”杀伐的远古礼俗。如果说东方模式与南方模式的“阳盛”期春天和夏天是动植物生命的萌发与生长期，那么，西方模式和北方模式则是阳衰而“阴盛”期。在这里，既有植物生命的繁衍（结果结实），更有植物生命的枯萎和死亡，把这种生与死的交替现象同太阳生命力弱化相联系，自然归结为“阴”元素占了上风的缘故；又由于植物的新陈代谢同月亮的圆缺变化在神话思维中形成因果论的解释，所以“阴”元素的拟人化形式往往表现为月神、主管生与死的女神、阴间女神，凶杀女神或复仇神。因为这几类女性神的原型意蕴均以阴与死（杀）为主，所以她们彼此之间往往相互混同。关于她们的故事构成秋天神话的原型，对她们的崇拜与祭祀时常具有杀牲血祭乃至人祭的色彩。

古希腊十二主神之一的阿尔忒弥斯（Artemis）便是这样一位同时与生死相联系的女神。关于她的神话分别体现了两方面的功能。其一，主管生命。她是司丰产的植物神和动物神。在厄斐索斯她的神庙中，她的形象是一个多乳头的乳母，兼管分娩。这一方面的功能似乎出自植物秋季结果结子现象的神化。相传她还从祭坛上救出伊菲革涅亚，使她能够永生或死而复生。这同阿尔忒弥斯的月神身份有关，因为月亮总是“死则又育”的。其二，主管杀戮。这一功能使她从野生动物的守护神变成狩猎女神，从植物神变成摧残植物的秋神或凶神。下面一则故事便是她主杀功能的极好说明：

卡吕冬王俄纽斯因为丰收，用新鲜果品献祭诸神（表明故事发生的时间是秋季）。用谷物献祭得墨忒耳，用葡萄酒祭狄奥尼索斯，用油脂献祭雅典娜，却偏偏忘记了狩猎女神兼月神的阿尔忒弥斯，后者一怒之下，实行了报复计划。她放出一只眼中喷火，獠牙如剑的巨大野猪到人间，让它蹂躏草原、田野和农庄，把粮仓和房屋都夷为平地。它连枝带叶吞食葡萄，用长嘴拱掘根系，给植物、畜群、人的生命造成一场严重的浩劫。[1]

这则名叫《葡萄二次遭难》的神话突出表现的是凶杀女神在秋天对植物生命（葡萄与酒之神狄奥尼索斯又是植物神的代表）的摧残。正因为凶杀神又是女月神，植物之凋零便同特定的“阴盛”季节有了因果关系，尽管这一关系在神话中是隐晦的。主杀功能使阿尔忒弥斯又同月黑女神（Goddess of the Dark of the Moon）相混同。[2]后者名叫赫卡忒（Hecate），是阴间鬼魂的总管，专司死亡、幽灵、噩梦和魔法。她在希腊悲剧中被表现为凶神恶煞的统帅，带着游魂在十字路口和坟场游荡，后面跟着地狱的恶狗和女妖。

一个神具有多重的、甚至是自相矛盾的身份，掌管着对立的功能，这对于受过逻辑思维训练，懂得矛盾律的现代人来说，是较难接受的。好在希腊神话的发达和完整叙述为我们保存了这些两面性质的女神的真实故事，使我们可以据此对其他文化中类似的神格做出适当的理解和说明。阿尔忒弥斯女神自然使我们联想到中国的西王母，由于各种分歧矛盾的记载，彼此抵牾的功能纷纷加诸这位西王母身上，以至于使她成了古今争议最多、身份和性质最不明确的一个神话人物。今以原型理论为据，可以确认西王母为西方模式的秋天神话和月亮神话的产物。

西王母神话的空间定位在西方，这一点是争议较少的。因为《山海经》有明确记载：

---

[1] 根据吴应祥《植物与希腊神话》，科学普及出版社 1984 年版，第 105 页。

[2] 汉米尔顿：《神话学》，第 31—32 页。

西有王母之山……（《大荒西经》）

西三百五十里曰玉山，是西王母所居也。（《西山经》）

在《尔雅·释地》中，西王母作为西极之地名，与东方的日下，南方的北户和北方的觚竹共称“四荒”。

由于西方属阴、配秋的神话认同，西王母又是太阴之神即月神，同时还是主刑杀的秋神、凶神。

关于西王母的月神身份，自古就有证据。《吴越春秋·勾践阴谋外传》云：

立东郊以祭阳，名曰东皇公。立西郊以祭阴，名曰西王母。

晚近学者如丁谦、凌纯声、杜而未等均持此观点，且一致认为月神西王母是自西亚神话传入中国的。丁谦《穆天子传考证》卷二写道：

窃谓西王母者，古迦勒底国之月神也。《轩辕黄帝传》言：“时有神西王母，太阴之精，天帝之女。”可为月神确证。考迦勒底建都于幼发拉的河西滨，名日吾耳城，有大月神宫殿，穷极华美，为当时崇拜偶像之中心点。又其国合诸小邦而成，无统一之王，外人但称为月神国。以中国语译之则曰西王母，即称其国为西王母国。

凌纯声《昆仑丘与西王母》一文又从语音学角度补证了丁谦之说：

古代苏膜和阿喀称月神曰Sin，有时拼成Si-in或Si-en'nu，尤其后者音很近“西王母”三字。又Dhorme谓一年之中，在夏至之月，以一月祭献月神，Accadian语称rimanu，后又名Siwan。二字音则与“西王母”或“西王”之音更相近似。可见西王母三字是苏膜语月神si-en-nu音译而来。[1]

此说牵涉到上古中西文化交流影响的问题，在此不拟展开讨论。所要说明的是，丁谦、凌纯声、杜而未等在月神与西王母之间画了等号，以为非月神莫属，此说可取，但不全面。与月神的特征相关联，西王母还兼有其他身份，最明显的是其刑杀女神的身份，《山海经·西山经》说得明白：

西王母其状如人，豹尾虎齿而善啸，蓬发戴胜，是司天之厉及五残。

郭璞注：“胜，玉胜也。主知灾厉五刑残杀之气也。”由此可见，月神兼凶杀神是阿尔忒弥斯与西王母的共同之处。[2]所谓“残杀之气”正是那使草木摇落而变衰的萧瑟秋风，与《西颢》诗中所言“秋气肃杀”相吻合。地处西方的太阴神在秋季到来时行使刑杀之功能，正符合阳衰阴盛的宇宙规律。正如树木与禽兽须“以时”杀伐，对人的刑杀也有规定时间，那便是阳衰阴盛之时。1973年马王堆汉墓出土的战国时文献《黄老帛书·姓争》中说：

刑德皇皇，日月相望，以明其当。……刑晦而德明，刑阴而德阳，刑微

[1] 凌纯声：《昆仑丘与西王母》，见台湾《民族学研究所集刊》第22期（1966年）。

[2] 丁山已指出：“天子诸侯，都是白日处理政事，当月夜之下，才‘纠虔天刑’，由是而演成‘日食修德，月食修刑’的规律；可见月神，古代也或认为是刑神。因此，‘天之刑神’，可以论定即月神西王母了。”（《中国古代宗教与神话考》第72页）

而德章。[1]

可见刑与月、与阴有着内在联系。同书《观》篇又说：

春夏为德，秋冬为刑。先德后刑以养生。……

夫并时以养民功，先德后刑，顺于天。其时赢而事绌，阴节复次，地尤复收，正名修刑，執（蛰）虫不出，雪霜复清，孟谷乃萧，此灾□生，如此者举事将不成。共时绌而事赢，阳节复次，地尤不收，正名施（弛）刑，蛰虫发声，草苴复荣。已阳而有（又）阳，重时而无光。如此者举事将不行。[2]

同书《论约》篇还说：

始于文而卒于武，天地之道也。四时有度，天地之李（理）也。日月星辰有数，天地之纪也。三时成功，一时刑杀，天地之道也。[3]

这就明确了之所以要在秋（冬）季进行刑杀的哲理根据，这种号称“天地之理”的自然哲学实质上还是神话哲学的产物。帛书把刑称为“天刑”，而西王母在《山海经》中恰是“司天之厉及五残”的刑神，可见她所掌握的刑杀功能，是“替天行道”，而不像阿尔忒弥斯那样是为了报私仇。在这里，我们发现了中国的月神与希腊月神的重要差别：前者是正义的杀神，因而并不具有恶的价值；后者是任性而动的暴虐杀神，所以在后世演变为恶

[1] 引自《中国哲学史资料选辑》先秦之部，中华书局 1984 年版，第 1470、1463—1464 页。
[2] 引自《中国哲学史资料选辑》先秦之部，中华书局 1984 年版，第 1470、1463—1464 页。
[3] 引自《中国哲学史资料选辑》先秦之部，中华书局 1984 年版，第 1461 页。

神。正因为中国的秋神代表着宇宙运行的必然法则，所以尽管她与死亡相联系，却仍然被视为维护自然秩序和社会秩序的保障，是威严而公正的化身。故《西颢》一诗曰："奸伪不萌。妖孽伏息。隅辟越远，四貉咸服。既畏兹威，唯慕纯德。"原来，秋杀作为春生的对立面，又是和春生相统一的。刑的存在是为了使人畏威，从而慕德。

"威"的形象莫过于百兽之王老虎，而老虎的食人之性又与刑杀相通，故西王母的形貌总与虎相关。除了上引《西山经》"豹尾虎齿而善啸"一句外，《大荒西经》也有类似的描绘。到了后来的《鸿苞轩辕黄帝纪》，则又将西王母描绘为"人身虎首，豹尾蓬头，戴胜颢然，白首善啸"。[1]与虎威的特征相对应，中国古代掌管狩猎的官员亦以虎为名。《诗经·召南》中有一篇《驺虞》：

彼茁者葭，

壹发五豝。

于嗟乎，驺虞！

彼茁者蓬，

壹发五豵，

于嗟乎，驺虞！

这是一首有关田猎仪式的诗，所猎对象为残害农作物的野猪。毛传云："驺虞，义兽也。白虎黑文，不食生物，有至信之德则应之。"这是用仁义之兽来比喻仁义之君周文王，其比附之误早有人点破："毛传以驺虞为义

[1] 见《古今图书集成·神异典》卷二七〇。

兽，皆有心附会文王化行之故。……以兽比君，伦乎不伦，固不待辩而自明也。……丰道生引《郊特牲》'迎虎谓其食田豕也'，以豝、豵为田豕害稼之兽，似矣。然既曰害稼，则杀之正宜其多，何五豝而仅一发乎？若一发而中五豝，仁心又安在乎？"[1]毛传虽误，但也无形中道出了驺虞的形象，乃上古神话中的西方瑞兽白虎。《说文》亦云："虞，驺虞也，白虎黑文，尾长于身，仁兽也。食自死之肉。"虎本以威为特征，这里却成了"仁"的化身，显系后人之曲解，实际上，驺虞是古之官名，鲁、韩说诗已明。又贾谊《礼篇》云："驺者，天子之囿也，虞者，囿之司兽者也。"《尚书·舜典》："帝曰：'畴若予上下草木鸟兽？'佥曰：'益哉！'帝曰：'俞！咨！益！汝作朕虞！"可知虞为狩猎官职，《周礼·太宰》中叫虞衡，《礼记·檀弓》中叫虞人，《月令》中叫野虞。其所以同虎相关，从虞字从"虍"这一字形可知，因为田猎即对兽类的刑杀，也是需要威的。

杀兽要假借虎的名号，杀人亦复如此，实际上还是突出"威"。胡厚宣先生在《甲骨文䖑字说》一文中指出：卜辞中的䖑字，就是今天的蒙字。古代作战杀伐时，以虎皮表军众，以虎皮包兵甲，战士战马也都蒙以虎皮。即是帝王宫廷的武卫，像虎士、虎臣、虎贲，亦皆以虎字为名，身着虎皮衣袴，腰间用虎皮系着刀兵。还有帝王出猎，前有蒙虎皮的皮轩车，后有身披虎皮的猎手。猎手上身穿斑文虎皮衣，下身穿白色虎文袴。凡此种种伪装，皆以虎皮逞其凶猛，所以䖑从虎字，后来引申为蒙，不限于蒙虎皮了。胡先生还认为，中国古代许多有关驱兽作战的传说，其实不过是以兽皮伪装军士，增强士气，威慑敌人而已，并非真的使用了能作战的虎豹熊罴。[2]由此不难想见，职掌刑杀的西王母形象为何具有了虎豹之类的猛兽特征。作为民族学方面的旁证，还可以举出非洲的"豹人"，即尼日利亚东省依博人中专为祭祀

[1] 方玉润：《诗经原始》，中华书局 1986 年版，第 117 页。
[2] 胡厚宣等著：《甲骨探史录》，三联书店 1982 年版，第 36—68 页。

而杀人的刽子手，他们身着豹皮，手执钢钩。

除西王母外，上古神话中还有几位处在同一原型性时空背景中的刑神、厉神或战神，他们也多少具有虎豹之类猛兽的特征。如同在昆仑神山充当武卫、战神的开明兽和陆吾，皆为虎身人面之神。而作为西皇少昊之子的刑神蓐收，据传长着虎爪。《山海经·海外西经》：“西方蓐收，左耳有蛇，乘两龙。”郭璞注：“金神也；人面、虎爪、白毛，执钺。”对蓐收的形貌的这一解释在先秦文献中已有记载。《国语·晋语二》：“虢公梦在庙，有神，人面白毛虎爪，执钺立于西阿。公惧而走。神曰：‘无走。帝命曰：使晋袭于尔门。’公拜稽首。觉，召史嚚占之。对曰：‘如君之言，则蓐收也，天之刑神也，天事官成。’公使囚之，且使国人贺梦。……以其族适晋，六年，虢乃亡。”把这个传说同前引句芒神为郑（秦）穆公国家赐寿的传说（《墨子·明鬼下》）相比较是十分有趣的：东方木神的生命功能与西方金神的刑杀功能得到了具体而明确的说明。

由于蓐收神同秋天、西方具有内在联系，在神话中又被说成是西极之国的属神（《淮南子·时则训》）或司入日之神（《山海经·西次三经》）。同西王母一样，蓐收亦为厉神，与地狱中的鬼魂多少有些瓜葛。《楚辞·九章·惜诵》：“昔余梦登天兮，魂中道而无杭，吾使厉神占之兮，曰有志极而无旁。”王逸注：“厉神，盖殇鬼也。《左传》曰：‘晋侯梦大厉，搏膺而踊也。”地狱入口处即日入之处，司日入之神蓐收实为阴阳两个世界的把关者。同西王母一样，他也会代表阴间势力在阳界索取生命，其手段或为刑杀，或为瘟疫。刑杀必用刑具，刑具多用金属制造而成，这也许就是西方与金相配的一个原因。故刑神厉神蓐收也同时就是金神。《国语·鲁语上》讲到五刑所用器具：

刑，五而已，无有隐者，隐乃讳也。大刑用甲兵，其次用斧钺；中刑用刀锯，其次用钻笮；薄刑用鞭扑，以威民也。

韦注：“甲兵，谓臣有大逆，则被甲聚兵而诛之，若今陈军也。斧钺，军戮；书曰，后至者斩。割鼻用刀，断截用锯。……钻，膑刑也；笮，黥刑也；鞭，宫刑也；扑，教刑也。”蓐收之所以手执斧钺，而西王母之子被后人说成“金牙铁齿”（《易林·小畜之大有》），也许都同刑杀所用金属器具有关。在这里，我们自然又想到了古神话中造金属兵器的蚩尤。

商代的钺上的狰狞鬼面代表刑杀的威严。上海博物馆

在前文中曾提出蚩尤为西方神，他同黄帝的争战实为水平宇宙模式二元对立的反映。在此还可指出蚩尤与西方、金、五刑等的联系。“蚩尤者，炎帝之后，与少昊治西方之金。”（《黄氏逸书考》辑《遁甲开山图》）这说的是蚩尤与西方之金的关系。《管子·地数》还说到蚩尤用金做兵器之事：“葛卢之山，发而出水，金从之，蚩尤受而制之以为剑铠矛戟，是岁相兼者诸侯九。”《世本·作篇》也有类似的传说：“蚩尤以金作兵器。”蚩尤又似兼有猎神与战神的身份。《通典·礼·天子诸侯将出征类宜造祃并祭所过山川》注云：

“田狩但祭蚩尤。”《鹖冠子·世兵》云：“蚩尤七十（战）。”《太平御览》卷三九九引《兵书》：“蚩尤之时，烁金为兵，割革为甲，始制五兵。”

蚩尤不光是五兵的制造者，还是五刑的首创者，这就使他同司天之刑的西王母和蓐收在功能上彼此认同了。《尚书·吕刑》云：

王曰：若古有训，蚩尤唯始作乱，延及于平民，罔不寇贼……苗民弗用灵，制以刑，唯作五虐之刑曰法。

作为刑神的蚩尤，在汉武梁祠石刻造型中为豹尾虎爪，头戴弓，手执剑戟，足踏矛与弓，一副凶神恶煞的样子。

在结束本节之前，似应提到虎与月亮在西方模式中的联系。月神与阴间联系，主管阳界中的刑杀，因而有死之意。虎食人之性亦使它代表死亡，同阴间有了关系。杜而未引用玛雅神话说：墨西哥印第安人以为有一只大虎将太阳吞噬，这是说的日蚀（引 Seler）。大虎指月亮，并且指圆月，月突进日盘，如虎捉物一样。Henry Fowler 于 1879 年著《洪都拉斯荒野旅行记》，书中说，当时一群野豕想要咬他，忽然来了一只大虎，搭救了他的性命。当虎头从丛林出现时，俨如渐圆的月亮一般。杜氏据此断定：“中国的白虎与上述印第安人的 Jaguar（虎）的意思相同，都指明月。”[1] 其实，虎与月的关系，在中国神话中是以兔为中介的。月兔神话起源甚早，而虎在楚语中又叫於菟（《左传·宣公四年》）。闻一多先生曾引用了丰富的训诂学材料证明虎与兔的同一性关系，[2] 最形象的材料莫过于“䖘”字，在造字者的心目中，虎和兔这两种不同的动物是可以合为一体的。今人汤炳正先生更进一步指出，《天问》中所问及的月兔神话实质上本为月虎神话之衍变，何新先生也对此做了多方

[1] 杜而未：《山海经神话系统》，台北学生书局 1984 年第 4 版，第 74 页。
[2] 闻一多：《诗经通义·周南》，见《闻一多全集》第 2 卷，第 116—119 页。

面的申论，[1] 兹不赘。

回顾以上讨论，可以看出，在西方模式中演出的饯日仪式和祭月仪式，同太阳神之死的神话观念，以及由此类比出来的植物之死（秋收）、动物之死（狩猎）、人之死（刑杀）的神话观念是怎样统合在“阳衰阴盛”的原型性时空背景中的，而西王母、蓐收、蚩尤等刑神厉神又是怎样同月、同虎、同阴间发生联系的。

四、北方模式：冬天的神话与仪式

在神话思维中，北方是一个十分特殊的、神秘的空间方位，它同黑暗、寒冷、冬季、阴间地狱有着密切联系。按照精神分析的观点，黑暗的阴间又同女性、母体、子宫有着象征性的替换关系。从北方的神秘象征性着眼，有助于理解诸多属于北方模式的神话和仪式的辩证性质。

与东、南、西三方一样，北方在上古神话中也有专神掌管，其名叫颛顼，是五帝即五方神中的第四位，后人称之为北方黑帝，他的辅佐神为玄冥。

其实，从象征语义学角度看，颛顼同玄冥是一而二，二而一的，他们都是对幽暗不明的北方的一种象征指代。“颛”字可训为“蒙”，如《韵会》所注：“颛，蒙也。”从这个意义不难联想到上古神话中北方地狱的别称“蒙谷”。由此可推测颛顼为古神话中的阴间地狱之神，相当于后代的阎王。颛与蒙两个同义字可以组合成词“颛蒙”，其语义从幽暗不明引申为蒙昧无知，也就是心理分析所说的无意识状态。《汉书·扬雄传》：“天降生民，倥侗颛蒙。”注云：“郑氏曰，童蒙无所知也。”从无意识状态到意识状态，也就是从幽到明，从隐到显，从睡眠状态到清醒状态。语言中表达这种转化的词常为隐

[1] 分别参见汤炳正《屈赋新探》、何新《诸神的起源》。

喻词，如开悟、启蒙等。《太玄经·童》云："颛童不寤，会我蒙昏。"注曰："颛童之人，不寤于学，终亦归于蒙昏而已。"在这里，我们看到了黑暗不明状态与无意识状态、睡眠状态之间的象征认同基础。这对于考察北方模式的"冬眠"神话与旨在回归"玄牝"的老庄藏伏哲学都大有助益。又因阴间有浩漫大水（黄泉）与四海相通，所以颛顼又身兼水神的功能，在五行说中成了配水德的黑帝。至于玄冥作为水神及其同阴间的关联，我们已在前面讨论过了。现在再来看看古书中的下述记载，也许不至于被迷惑了：

北方之极，自九泽穷夏晦之极，北至令正之谷，有冻寒积冰，雪雹霜霰，漂润群水之野，颛顼、玄冥之所司者万二千里。（《淮南子·时则训》）

这里突出表现的是北方的严寒特征，这种冻寒积冰的特征恰好与四季中的冬季相对应，所以我们在汉代仪式歌的第四首《玄冥》中看到如下描绘："玄冥陵阴，蛰虫盖藏。草木零落，抵冬降霜。"可见北方之神又是冬季之神。冬季是阴极盛、阳极衰的季节，当此季节，动植物或冬眠或藏伏，大地上呈现出一片无生命的荒凉景象，这正是冬天原型具有死亡意义的原因。

《尚书大传》曰："北方者，物之伏方也。何以谓之冬？冬，中也，物方藏于中也。故曰北方冬也。"《尔雅》则说："冬为玄英，一曰安宁。"《释名·释天》也说："冬，终也，物终成也。"作为自然生命周期的终结和万物藏伏的冬季同死亡相联系，但作为新的自然生命周期的准备和万物复苏之基础的冬季，又同生命的孕育相联系。因此，北方模式的神话常常以死而复生为突出主题。颛顼这位神秘的北方冬神，便是以死而复生为其主要特征的。《山海经·大荒西经》说：

有氐人之国，……有鱼偏枯，名曰鱼妇。颛顼死即复苏。风道北来，天乃大水泉，蛇乃化为鱼，是为鱼妇，颛顼死即复苏。

对此一段记载，中外学者提出了不同的解释。丁山认为“鱼妇”就是鱼凫，是“春末游渚，冬初入穴”的嘉鱼。颛顼死即复苏的神话，盖即象征草木冬枯春生，昆虫冬蛰春蠕的寓言。[1]日本学者白川静把“有鱼偏枯”之“鱼”解为因治水而患半身不遂的大禹，鱼妇为出现于洪水时的蛇形神变身再生物。[2]袁珂先生的理解是，当大风从北方吹来，地下的泉水因为风吹而溢出地面时，蛇就变化为鱼，死了的颛顼趁机附在鱼身上复活。复活的颛顼半身为鱼半身为人，叫作“鱼妇”，大约是说鱼做了他的妻子，救活了他的性命。[3]笔者以为以上诸说均有待补充，问题在于弄清颛顼死而复活的原型背景。

颛顼的复活伴随着鱼妇的出现，鱼妇以偏枯为特征，它是爬行动物蛇的变形，而蛇化为鱼的自然条件是“风道北来，天乃大水泉”。我们已经论证过，神话意识中的北方是地狱阴间的方位，而阴间的特征是黄泉大水与四海之水相联通。陆上生物死后下阴间，在阴间获得另一种生命形态，往往采取陆生动物变形为水生动物的形式，这便是蛇化为鱼的神话心理基础。偏枯的鱼妇兼有陆生动物和水生动物的双重特征，因而是阴间大水与阳界陆地之间的神话中介物，也是生与死之间交互作用的神秘媒介。坎贝尔曾指出，在原始神话中，生与死之间的转化常常表现为某人或某动物变化为鱼。[4]甚至某些以死而复生为特征的植物神也可变化为水生动物鱼的形象。如我们已经讨论过的谷神后稷在阴间也现形为鱼。《淮南子·地形训》：“后稷垄在建木西，其人死复苏，其半鱼在其间。”可见，不同种类的生物之间相互变形是生命

[1] 丁山：《中国古代宗教与神话考》，第316页。
[2] 白川静：《中国古代文化》，中译本，中国台湾文津出版社1983年版，第32—33页。
[3] 袁珂：《中国神话传说》，第127页。
[4] 坎贝尔：《原始神话学》，第201页。

超越生死之限获得无限延续的象征。颛顼与后稷一样，是通行于阴间和阳世两个世界的生命本体的象征。

从阳世过渡到阴间，是同从西方进入北方，从陆地进入大水具有象征认同关系的。所以“风道北来，天乃大水泉”一句，从象征意义上来理解，说的是从阳界到阴间的空间转换，这正是爬行动物化为水生动物的变形背景，也是颛顼神在阴间复苏的时空限定。复苏的颛顼成了阴间的主宰，也是阳界生命的索取者和赋予者，他的辅佐玄冥，据闻一多先生考证，正是掌握阳界生命予夺大权的司命神。[1]而颛顼的后代子孙多为阴间厉鬼。蔡邕《独断》云：“帝颛顼有三子，生而亡，去为鬼。其一者居江水，是为瘟鬼；其一者居若水，是为魍魉；其一者居人宫室枢隅处，善惊小儿。于是命方相氏黄金四目，蒙以熊皮，玄衣朱裳，执戈扬楯，常以岁竟十二月，从百隶及童儿而时傩，以索宫中，驱疫鬼也。”这便是古代中国典型的冬季仪式活动——腊月驱鬼逐疫习俗的神话起源。《吕氏春秋·季冬》：“命有司大傩。”高诱注：“大傩，逐尽阴气为阳导也，今人腊岁前一日击鼓驱疫，谓之逐除是也。”《论语·乡党》：“乡人傩，朝服而立于阼阶。”集解：“傩，驱逐疫鬼也。”《后汉书·礼仪志》：“先腊一日大傩，谓之逐疫。”可知自先秦两汉时起，官方与民间就都盛行起这种定期的仪式活动。到了公元6世纪梁朝人宗懔作《荆楚岁时记》时，这种仪式活动仍然遍及民间：“十二月八日为腊日。谚语：‘腊鼓鸣，春草生’。村人并击细腰鼓、戴胡公头及作金刚力士以逐疫，沐浴转除罪障。”东汉张衡作《东京赋》亦写到当年洛阳都城的傩礼活动：“尔乃卒岁大傩，殴除群厉，方相秉钺，巫觋操茢。”这里所说的“方相”又称“方相氏”，是此种仪式活动的主持人或主要表演者。《周礼·夏官·方相氏》云：“方相氏掌蒙熊皮，黄金四目，玄衣朱裳，执

[1] 闻一多：《司命考》，《闻一多全集》，三联书店1982年版，第1卷，第139—142页。

戈扬盾，帅百隶而时傩，以索室殴疫。”这种驱疫仪式的主持者似与古代魁桎（傀儡）戏的起源有关。王国维《古剧角色考》谓黄金四目即是面具，多少有些恐怖色彩，所以戴此面具的方相氏或许就是最早的假面舞演出或魁桎戏的滥觞。[1]

在神话意识中，爬行动物蛇可以变为水生动物鱼，反过来，水生动物鱼也可以变为爬行动物蛇。如果前一种变形的背景是从秋到冬，从陆到水，从阳界到阴间的话，那么后一种变形的背景则为从冬到春，从水到陆，从阴间到阳界。徐旭生先生曾把颛顼的死而复苏解释为蛇化鱼后再度化为蛇。[2] 按照这种解释，颛顼的神通变化的象征意义应是，能够以化身变形的形式通行阳界与阴间的大神，每次通过阴间大水都要变化为鱼，而当走出阴间时又再度变为阳界动物蛇。从颛顼又叫高阳氏这一线索来判断，他显然是循行阴阳两界的太阳神的又一分身。死即复苏的神话仍是以太阳夕落朝出的自然现象为基型的。汉代盛行的官方歌舞表演节目“鱼龙曼延”很可能就是以象征后一种变化的远古仪式活动为原型的。从张衡的《西京赋》中可以看到当时“鱼龙曼延”演出的生动场景，最值得注意的是演出的时间背景为从冬到春的季节转换。首先，在乐曲声中，场子里忽然飘起雪花，随后经过一番雷电霹雳（春雷），在复道楼阁后出现了一座仙山，鸟兽的表演由此开始。先是熊虎相争，猿猴嬉戏，接着出现怪兽与鸟雀，怀孕的白象生下一只小象并为之授乳。又有一条大鱼在遨游中变化为一条长龙，蜿蜒飞舞。一只猞猁奇兽变成一辆驾着四匹鹿的仙车，车上出现了千岁蟾蜍与万年大龟，同时还有“水人弄蛇，奇幻倏忽，易貌分形，吞刀吐火”[3] 之类的杂技表演。现代学者认为“鱼龙曼延”是一种化装的巨形鸟兽歌舞，它综合了杂技、幻术诸技艺，内容丰富，有一

[1] 唐文标：《中国古代戏剧史》，中国戏剧出版社 1985 年版，第 227 页。
[2] 徐旭生：《中国古史的传说时代》增订本，文物出版社 1985 年版，第 77 页。
[3] 参看萧统《文选》卷二载张衡《西京赋》；叶大兵《中国百戏史话》，浙江人民出版社 1985 年版，第 44 页。

定程式顺序，演员人数众多，所有的动物均由人化装演出，估计至少需数百名演员。[1] 若从人类学立场看待这种演出的起源和本义，可以说它是一种旨在确证和庆祝冬去春来，阳界生命复苏的巫术性礼仪活动，除了白象生育哺乳等明显意象之外，龟与蟾蜍等意象象征生命不死，从鱼到龙的变形意象突出生命形态的转化，都还是不难理解的。只是到了文明社会以后，原始礼仪活动的象征意义逐渐模糊和淡化，“鱼龙曼延”才脱弃了宗教仪式的性质，成为一种娱乐性、艺术性的表演节目，从汉至唐，历千年而不衰。这种情形同古希腊戏剧脱胎于宗教仪式而独立发展的情形十分相似。

北方模式的冬季神话与仪式的这种生死转化的辩证特质甚至还突出表现在颛顼大神的儿子名字上。在古书中曾说到颛顼生了一个叫“老童”的儿子，而这位老童又生了南方模式中的火神祝融（《山海经·大荒西经》）。对于老童的象征意义自古未能揭破。“老”与“童”本为对立概念，组合在一起构成一个新词恰好象征着对立面在转化中的统一。老童还有一别称叫“神耆童”。《山海经·西次三经》说，有一个叫騩山（与阴间之鬼相关）的地方，“其上多玉而无石。神耆童居之，其音常如钟磬。其下多积蛇。”郭璞注：“耆童，老童，颛顼之子。”可以推知，老童也好，耆童也好，都是对死生交替，返老还童现象的象征性指称。如前所述，冬的本义为终，为老，而春的象征意义为生命初生。作为一年之终的冬季与作为新的一年之前奏的冬季，本身就兼有生命衰老完结与生命孕育新生的双重意义，老童作为北方之神的儿子和南方之神的父亲，无疑可与东方和春天相认同，于是，《山海经》中“颛颛生老童，老童生祝融”的表层文字叙述背后，就可以读解出深层象征意蕴：严冬过后是新春，春天过后是盛夏。在这里，我们似乎摸索到了古神话中神之谱系的构成规律。

[1] 叶大兵：《中国百戏史话》，第 47 页。

按照同一规律，我们还可进一步读解有关颛顼神之谱系的神话叙述。《山海经·海内经》云：

流沙之东，黑水之西，有朝云之国、司彘之国。黄帝妻雷祖生昌意，昌意降处若水，生韩流。韩流擢首谨耳，人面豕喙，麟身渠股，取淖子曰阿女，生帝颛顼。

从象征意义来理解，黄帝即光帝，即东方日出之象征，故其地为“朝云之国”；昌意之“昌”字本义为光明盛大，乃南方之朱明神，即正午与盛夏之太阳的别号，故黄帝生昌意，说的是由晨至午或由春至夏，由东至南；昌意降处若水，说的是午后的太阳西落，故曰“降”，而若水在今四川省，为上古中国之西部，昌意所生之韩流，是由午至暮或夏至秋的象征表现，韩与寒通，由韩流再生出颛顼，说的是由秋入冬，从西到北，从暮至夜的时空转换（图6）。

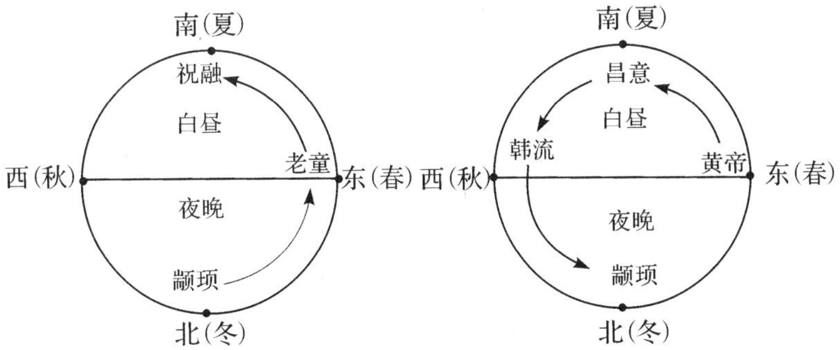

图6

从神话中的神之谱系构成规律可以自然地联想到上古史中的某些帝王世系的构成。我们发现有些帝王世系也是按照同样的“元语言”即时空循环变易模式而构造出来的，因此，与其说是神话的历史化，不如说是历史的神话化，即按照神话的原型模式构拟出的历史。最突出的例子莫过于司马迁《史记·殷本纪》中所载商代先公先王谱系：契—昭明—相土—昌若—曹圉—冥—振。王国维早已察觉到："观殷人之名，即不用日辰者，亦取于时为多，自契以下，若昭明，若昌若，若冥，皆含朝莫明晦之意。而王恒之名，亦取象于月弦。是以时为名或号者，乃殷俗也。"[1]对于这一猜测，吴其昌先生又做了进一步研究，他指出，昭明是指早晨天亮的时间，昌若之意为日中即正午，冥之意为晚暮。卜辞中王亥之子上甲在《国语·鲁语》《天问》等古书中又叫"上甲微"或"昏微"。微之意为不明，昏之意为昏黑，昏微者乃昏夜之意也。[2]照此推论，殷商先王的名号实为一日之内不同时间的象征。不过，王、吴二位仅从时间方面立论，且把时间的界限置于一昼夜之间，似还不能洞悉这类象征性谱系的神话意义。假如从神话思维模式的时间与空间认同的特质出发，重新思考此类神秘现象，想必还会有新的认识。

在中国上古时期，还有一个流传甚广、影响巨大的冬季仪式活动——蜡祭。蜡祭又称腊或腊祭。《世说新语·德行》注引：《五经要义》："三代名腊：夏曰嘉平，殷曰清祀，周曰大蜡，总谓之腊。"《礼记·月令》疏引蔡邕《章句》说："夏曰清祀，殷曰嘉平，周曰蜡，秦曰腊。"蜡祭举行的时间在一年的最后一个月，即腊月。那么，究竟是祭祀得名于月份呢，还是月份得名于祭祀呢？从古文献中看到的答案似为后者。《左传·僖公五年》所载宫之奇谏假道一段史事说，晋国假道于虞国以攻击虢国，虞国贤臣宫之奇向虞君说明了"唇亡齿寒"的道理，力劝虞君拒绝晋国的假道要求。国君不听，宫之奇带全家族离去，临走时说了一句"虞不腊矣！"意思是说，虞国在年内就要亡国，不能再举行年终的腊祭仪式了。从《左传》中这个腊字的用法可知其本义为祭仪名称，而该祭仪于年终举行，是一年中最后一个重要礼仪活动。到了秦朝，

[1] 王国维：《殷卜辞中所见先公先王考》，见《观堂集林》卷九，中华书局1959年版，第418页。
[2] 吴其昌：《卜辞所见殷先公先王三续考》，见《燕京学报》第14期。

腊才同十二月相混同，有了腊月这个名称（见《史记·陈涉世家》等）。

尚可进一步追究的问题是，蜡也好，腊也好，作为祭仪之名，为何都从“昔”呢？在前面引述的甲骨文“昔”字字形及本义（见本书第二章第一节）足以为我们提供这一问题的答案。昔字以日在浩漫大水之下的造字形构表示夜晚，也就是年老力衰的太阳进入阴间的时刻，其象征意义为生命循环周期的终结，而蜡祭的主题正是在岁末年终之际为自然生命的衰亡而息老送终，宜其以“昔”为结构因素的字形来命名。《周礼·春官·籥章》说：“国祭蜡，则歙豳颂，击土鼓，以息老物。”郑注云：“谓十二月建亥之月也，求万物而祭之者，万物助天成岁事，至此为其老而劳，乃祀而老息之，于是国亦养老焉。”按照郑注，蜡祭的功能在于慰劳帮助天完成自然生命循环的万物，让它们在“老”的时候得以休息。在这里，蜡祭的对象为自然万物。而《礼记·郊特牲》则有另一种解释：

天子大蜡八，伊耆氏为蜡。蜡者索也。岁十二月，合众万物，而索飨之也。蜡之祭也，主先啬而祭司啬也（郑注：先啬如神农者，司啬后稷是也）。祭百种，以报啬也。飨农及邮表缀（田畯）、禽兽，仁之至也。古之君子，使之必报之。迎猫，为其食田鼠也，迎虎，谓其食田豕也，迎而祭之也，祭坊与水庸事也。曰：“土反其宅，水归其壑，昆虫毋作，草木归其泽。”皮弁、素服而祭，素服以送终也。葛带、榛杖丧杀也。蜡之祭，仁之至，义之尽也（郑注：送终丧杀，所谓老物也）。黄衣、黄冠而祭，息田夫也。野夫黄冠，黄冠草服也。八蜡以记四方，四方不顺成，八蜡不通，以谨民财也。顺成之方，其蜡乃通，以移民也。既蜡而收，民息已，故既蜡，君子不兴功。

这一大段话有几点值得注意：其一，蜡祭的对象有八，故称“八蜡”。按照郑注，这八种受祭对象为：先啬即神农氏，司啬即后稷，农与邮表缀即田畯，猫虎，坊，水庸（沟），昆虫。其二，蜡祭的性质既有息老送终的一面，也有“报”即报答酬谢的一面。所要报答的是为农业生产做出贡献的神、动物及设施，所以蜡祭可以说是古代农耕社会的一种报祭礼仪。[1]至于有关八蜡对象的辩驳及蜡祭性质的纷争，《周礼》与《礼记》两书郑注之间的自相矛盾处，前代学者金鹗、秦蕙田、皇侃、俞樾等均有所论。日本学者池田末利新近又提出，蜡祭之原初形态是对长毛祖先神的祭祀，主要理由是“腊”字又作臘，而鬛的本义是毛发。[2]在此，我们更为关心的是蜡祭礼仪与古代哲学思想之间的关联，而这却是以往学者所忽略的重要课题。

如前所论，中国上古的原始道家思想，即老子和庄子所代表的宇宙观和人生观，可以说是一套冬季哲学或玄冥哲学，其价值取向主要在于虚、无、静。这同以实、有、动为价值取向的儒家重生哲学或春季哲学形成了鲜明对照，二者互为补充，构成中国思想史的主流。那么，中国思想史上的儒道传统及其对峙与互补究竟是怎样产生的呢？笔者以为，从原型模式即元语言的角度，可以提出如下解释：两种不同价值取向的思想传统分别植根于神话宇宙观的不同时空基础，发源于不同季节的礼仪系统。仅以老庄的归真返本思想为例，我们可以在典型的冬季礼仪蜡祭活动中找到其直接源头。蜡祭的本义在于给自然生命的周期性结束息老送终，而在息老送终的背后则蕴含着辞旧迎新的意思，只是所强调的重点不是新生本身，而是新生命孕育的前提——回返生命的本源；不是阳刚之动，而是阴柔之静；不是发生之多，而是抱藏之一；不是萌发之出，而是孕育之伏；如此而已。

这种返归生命本源的要求在蜡祭仪式歌辞《蜡辞》中就已得到了鲜明的体现。全诗突出的主题便是自然物各自的“反”与“归”，诗中直接提到的

[1]池田末利：《蜡·腊考：古代中国的农耕祭祀》，见《中国古代宗教史研究》，东海大学出版会昭和56年版，第734—759页。

[2]池田末利：《蜡·腊考：古代中国的农耕祭祀》，见《中国古代宗教史研究》，东海大学出版会昭和56年版，第734—759页。

虽然只有土、水、昆虫、草木四种，但在这种举隅措辞的背后却涵盖着整个无机界和有机界。这种强调返归生命源头，回到静止的孕育状态的仪式主题同老子提出的反者道之动的观点是一脉相承的。在汉代的冬季仪式歌《玄冥》中，我们看到的恰是《蜡辞》主题的变奏，老庄思想的翻版。与《蜡辞》中“昆虫毋作”相应和的是“蛰虫盖藏”；与“草木归其泽”相对应的是“草木摇落”；“反”与“归”的要求由自然扩展到了人类社会，所谓“兆民反本，抱素怀朴”，正体现出老子有关“抱一”和回归玄牝的至高宗旨。只有在神话时空的循环性质的基础上，才可真正领会“反”与“归”的辩证含义：那不是直线式的原路退回，而是在环状路线上的以退为进，以终点为起点。著名宗教史学家艾利亚德指出，在原始民族和文明民族的神话和宗教中，存在着一种很普遍的思想，即世界必须每年获得一次更新（the annual renewal of the world）。[1] 每当年终岁尽之际，也就是世界回返初始状态，回返初始时间（Time of Origin）的时候，这种回返乃是为新年之际新的创造所做的必要准备。所谓初始时间，指的是神话意识中宇宙创生、先祖立业的时间，它比自那以后至今的所有时间都更为重要，更为强大。无数神话和仪式都涉及这种初始时间，并试图借语言或象征性动作重现初始时间，从而获致更新宇宙，重新创造的神秘力量。[2]

这种初始时间的观念在《老子》一书中被抽象化为“无物”状态的“古始”，但其无限的创造力却丝毫也没有削弱，经过哲学概括，体现为中国哲学的最高范畴——道。《老子》第十四章充分表达了这种得自神话观念的哲理思想：

视之不见，名曰夷；听之不闻，名曰希；搏之不得，名曰微。此三者不

[1] 艾利亚德：《神话与现实》（*Myth and Reality*），英译本，纽约 1963 年版，第 41—43 页。
[2] 艾利亚德：《神话与现实》（*Myth and Reality*），英译本，纽约 1963 年版，第 32 页。

可致诘，故混为一。其上不皦，其下不昧，绳绳兮不可名，复归于无物。是谓无状之状，无物之象，是谓惚恍。迎之不见其首，随之不见其后。

执古之道，以御今之有。能知古始，是谓道纪。[1]

所谓“道纪”，有注家以为是道基，也有人解为道的纲纪，道的规律。不论如何理解，道的所有神秘性和全部能量都源于“古始”，这同神话意识中作为宇宙本源的创造初始状态正相吻合。在老子看来，只有理解了“古之道”，才能驾驭现今的具体事物。这种看法无疑出自下述神话观念：起源是创造的神秘的一部分。某物具有一个“起源”，因为它是被创造出的。而万物的创造无不以太初之际的宇宙创造为原型范式。知道有关宇宙创造的神话，就等于掌握了驾驭宇宙万物的巫术力量。[2]

回返原始生命源头，也就是复归创世之前的惚恍混沌的“一”的状态。用精神分析学家的说法，这也是重返母体和子宫的象征。没有母体之中的孕育，自然不会有新生命的诞生。《蜡辞》所说的“土反其宅”“水归其壑”，目的显然也是为了重新孕育新生命。在神话思维中，自然生命的母体常常被认同为地母，即大地母亲，或者是地下的阴性世界。因而在“反”和“归”的背后也含有由阳入阴的意思和由动到静的转化、由清到浊的变易。《神农书》中说：“湛浊为地。”《黄帝素问》中说：“积阴为地，故地者浊阴也。”《春秋元命苞》对“地”的定义更接近神话意识中的地母观念：

地者，易也。言养物怀妊，交易变化，含吐应节，故其立字，土力于乙者为地[3]。

[1] 陈鼓应：《老子注释及评介》，中华书局 1984 年版，第 114 页。
[2] 艾利亚德：《神话与现实》，第 15、38 页。
[3]《艺文类聚》卷六引。

地母的根本特征是“交易变化，含吐应节”。含即“养物怀妊”，是对自然生命的孕育期，吐即吐生、即生产。孕育与生产均按照固定的周期性节律，故曰“含吐应节”。《礼记·月令》说得明白：“孟冬之月，地始冻；仲春之月，地始坼。”[1]这里所说的“冻”就相当于“含”，即神话意识中大地母亲的妊娠开始；这里所说的“坼”正是生产的隐喻，特指那种给母体带来损害的难产。《诗经·大雅·生民》讲到后稷从姜嫄母体中诞生时说：“不坼不副，无灾无害。”朱熹注曰：“达，小羊也。羊子易生，无留难也。坼、副，皆裂也。凡人之生，心坼副灾害与其母，而首先之子尤难。今姜嫄首生后稷，如羊子之易，无坼副灾害之苦。”《史记·楚世家》：“陆终生子六人，坼副而产焉。”清赵翼《陔余丛考》“坼副”条：“不坼不副，无灾无害。凡妇人易于产者，不过无灾害耳。而诗必从不坼不副形容之何也？盖古妇人生子，尝有坼剖而生者。”妇人生产可以说“坼”，按照神话思维的类比逻辑，拟人化的地母神生育自然万物当然也要以“坼”为喻了。这样看来，地母之“含”是“坼”的必要准备，腊祭的息老送终，老庄的回返玄牝，同颛顼的死一样，都是新生命和新创造的必要前提。难怪古人要说，“地者，元气所生，万物之祖也。”“其卦曰坤，其德曰母。”[2]庄子之所以能在妻子丧生之际不表示悲伤，反而鼓盆而歌，原因就在于他早已按照“永恒回归”（the Eternal Return）的神话逻辑，把死亡视为向生命本原的复归了。同理，蛰伏的昆虫，冬眠的动物、返宅的土、归壑的水、归其泽的草木，都可理解为回归玄牝，在自然母体的子宫中重新孕育生命。《礼记·月令》中“孟冬之月，日在尾，昏危中，旦七星中；其曰壬癸”一句郑玄注曰：

[1]《艺文类聚》卷六引

[2]《初学记》卷五引《白虎通义》及《物理论》。

壬之言任也，癸之言揆也。日之行东北从黑道，闭藏万物，月为之佐。万物怀任于下，揆然萌芽。

以上四节分别研讨了四大原型模式及其相关的神话、礼仪、风俗、禁忌等。在研讨的过程中，尽管有时也需要把握每一原型模式同其他模式的联系，但我们的重点仍是具体解析神话哲学中具有时空意义的个别范畴，所以我们的考察方式是静态的、分析的。在下一章中，我们将改换用动态的考察方式，从相互转化、环环相扣的联系之中进一步研讨原型模式的元语言功能。在这种视角之中，四大原型模式便统一起来，成为一个总的循环运动模式，各原型模式所分别蕴含的时空范畴意义也随之而凝聚为一个总的中心范畴，那便是中国哲学中的最高范畴——道。

THE FOURTH PART

第四章

道的原型

道可道，非常道。

——老子《道德经》

主必将他的道教训我们，我们也要行他的路。

——《旧约 · 以赛亚书》

神话原型模式作为一个有机整体，处在永恒的运动之中，这种运动的最典型的形式便是循环往复。如弗莱所说："天真类比和经验类比体现了神话对自然的适应。对于人类幻想的最终目标，它们给我们的不是城市和花园，而是建筑和种植的过程。过程的基本形式是循环运动：盛与衰、劳与逸、生与死的交替发生都是过程本身的韵律。"[1] 人类在数以万年的劳动生息中把握到的大自然的韵律是神话思维循环模式的基础，这种模式的建立取法于自然物象，通过类比而推广到众多的具有周期性变化特征的事物，最后终于提升为宇宙本体的最高法则和运动规律，概括为一个字，曰"道"。

道，是中国哲学的第一范畴，它相当于西方哲学中的逻各斯（Logos）。古今学者为诠释或阐发这个"道"，不知已经耗费了多少笔墨。金岳霖先生《论道》一书中有这样的看法：

每一文化区有它的中坚思想，每一中坚思想有它的最崇高的概念，最基本的原动力。……中国思想中最崇高的概念似乎是道。所谓行道、修道、得道，都是以道为最终的目标。思想与情感两方面的最基本的原动力似乎也是道。……我在这里当然不谈定义，谈定义则儒道墨彼此之间就难免那"道其所道非吾所谓道"的情形发生，而其结果就是此道非彼道。不道之道，各家所欲言而不能尽的道，国人对之油然而生景仰之心的道，万事万物之所不得不由，不得不依，不得不归的道，才是中国思想中最崇高的概念，最基本的原动力。[2]

对于道的研究，一般认为属于元学或元哲学的研究，但笔者在本章中尝试从神话学的角度去研究道这一抽象观念的由来，因而也可以说是一种发生

[1] 弗莱：《批评的解剖》，中译文引自《神话—原型批评》，第 209 页。
[2] 金岳霖：《论道》，商务印书馆 1987 年版，第 16 页。

学的研究。所要解答的问题是：道的范畴是怎样从神话原型中抽象、概括出来的；儒家的道与道家的道之间不同的语义指向的根源是什么。

一、道与逻各斯、梵、上帝
——最高范畴的神话发生

对于“道”这个哲学范畴的产生，向来有两种不同的看法。一种看法以为道作为抽象的形而上的概念出现在哲学史上，是老子的一大发明。冯友兰先生说：古时所谓道，均谓人道，至《老子》乃予道以形而上学的意义。以为天地万物之生，必有其所以生之总原理，此总原理名之曰道。[1]

陈鼓应先生也认为，老子哲学的基础概念“道”的问题，事实上只是一个虚拟的问题：“‘道’所具有的种种特性和作用，都是老子所预设的。”[2]按照这种观点，道是哲学家虚构出来的东西，它没有形而下的原型。另一种看法则认为，应当从历史发展的眼光出发去考察形而上的哲学理念，不应把道家思想视为由哲学家所发明的、没有发生渊源的东西。闻一多先生便是这种观点的代表。他在《道教的精神》一文中说：一个东西由一个较高的阶段退化到较低的，固然是常见的现象，但那较高的阶段是否也得有个来历呢？较高的阶段没有达到以前，似乎不能没有一个较低的阶段，我常疑心这哲学或玄学的道家思想必有一个前身，而这个前身很可能是某种富有神秘思想的原始宗教，或更具体点讲，一种巫教。[3]从这种发生学的思路出发，闻一多将道家的思想由来追溯到灵魂不死的宗教观念，并以为道的前身便是“灵魂”。[4]

---

[1] 冯友兰：《中国哲学史》，中华书局 1961 年版，第 218 页。

[2] 陈鼓应：《老子哲学系统的形成》，载《老子注释及评介》，中华书局 1984 年版。

[3]《闻一多全集》，三联书店 1982 年版，第 1 卷，第 143 页。

[4]《闻一多全集》，三联书店 1982 年版，第 1 卷，第 146 页。

笔者认为，在上述两种看法中，闻一多先生的见解更值得重视。哲学不是凭空产生的，形而上的哲学概念“道”，当有其形而下的神话原型。道作为宇宙万物的“总原理”，其实是从某一两种事物的运动的个别原理推衍开来的结果，这种推衍或演绎早在神话思维时代便已发端，到了哲学思维时代乃宣告完成。花果一旦结成，其原初的种子形态也就被人遗忘了。

然而正如黑格尔所告诫人们的，孤立的结果无异于事物的僵尸，应当在一粒种子中看到未来的花果，从成熟的花果中看到当初的种子、萌芽、生长的全过程。闻一多先生提倡的从事物低级阶段出发考察高级阶段的方式，正是我们以发展观点研究道概念由来的一条有益途径。

不过，他把道的前身认定为“灵魂”，未免有些简单化了。其依据只是《庄子》中的道，没有考虑《老子》中对道的特征的多重说明是难以适用于灵魂的。

从跨文化的视野上看，与中国思想中的道相对应的最高范畴在各大文明民族中均有所表现，但因其发展方向和抽象化程度不同而表现为不同的形式。在古希腊文明中，最高范畴已经被抽象为理性化、概念化的“逻各斯”；在希伯来和印度的宗教文化中，最高范畴或处在前概念的一神信仰阶段，被构想为半人格化的宇宙最高主宰神耶和华，或处在自前概念的宗教神话向概念化的宗教哲学过渡的阶段，表现为人格化的创造主神大梵天和非人格化的宗教观念——梵。

从这一简单的比较中，我们已可划分出最高范畴形成过程中的几个不同阶段：神话阶段（人格神）；一神信仰阶段和泛神信仰阶段（半人格神或非人格宗教观念）；哲学阶段（概念范畴）。按照这种发生过程来研究“道”等最高范畴，可以对哲学基本问题的由来做出新的理解，从一个角度透视人类理性思维从神话思维中脱胎而出的情形。

在古希腊，“逻各斯”一词出现在赫拉克利特的著作中时，已经是含混多义的了，这种情形很像“道”出现在《老子》一书中。正因为其含混多义性，所以成了某种介于可知与不可知之间的东西：

这个“逻各斯”，虽然永恒地存在着，但是人们在听见人说到它以前，以及在初次听见人说到它以后，都不能了解它。虽然万物都根据这个“逻各斯”而产生，但是我在分别每一事物的本性并表明其实质时所说出的那些话语和事实，人们在加以体会时却显得毫无经验。[1]

……命运的本质就是那贯穿宇宙实体的“逻各斯”。“逻各斯”是一种以太的物体，是创生世界的种子，也是确定了的周期的尺度。[2]

对于早期哲学范畴的这种歧义性，苏联学者索科洛夫有如下解释：随着形象抽象化为概念，哲学逐渐同神话相分离，这个过程不是几年几十年的短时期活动，它实际上包括自公元前 7 世纪末开始，延续到公元前 5 世纪中叶的希腊哲学发展的整个早期阶段。神话的形象概念或者说前概念就是多含义的、暧昧的和不确定的。哲学虽努力把这些形象转化成概念，但还是长期无法消除这种暧昧的多义性。[3] 这种解释无疑也在很大程度上适用于中国哲学中的神秘范畴“道”。当代权威的希腊哲学史家格思里曾把逻各斯一词在古希腊著作中的歧义归结为十一种，分别加以考证，认为它原初指普遍原则和规律，后来又产生了主观方面的意义，指叙述、思维和理性。[4] 以此为参照，似可判别哲学范畴“道”的几种基本意义的发生顺序：①道路→②自然运行法则→③言说→④思想体系或方法。正是从“道”的前两种意义出发，有了老子的著名命题：“道可道，非常道。”

同逻各斯一样，作为宇宙法则、规律的道来源于作为宇宙本源的道。宇

[1]《古希腊罗马哲学》，商务印书馆 1961 年版，第 18 页。
[2]《古希腊罗马哲学》，商务印书馆 1961 年版，第 17 页。
[3] 敦尼克等编：《古代辩证法史》，中译本，人民出版社 1986 年版，第 19—20 页。
[4] 叶秀山：《前苏格拉底哲学研究》，人民出版社 1982 年版，第 104—105 页。

宙本源或原因、第一因，是一个在抽象程度上低于法则、规律的概念，这是早期希腊哲学家共同关注的，在希腊文中叫作“始基”。当赫拉克利特在“创生世界的种子”这一意义上使用逻各斯概念的时候，他指的也就是始基。如法国学者罗斑所指出，赫拉克利特的逻各斯就是作为万物始基的火，那种最无形体、最能动、最易变形、最活跃的东西。[1]

追寻宇宙本源或第一因，不仅是早期哲学的共同特征，也是神话，尤其是创世神话的根本特征。不言而喻，早期哲学所探讨的问题实际上是神话时代早已提出的老问题。即使在问题的答案方面，也可以找到从神话原型到哲学概念的演化轨迹。在赫西俄德的《神谱》中，宇宙万物的本源是半人格化的混沌，这个混沌的原型还可上溯到巴比伦创世诗中人格化的混沌海怪提阿马特，到了比赫西俄德晚一个多世纪的西方第一位哲人泰利士，非人格化的水已经从混沌中抽象出来成为万物的始基。[2] 按照亚里士多德的另一种说法，作为始基的水在泰利士以前的古人那里也曾以人格神的形式出现：

然而有些人认为，那些活在离现在很久很久以前，最初对神圣的事物从事思考的古人，对本体也是持这样的看法，因为他们把“奥克安诺”（海洋之神）和“德蒂丝”（海洋女神）当作创造万物的祖先，而神灵们对着起誓的见证也是水，就是那个为诗人们所歌颂的斯底克斯（黄泉）。最受尊崇的东西乃是最古老的东西，而人们对着起誓的东西就是最受尊崇的东西。这种对于本体的看法，究竟是不是原始的和古老的看法，也许是不确定的，不过据说泰利士对最初的原因是像上面所说的那样主张的。[3]

[1] 罗斑：《希腊思想和科学精神的起源》，中译本，商务印书馆 1965 年版，第 100 页。
[2]《古希腊罗马哲学》，商务印书馆 1961 年版，第 4 页。
[3] 亚里士多德：《形而上学》，转引自《古希腊罗马哲学》，第 4—5 页。

根据这个传说提供的线索，逻各斯概念的宇宙本源意义的发生，大致可以描述如下：海洋神（人格化）→混沌（半人格化）→水（非人格化）→火=逻各斯（抽象概念）。宇宙本源或始基一旦从具体的物质形式进一步抽象为无形式的，即形而上的存在，作为始基的逻各斯也就同时具有了宇宙运动法则、规律的意义，后人也称之为“太一”。和中国的老子关于道的名言遥相呼应，希腊的柏拉图也说过一句名言：“太一是语言文字所不能名状的。”[1]

同古希腊思想并列，构成西方文化又一大源头的是希伯来思想。希伯来也给西方思想史提供了一个不可名状的最高范畴——上帝。

值得庆幸的是，现代神话学已经找出了希伯来人的耶和华上帝和希腊神话中混沌母题的共同来源——巴比伦创世史诗《埃努玛·艾里什》（*Enuma Elish*），这就为我们像考察逻各斯范畴的由来那样考察上帝的由来提供了有益的线索。在《圣经》中出现的上帝是独一无二的宇宙主宰，他先于时间和空间而存在，却又是一个没有具体形象的抽象存在。在巴比伦创世诗中，创造宇宙的是马杜克，但他只是群神中的一个首领，一位主神。从主神到独神，也就是从多神教到一神教的演进，同样基于思维的抽象化发展。如恩格斯所说，“随着宗教的向前发展，这些神愈来愈具有了超世界的形象，直到最后，由于智力发展中自然发生的抽象化过程——几乎可以说是蒸馏过程，在人们的头脑中，从或多或少有限的和互相限制的许多神中产生了一神教的唯一的神的观念。”[2] 犹太教尽管竭力宣扬一神观念，但该教的经典因收入了许多自古流传的神话传说，所以依然保留着多神信仰的某些痕迹，也就是抽象上帝观念尚未完成以前的神话意识的痕迹。例如《创世记》第1章26节、第3章22节、第11章7节等处，耶和华都以“我们”的口气说话，这便透露出他只是群神中的一个主神，如同巴比伦的马杜克。《出埃及记》和《民数记》

[1]《古希腊罗马哲学》，第463页。

[2]《马克思恩格斯选集》，中文版，人民出版社1972年版，第4卷，第219页。

中还提到诸神的儿子巨人们，这显然不可能是观念性的上帝的后代。根据苏联学者的研究，《圣经》中的独神背后潜存着古希伯来人各部落的氏族祖先神，他们有着不同的称号和各自的形象，其中有的还以兽形或半人半兽形为特征，他们住在石头、树木、山洞里。神名发展的轨迹是：

“艾尔”最初用来表示一般的死人。后来特别用来表示先祖精灵……再后来，处于个别部族之上的神的信仰发展起来时，这个主要的神被叫作“艾洛吉姆”（艾尔的复数，耶和华之别称），或者“巴－阿尔”“别－耶尔”。[1]

较原始的、有形象的、可以名状的群神之所以被抽象为发达的、无形象的、不可名状的上帝，这一方面是亡国之后希伯来民族恢复统一的政治需要在宗教观念上的反映，[2]另一方面也是早期犹太教先知和祭司们长期努力的结果。“阿摩斯第一个揭示了上帝是犹太人和某些周围民族的上帝；何西阿进一步提出上帝统治着整个大亚述帝国；以塞亚又进一步宣称所有的民族都从属于上帝的威权支配。这种对唯一神的信仰便是一神教。从阿摩斯开始，先知们渐渐地把希伯来人引向了一神信仰的真谛。”[3]

当代圣经学的研究表明，《旧约》中前五卷书（即所谓“摩西五经”）的编写至少同时挪用了四种不同的原材料。四种材料中最古朴的一种叫作“J材料”，其中上帝被称为耶和华（Je—hovah）；与之相近的另一种叫作“E材料’，其中上帝被称为“艾洛吉姆”（Elohim）；另外两种分别叫“P材料”和“D材料”，是远为晚出的祭司文献。从最原始的J材料中可以看到，上帝尚以人的形象出现在人间生活中，他同希伯来居民们谈话就像一个人同他

[1] 伊·斯克沃尔佐夫－斯切潘诺夫：《上帝的起源》，中译本，三联书店1961年版，第77页。
[2] 李杜：《中西哲学思想中的天道与上帝》，台北联经出版公司1978年版，第220页。
[3] 霍尔罗伊德（G.H.Holroyd）：《戏剧性的〈旧约〉》第2卷，纽约，圣马丁出版社1963年版，第117页。

的朋友谈话一样：

《创世记》第18章是这种神人亲密交往的明显例证：耶和华和两个同伴来到了亚伯拉罕的帐篷，吃了这位殷勤好客的族长准备的饭食，预言说撒来在这一年结束之前将孕育一个儿子……更为确凿的例证是那位同雅各摔跤的“人”（耶和华），他发现自己本不是这位强壮的族长的对手，故意犯规，扭脱了雅各的腿关节，最后为了能脱身，现出了神形，承认雅各是胜者，并给他命名“以色列”，意为与神角力而获胜的人。（《创世记》第32章24节以下）第三个例证是，摩西按照上帝旨意前往埃及去拯救他的人民，耶和华在摩西夜间休息时和他相遇，并试图杀死他，只是由于西坡拉用她儿子的带血的阳皮丢在摩西脚前，才使耶和华住手。(《出埃及记》第4章24节以下)[1]

在这些描述中，上帝简直同希腊神话中的拟人神一样，吃人饭，说人话，与人争斗且和解。这充分说明了早期希伯来神话中的上帝还是具体可感的，从E材料以下，上帝才不再以人的形象出现了，最后成了一个没有形象却能从虚空中发出声音的全知全能的抽象存在。

在古印度思想中，与耶和华上帝相类似的神是梵天，又称大梵天。梵天为印度教神话中的创造主，但他在多神教信仰中的地位却远不如耶和华那样显赫。从名称上看，梵天（Brahma）与印度哲学中的最高范畴梵（Brahman）显然具有渊源关系。关于梵的一般解释是：

〔梵〕梵文Brahman的音译讹略。意为“清净”“寂静”“离欲”等。婆罗门教、印度教名词。认为它是修行解脱的最后境界，是不生不灭的、常

[1] 摩尔（G.F.Moore）：《旧约的文学》，伦敦，1928年版，第37—38页。

住的、无差别相的、无所不在的最高实体，也是宇宙的最高主宰。[1]

这里所说的梵至少在两个基本方面与中国的最高范畴道相通：一是其无所不在的超越性。如庄子所说，道也是无处不在处处在的，连石头瓦片或屎尿中都有“道”。二是作为精神解脱后的最高境界，同老庄所津津乐道的“得道”境界十分相似。那么，这个非人格化的梵同人格化的梵天神之间究竟哪个在先，哪个在后呢？任继愈先生主编的《宗教词典》认为梵天神是从梵的概念中衍化出来的。[2]这观点值得商榷。已知梵的概念首见于《梵书》，而《梵书》是解说《吠陀》神话诗集的文献，在《梨俱吠陀》第十卷中收有六首创世歌，其中已见大梵天神之原型。这六首创世歌有的具体，有的较抽象，其间已可看出发展迹象。较原始的创主是金胎，“明为太阳生生力之具体化”[3]和人格化。较发达的创造主则为具有四面四臂的“唯一之神”，用手与翼煽锻天地。[4]经过初步抽象，创造主又变成祈祷主，从无中生有，并创生出一切思想。到了《梵书》时代，《吠陀》中的创造主神进一步观念化，其变迁可分为三个阶段：

第一阶段，从《吠陀》之创造主神发展为最高范畴，是为《梵书》初期的思想。

第二阶段，从《吠陀》中的祈祷主中衍生出梵的概念，是《梵书》成熟期的思想。

第三阶段，从《吠陀》中的原人而发展出作为梵之异名的我的概念，逐渐萌发出梵我合一的思想，这乃是《梵书》终期的思想。

以上三个阶段，“在原理性质上又可称为神话期（生主），神学期（梵），

[1] 任继愈主编：《宗教词典》，上海辞书出版社 1981 年版，第 921 页。
[2] 任继愈主编：《宗教词典》，上海辞书出版社 1981 年版，第 922 页。
[3] 高楠顺次郎等：《印度哲学宗教史》，中译本，商务印书馆 1935 年版，第 156 页。
[4] 高楠顺次郎等：《印度哲学宗教史》，中译本，商务印书馆 1935 年版，第 158 页。

哲学期（我）。盖生主虽为抽象神，尚甚带神话色彩，梵则祈祷之抽象化，明属于神学的产物，我则纯由思索而来之原理也。”[1] 正如西方哲学史的起点经历了从神话到逻各斯的过程，印度哲学史的开端建立在梵对创造主神的扬弃之上。

二、道的特征

“道”同逻各斯相仿佛，也有两种不尽相同的用法：作为本源、始基的道和作为宇宙法则、规律的道。

作为宇宙本源的“道”在抽象化程度上低于作为宇宙法则、规律的道，后者的意义显然是从前者引申、转化而来的。在《老子》一书中，第一次借用表示道路的“道”作为本体论概念，使之具有了形而上的意义。[2] 老子的整个思想体系是以混沌创世神话为基础的理论抽象，所以在他的著作中，作为宇宙本源的“道”也可以混同于混沌，是一种阴性的本体，又可同玄牝相互认同。而作为宇宙变化法则、规律的“道”，则是阴与阳的辩证统一，可以和水类比认同。按照一定的发生程序考察道的神话起源是本章的中心课题，这里我们先研究作为法则、规律的“道”是怎样从神话思维中的具体物象中概括出来的，至于作为本源的“道”，留待第六章再展开探讨。

作为宇宙运动、变化的普遍法则，“道”有一个突出的特征，用老子的说法叫“周行而不殆”。[3] 周者，圆周、环绕也；周行，指的是循环往复的运行。道的这一特征同本章开始引用的弗莱关于神话原型模式循环运动的特点合若

[1] 高楠顺次郎等：《印度哲学宗教史》，中译本，商务印书馆 1935 年版，第 195—196 页。

[2] 冯友兰：《中国哲学史》，中华书局 1961 年版，第 218 页。

[3]《老子》第 25 章。

符契，因此可以说，道的原型可以追溯到神话意识中规则变化或周期性变化的物象。在大千世界中对人类影响最大的周期性变化物象无疑是太阳，所以笔者把太阳视为原生形态的“道”。

从这一视点来分析各种关于道的描述，许多疑点和难解之谜均可迎刃而解。

1.一阴一阳之谓道（《易·系辞上传》）。太阳朝出夕落，巡行于阳界与阴间，造成白昼与黑夜的交替，所以阴阳互相转化和互相依存的哲理首先来自于永恒运行不息的太阳之启示。把太阳运行的法则抽象为一个“道”字，那么这个“道”的基本结构不正是神话宇宙观的二元对立结构吗？从阴与阳的消长变易之中，古人悟出了“道”的根本奥妙，用现代哲学术语来概括，便是对立面转化规律。最早对这一规律做了全面阐发的哲人也正是第一个赋予“道”本体论意义的老子。所谓“有无相生，难易相成，长短相形，高下相倾，音声相和，前后相随”（《老子》第2章），可以看作是老子从阴与阳这组元语言出发对各种对立转化现象所做的描述。

朱熹指出：“天下之物，未尝无对，有阴便有阳，有仁便有义，有善便有恶，有语便有嘿，有动便有静，然又却只是一个道理。”（《朱子语类》95）“阴阳虽是两个字，然却是一气之消息，一进一退，一消一长，进处便是阳，退处便是阴，长处便是阳，消处便是阴：只是这一气之消长，做出古今天地间无限事来。所以阴阳做一个说亦得，做两个说亦得。”（《朱子语类》74）可见对立面在转化中的统一这一哲学原理早已蕴含在“一阴一阳之谓道”这句简明的表述之中了，而这种认识的基础却是直接得自太阳运行法则的神话宇宙图式。

对立转化规律还有一层意思，即事物发展到某种极限程度，便会改变方向或性质，转向其自身的反面了，“物极必反”的道理便是说的这一层意思。其实，这个道理仍是从经验中的太阳运行现象中推论出的。《吕氏春秋·似顺论》开篇写道："一曰：事多似倒而顺，似顺而倒。有知顺之为倒，倒之为顺者，则可与言化矣。至长反短，至短反长，天之道也。"高诱注："化，道也。夏至极长，过至则短，故曰，至长反短；冬至极短，过至则长，故曰，至短反长也。"这里所说的有盈缩之数的天道也就是太阳的年周期变化规则，老子把它又概括为"道"的如下特征：

2. 反者道之动，弱者道之用（《老子》第 40 章）。太阳的运行法则是先上升后下降，在神话思维中，太阳白昼自东向西运行于天上，循环不已。夜晚自西向东运行于地下阴间，合起来构成一个封闭的圆形轨道，所以说"道"是独立而不改，周行而不殆的。老子为"道"起了几个别名："强字之曰'道'，强为之名曰大，大曰逝，逝曰远，远曰反。"（《老子》第 25 章）西天的落日看似远远地消逝而去了，其实却又从地底返回东方，这也许就是逝曰远，远曰反的理由吧。太阳在循环运行中不断地重返自己的出发点，这正是所谓"道法自然"说的依据。

与"反"相呼应的是"复"，二者合起来便是道，即宇宙变化的规律过程。"中国哲人所讲，变化的规律（即'常'），便是反复。认为一切都是依循反复的规律而变化。何谓反复？就是：事物在一方向上演变，达到极度，无可再进，则必一变而为其反面，如是不已。事物由无有而发生，既发生乃渐充盈，进展以至于极盛，乃衰萎堕退而终于消亡；而终则有始，又有新事物发生。凡事物由成长而剥落，谓之反；而剥落之极，终而又始，则谓之复。反即是否定。复亦即反之反，或否定之否定。一反一复，是事物变化之规律。"[1]要追问这个规律是如何得出的，只要回顾前面所论东南西北四方模式的原型意义就足够了：春天与发生，夏天与极盛，秋天与衰萎，冬天与消亡之间的象征联系，我们已做了充分论述。如

[1] 张岱年：《中国哲学大纲》，中国社会科学出版社 1982 年版，第 101 页。

果将自正午至日暮或自夏至秋看成是生命衰萎期，那也就相当于“反”；而自暮至夜或自秋而冬的转变期，则可视为“复”，因为生命的终结是与生命的开端首尾相接的。也许冬神颛顼的“死即复苏”最能说明“复”的哲理。《易·彖上传》云：“无往不复，天地际也。”《彖下传》又云：“日中则昃，月盈则食，天地盈虚，与时消息。”已明确点出“反复”规律的原型现象为日月。作为补充，还可借用克塞诺芬尼的话：“一个太阳熄灭了，另一个太阳又形成在东方。”[1]

从太阳循环运行现象中概括出来的“反复”原理，之所以能提升到“道”的高度，就在于它具有普遍的适应性，可以推广到许多自然现象和社会现象。在老子看来，则适用于一切现象。

3. 天下有始，以为天下母。既得其母，以知其子；既知其子，复守其母，没身不殆（《老子》第 52 章）。

4. 万物并作，吾以观复。夫物芸芸，各复归其根。归根曰静，静曰复命。复命曰常，知常曰明。不知常，妄作凶。知常容，容乃公，公乃全，全乃天，天乃道，道乃久，没身不殆（《老子》第 16 章）。老子在纷纭万变的世界中发现了一个不变的规律即“常”，其内容就是反复或曰复命，其来源就是神话原型的循环。神话无意识地表现这一循环主题，而哲学家才开始有意识地概括出“复命”的常理，并要求人们自觉地按照这一普遍规律行事，还告诫说若违背规律“妄作”的话，将不会有好的结果。庄子对老子概括出的“常”早已心领神会，别有一番表述：

少知曰：四方之内，六合之里，万物之所生恶起？

大公调曰：阴阳相照相盖相治，四时相代相生相杀，欲恶去就于是桥起，

[1]《古希腊罗马哲学》，第 43 页。

雌雄片合于是庸有。安危相易，祸福相生，缓急相摩，聚散以成。此名实之可纪，精微之可志也。随序之相理，桥运之相使，穷则反，终则始。此物之所有，言之所尽，知之所至，极物而已。睹道之人，不随其所废，不原其所起，此议之所止。[1]

不难看出，庄子所说的道与老子首倡的“道”尽管在义理的发挥上略有差异，但却是以同样的神话系统为根据的。庄子还标出“反衍”一词来概括事物对立转化的变化规律，成玄英认为，庄子的“反衍”也就是“反复”的同义词。

北海若曰：以道观之，何贵何贱，是谓反衍；无拘而志，与道大蹇。何少何多，是谓谢施（施用代谢）；无一而行，与道参差。……万物一齐，孰短孰长？道无终始，物有死生，不恃而成，一虚一满，不位乎其形。年不可举，时不可止；消息盈虚，终则有始。是所以语大义之方，论万物之理也。[2]

老庄将得自于自然运行之启示的宇宙论推衍开来，便有了其独特的人生哲学。由于“道”本身是“无为无不为”（《老子》第37章）的，人的处世态度也应效法之，以虚静无为为上。由于“道无终始”，所以遵循道之典范的庄子声称自己的生活态度是“上与造物者游，而下与外死生无终始者为友”[3]。效法“道”，故能获得“道”的超越性和永恒性，克服生与死的对立造成的生命悲剧感，达到一种超然物外的达观：

[1]《庄子集释》卷八下，中华书局新编诸子集成本，第914页。
[2]《庄子集释》卷六下，第584—585页。
[3]《庄子集释》卷十下，第1099页。

生也死之徒，死也生之始，孰知其纪！人之生，气之聚也；聚则为生，散则为死。若死生为徒，吾又何患！故万物一也，是其所美者为神奇，其所恶者为臭腐；臭腐复化为神奇，神奇复化为臭腐。故曰“通天下一气耳。”圣人故贵一。[1]

由此种“一”的观点来看，在西天熄灭的那个太阳与在东方复出的太阳实际上只是同一个太阳，或者说是同一个“道”的表现。

5. 人法地，地法天，天法道，道法自然（《老子》第25章）。这段话中的疑点在于“自然”二字。张岱年先生说：“前人多解自然为一名词，谓道取法于自然，此大误。自然二字，《老子》书中曾数用之……皆系自己如尔之意，非一专名，此处当亦同，不得视为一名词。其意谓道更无所取法，道之法是其自己如此。”[2]更进一步说，道法自然，说的就是“独立而不改，周行而不殆”。由于“道”的运行不断地返回自身，终而复始，终点与起点相互交错，所以又被称作“圆道”或“圜道”。圆道的原型无疑还是太阳运行之道。用赫拉克利特的概括便是：

上升的路和下降的路是同一条路。[3]

太阳不越出它的限度（道法自然）；否则那些爱林尼神——正义之神的女使——就会把它找出来。[4]

从“道”是圆的这一认识出发，方可理解亚里士多德所说的“第一性”

[1]《庄子集释》卷七下，第733页。
[2] 张岱年：《中国哲学大纲》，中国社会科学出版社1982年版，第18页。
[3]《古希腊罗马哲学》，第24页。
[4]《古希腊罗马哲学》，第28页。

的问题："最初都从其中产生，最后又都复归为它。"这种圆道是一个过程，在其发展中其实并无所谓起点和终点，这也就是克萨诺芬尼、巴门尼德和赫拉克利特等古代哲学家一致推崇的"圆圈"。用王夫之的话说，叫作"天无首"；"夫环也，而有所起有所止乎？"天之以冬终，以春始；以亥终，以子始；以朔、旦、冬至为首者，"人谓之然尔，运行循环，天不知自终始也。"[1]

把道体会为一个直观表象圆圈，道的抽象特征便易于得到具体说明。《吕氏春秋·圜道》的整体构思便是如此。在阐发天道"圆"的哲理时，首先诉诸于道的原型——太阳的运动，然后推广到月亮、星辰、生物、云、水等自然现象的运动，再推衍到人体、国家的治理和社会的安危：

……日，日夜一周，[2]圜道也。月躔二十八宿，轸与角属，圜道也。精（星）行四时，一上一下，各与遇，圜道也。物动则萌，萌而生，生而长，长而大，大而成，成乃衰，衰乃杀，杀乃藏，圜道也。……

黄帝曰："帝无常处也，有处者，乃无处也。"以言不刑蹇，圜道也。

人之窍九，一有所居则八虚，八虚甚久则身毙。故唯而听，唯止，听而视，听止。以言说一，一不欲留，留运为败，圜道也。

一也，齐至贵，莫知其原，莫知其端，莫知其始，莫知其终，而万物以为宗。圣王法之，以令其性，以定其正，以出号令。令出于主口，官职受而行之，日夜不休，宣通下究，瀸于民心，遂于四方，还周复归，至于主所，圜道也。令圜则可不可善不善无所壅矣。无所壅者，主道通也。故令者人主之所以为命也，贤不肖安危之所定也。

[1]《周易内传》，载《船山遗书》。
[2] 原文为"日夜一周"，今从孙锵鸣说"日字当重"改。

至于把圆圈作为跨文化的原型来考察，威尔赖特有一段权威的议论：“在伟大的原型性象征中最富于哲学意义的也许就是圆圈及其最常见的意指性具象——轮子。从最初有记载的时代起，圆圈就被普遍认为是最完美的形象，这一方面是由于其简单的形式完整性，另一方面也由于赫拉克利特的金言所道出的原因：‘在圆圈中开端和结尾是同一的’。当圆圈具象化为轮子时，便又获得了两种附加的特性：轮子有辐条，它还会转动。轮子的辐条在形象上被认为是太阳光线的象征，而辐条和太阳光二者又都是发自一个中心的生命渊源、对宇宙间一切物体发生作用的创造力的象征。轮子在旋转中有这样一种特点，即当其轴心固定时，辐条和轮圈的运动是完全规则的。这一特点很容易成为一种人类真理的象征——找到一个人自己的灵魂的静止的核心就等于产生出他的经验与活动的更为稳定的秩序。”[1] 轮子象征的这两种附加特性，使我们联想到老子的类似比喻。

6.三十辐，共一毂，当其无，有车之用（《老子》第11章）。道冲，而用之或不盈。渊兮，似万物之宗。湛兮，似或存。吾不知谁之子，象帝之先（《老子》第4章）。古人也经常用车轮来比喻宇宙的运行变化之“道”。如《大戴礼记·保傅》：“侧听则观四时之运。”注：“谓视轮也，车为月。”又如《吕氏春秋·大乐》：“阴阳变化，一上一下，合而成章，浑浑沌沌，离则复合，合则复离，是谓天常，无地车轮，终则复始，极则复反，莫不咸当。”智慧与心灵的活动、精神产品亦可以轮、圆为喻。如钱钟书先生所引例：“《易》曰：‘蓍之德，圆而神。’皇侃《论语义疏·叙》说《论语》名曰：‘伦者，轮也。言此书义旨周备，圆转无穷，如车之轮也”；“普罗提诺言，心灵之运行，非直线而为圆形；柏洛克勒斯亦云然。黑格尔以哲学比圆，即《淮南子·精神训》所谓：‘终始若环，莫得其轮，

[1] 威尔赖特：《隐喻和现实》，中译文见《神话—原型批评》，陕西师范大学出版社1987年版，第229页。

此精神之所以能假于道也。’”[1]在商代甲骨文中已有“车”字的多种写法，均以象形表示圆形的车轮，可见轮子是伴随着文明一起出现的人工制品。公元前三千至四千年代的西亚文明的崛起，也是以文字、车轮、数学、历法的共同出现为标志的。[2]车轮这种圆形的人工制品在它问世的那个时代起，就被神话思维类比认同于圆形的自然物——太阳。而当抽象思维从神话思维中脱胎而出的时代，这两种圆形物体便同时成了“道”的概念的象征原型，其象征蕴含并未随着神话时代的一去不返而消失，反倒借人为宗教的广泛传播变成了跨文化的符号。“轮子在西方能够象征对命运的冒险赌博，在东方可以象征那人们力求逃脱出来的死生之间无休止的轮回。……轮子在印度传统中同‘达磨’或神圣的法相联系。佛教雕像中可以见到许多‘法轮’，还有一个流传很广的传说中说，佛陀在菩提树下经历了初次幻觉之后开始讲道时，使那树旋转起来。在传统的中国佛教仪式中，常有一个车轮拴在柱子上并向右旋转。人们认为它反映着在轨道中运行的太阳，象征着宇宙之‘道’的路径。在西藏，完善而真实的普遍的法可以用这样一个简单的手势来象征：将拇指和中指合成一圈。西藏佛教的祈祷轮在最初的时候也具有同样的意义……轮子的象征还有一种特殊的发展形式，即在佛教用莲花来象征清净之源。……一种佛教的教诲说，由于莲花自黑暗的湖水深处升起来并以美表现其自身，由于太阳从黑暗中升起并发散它的光辉，所以佛陀从‘存在的黑暗的子宫中’诞生出来，以揭示真理的方式驱散虚妄的黑暗。在印度，人们有时把轮子放置在圆柱的顶端，作为在枝茎上盛开的莲花的一种图像。在广受尊崇的大乘佛教的《莲花经》中，主要的教义既是神法的永恒性，又是表达和教授神法的多种方式——虚静的中心和神圣太阳轮的众多辐

[1] 钱钟书：《谈艺录》，中华书局1984年版，第111页、112页。
[2] 坎贝尔：《原始神话学》，第135页、147页。

条即射线。”[1]在犹太教的圣典《旧约》中，耶和华的显现也曾伴随着神秘的轮子象征：“轮的形状和颜色，好像水苍玉，四轮都是一个样式、形状和做法，好像轮中套轮。轮行走的时候，向四方都能直行，并不掉转……”[2]在容庚先生编著的《金文编》附录部分，我们在至今不得其解的符号中，看到如图7所示图形。

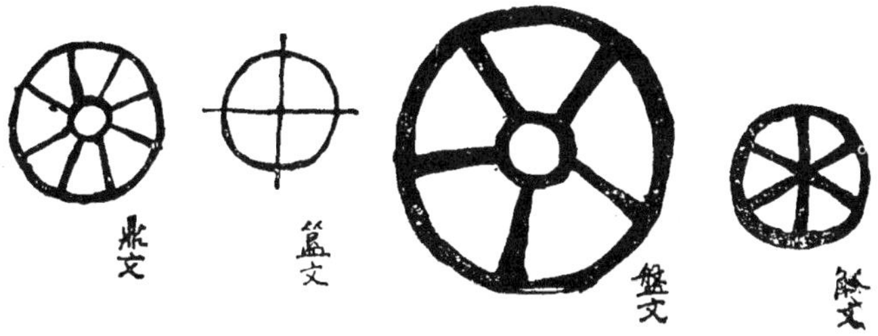

图7
金文中的轮形符号(引自《金文编》附录上，中华书局版，第1109页。)

7. 道生一，一生二，二生三，三生万物（《老子》第42章）。

道生之，德畜之，物形之，势成之……（《老子》第51章）。

这两段话表明了“道”的又一特别功能——创生，这也是玄牝或“万物之母”的独特禀赋。一般说来，尚不能认识两性交合与生育之间必然联系的原始人，只能从直接的经验现象出发，把女性视为生育功能的代表，这便是各史前民族普遍崇拜女性、母亲的重要原因。那么，“道”的原生形态既然是阳性的太阳，为什么也能成为创生万物的源头呢？原来，在神话思维中，太阳早已具有了生命之源的象征意义，被视为生命的赋予者了。对此，我们已在以太阳为中心的各种感生神话中有所了解了，至于太阳如何创生了整个宇宙的问题，将留待后文有关创世神话的章节中探讨。这里要举出的有趣事例恰是老子诞生的神奇故事：

[1] 威尔赖特：《隐喻和现实》，中译文见《神话—原型批评》，第230—231页。

[2]《旧约·以西结书》第1章第16—17页。

当太阳将出，玉女手攀李树，对日凝思，良久，日精渐小，从天下坠，化为流星，如五色珠，飞至口边，捧而吞之，忽裂左腋而生婴孩，甫生即行九步。[1]

首先提出“道”之创生功能的人，自己也被说成太阳创生的结果，这真是奇妙的反讽。老子虽然能把具有“生”之功能的太阳抽象为“道”，但却不能把太阳的原型从集体无意识中消除，而当这一原型在后代民间传说中显现时，便反过来报应到老子自身，衍生出“道（太阳）成肉身”的新神话来。照此看来，老子哲学所主张的“道之为物……其中有精”（《老子》第21章），原来说的就是感生神话中的生命源“日精”。而《老子》第34章的如下命题：“大道汜兮，其可左右。万物恃之以生……”完全可以用至今尽人皆知的一句白话歌词来翻译：“万物生长靠太阳”。

《庄子》一书中多言天而少言“道”，但还是发挥了老子关于“道”的创生功能的观点，《大宗师》有云：“夫道，有情有信，无为无形；可传而不可受，可得而不可见；自本自根，未有天地，自古以固存；神鬼神帝，生天生地；在太极之先而不为高，在六极之下而不为深，先天地生而不为久，长于上古而不为老。”[2]。这里所说的“道”，既是作为宇宙本源的“道”，又是作为宇宙运动法则的“道”。接下来又罗列了一系列“得道”的远古帝王，其间夹有这样一句：“日月得之，终古不息。”老子从日的原型中抽象出循环变化的主题“道”；庄子又把这个主题还归给“日”。这种信息反馈虽然强化了太阳与道的认同关系，但也犯了同义反复的逻辑错误，使原因变成结

[1] 转引自王治心《中国宗教思想史大纲》，香港崇正出版社。又《酉阳杂俎·玉格》中有一类似故事：“李母本元君也，日精入口，吞而有孕，三色气绕身，五行兽卫形，如此七十二年，而生陈国苦县赖乡涡水之阳九井西李下。”

[2]《庄子集释》卷三上，第247页。

果，结果变成原因。本来是从终古不息的日月运行现象推论概括出永恒超越的“道”，现在却用抽象的观念“道”反过来解释日月运行的永恒生命力了。这样一来，“道”的原始面目就越发模糊不清，后人也就效法庄子，以“道”为因，以日月为果，甚至连日月发出的光也被说成是“道”的赐予了。《淮南子·原道训》说：“夫道者复天载地，廓四方，柝八极。……兽以之走，鸟以之飞。日月以之明，星历以之行。”

“道”的创生功能提出后，也成为中国古代哲学中的一个重要主题，发生了深远影响。徐复观先生说：“老子以道为创生的原动力，本是一种创说。……但创生问题提出后，战国时期，便出现各种说法；大约属于道家系统的，则追溯到天地以前；而属于儒家系统的，皆以天地为创生的起点。自战国中期，阴阳之说盛行后，便出现以气说明创生的历程。”[1]需要补充说明的是，若将哲学的创生论视为创世神话的抽象发展，那么各种创生论之差别也当从创世神话的不同类型着眼加以探讨。儒家创生论以天地为起点，这显然是天父地母型（又称世界父母型）创世神话的逻辑引申；而道家的创生论强调天地开辟之前的“道”，这乃是象征太阳初升的宇宙蛋型创世神话的必然发展。

关于以气为本源的创生论出现的原因，徐复观先生又做了如下解释：“总之，老庄以道言创生，是出自思维的推理，是纯抽象的形而上学的性格。其自身含有严格的合理性。但中国一般人的心态，不安心于纯思维的抽象思考，常喜欢把具体物夹杂到里面去，尤其是在论创生时，把气夹杂到里面去；仅就气而言，气也是抽象的；但气对道而言，则气是具体的；气在四时中表现，则更是具体的；以具体的东西谈形而上的问题，便只有出之于想象，便不能不夹杂，不能不矛盾。”[2]

[1] 徐复观：《两汉思想史》卷二，台北学生书局 1979 年版，第 216 页。
[2] 徐复观：《两汉思想史》卷二，台北学生书局 1979 年版，第 218 页。

按照这种解释，《淮南子》等书中描述的以气为源的宇宙创生论是对老庄形而上学的创生论之改造，用具体的气替换了抽象的“道”。但是我们在创世神话中发现有一种类型——元气剖判型，作为神话思维的产物，自然要先于形而上学的创生论。再进一步分析元气剖判型神话的实质，又不难发现，它实际上还是天父地母型神话或混沌型神话的变体形式，前者的表现模式是清浊二气的升降分化；后者的表现模式是气与水的象征性认同——作为始基的不是某种确定的元素，而是云或雾露之类的无秩序状态，这类形态可以归结为水，也可以归结为气，因为二者之间本来就是相互转化的，正因为含混难分，神话中才称之为混沌。

8. 上善若水。水善利万物而不争，处众人之所恶，故几于道（《老子》第 8 章）。老子用水比喻“道”，其着眼点是伦理学的，而不是宇宙论的。水之所以得到“上善”的评价，是因为它滋润万物而不与万物争高下，甘心居处在“人之所恶”的低下坑洼处。老子由此生发出“卑弱以自持”的不争思想，又同“道”的无为无不为相互吻合。其实，水与“道”的伦理学认同还是以二者在宇宙论上的相似性为基础的。从原型的角度看，水也具有生命和创造本源的意义，水的突出特征也在于循环往复的运动。水看似总往低下处流动，但实际上又不知不觉地蒸发上腾，高居天上，这和“进道若退”（《老子》第 41 章），无为无不为的哲理十分接近，所以《吕氏春秋·圜道篇》亦将水与圜道等同划一：

水泉东流，日夜不休，上不竭，下不满，小为大，重为轻，圜道也。

高诱注：“水从上流而东，不竭尽也，下至海，受而不满溢也。小者，泉之源也，流不止也，集于海是为大也，水湿而重，升作为云，是为轻也。”原来这里用来描述水的上下、小大、重轻，是说水的循环运动程序之间相互转化的辩证法，其实质与“道”的奥妙正相仿佛。

这也说明，水的循环运动同太阳的运行一样，是得以抽象出对立面转化哲理规律的自然现象。水的循环特征早在神话思维中已凝聚为原型。古印度《梨俱吠陀》第7卷第49首《水》已描述了水的循环：

以海为首，从天水中流出，
净洗一切，永不休息；
因陀罗，持金刚杵英雄，开了道路；
水女神，请赐我保护。

天上流来的水或是人工挖掘的，
或是自己流出来的，
向海流去的，纯洁的，净化者，
水女神，请赐我保护。[1]

诗中所述水的循环有三个程序：海水→天水→井水（人工挖掘的）或河水（自己流出来的）→海水。到了《唱赞奥义书》中，水的循环已明确为五个程序。该书第二篇第四章写道：

人当敬想诸水中五重三曼：
“兴”声为生云。
“导唱”为降雨。
“高唱”为诸水东流。

[1] 中译文引自金克木译《印度古诗选》，湖南人民出版社1984年版，第11页。

"答唱"为诸水西注。

"结唱"为海。[1]

考虑到引文中的东流之水指恒河，西流之水指摩陀河这一事实，那么循环程序实际上是四个。这就同弗莱概括的四阶段循环模式十分相近了："水的象征性循环：由雨水到泉水，由泉水到溪流与江河，再由江河到海水（或冬雪），海水蒸发又化为雨水，如此往复不已。"[2] 弗莱的这段概括同我国东晋王彪《水赋》中描写的水的四形态正好不谋而合：

……故能委输而作四海，决导而流百川，承液而生云雨，涌凝而为甘泉。[3]

水的四种变化形态依次连接，在变化中体现着永恒，正好像太阳在四时（晨、午、昏、昔）和四季（春、夏、秋、冬）的变化形态中获得某种时空超越性一样。从这种原型意义上理解孔子面对河水流去而发出的"逝者如斯夫，不舍昼夜"的慨叹，更易领会其中的本体论意义。在此，我们有理由将老子有关"水几于道"的命题从伦理价值范围提升到本体论层次上来。

值得深思的是，即使在极为古朴稚拙的原始人的神话中，太阳的循环运动特征也已经同水的循环运动特征联系在一起了。如澳洲土著神话《彝神给世界带来生命》中讲道，女性日神彝通过自己朝出夕落的循环运动，给世界带来昼夜、睡眠与觉醒、生命与死亡的循环变化。并且特别讲到了由太阳的变化而引起的水的形态的变化：

[1] 徐梵澄译：《五十奥义书》，中国社会科学出版社 1984 年版，第 101 页。
[2]《神话—原型批评》，第 212 页。
[3]《初学记》卷六引。

当彝神落下去休息时，万物之中河神和湖神最悲伤。他们渴望她的温暖和亮光。他们就上升到天空中，尽一切力量来到太阳神那里。彝神赞许他们。他们化成水滴，落回地球上，成为雨和露。雨露滋润了青草和花朵，带来了新的生命。[1]

在这个有趣的神话情节中，我们看到了一种神话思维所特有的抽象。神话将两种具有相似特征的事物联系起来，用叙述故事的具体方式在二者之间建立一种假想的因果关系，从而完成对自然现象的解释。在这种类比的因果解释中，实际上暗含着对事物普遍特征的抽象。依据上引情节，水的形态变化同太阳的出没变化联系到了一起，后者成了前者的原因。我们暂且不论这种因果解释是否能够成立，两种自然现象共同表现出的循环变化这一基本特征，毕竟是被这个神话的创作者有意识或无意识地捕捉到了。在这里，我们不仅发现了老子关于“水几于道”之说的原始心理根源，而且一下子悟透了夸父逐日神话的本质内涵。对此，拟在下一节中展开较充分的讨论。

三、夸父逐日：道的故事

通过对“道”的原型——太阳循环运动的考察，特别是对“水几于道”的哲理的神话发生学的研究，我们已经对这个中国哲学中的最高范畴的由来有了新的认识。借助于这种新认识，重新考察夸父逐日的神话，我们惊讶地发现，这个神话原来讲的正是道的故事，或者说是表达“水几于道”这一深刻哲理命题的诗化寓言。

[1] 丰华瞻编译：《世界神话传说选》，外国文学出版社 1982 年版，第 221—225 页。

在这个流传数千年的中国古神话中，最高范畴“道”尚未从其神话原型状态中抽象分离出来，而是具体表现为其基本的二分形式——阴性的水神夸父和阳性的“日”的对立与统一。不幸的是，由于夸父的性别在后世父权文化意识的改造之下变得模糊不清，最后成了男性，所以这个神话的实质也就无人知晓了。通行的解释将夸父逐日视为人与自然抗争的悲剧，中华民族坚韧不拔精神的象征，真是失之毫厘，谬以千里。现在，参照上一节所引述的澳洲土著神话，有希望复原夸父逐日神话的本来面目。

复原的第一步工作是确定神话中主要角色的真实身份。在澳洲神话中，以太阳神为一方，以湖神河神为另一方，后者正可视为水的人格化。太阳神的循环运动是因，水神的循环运动是果，前因后果相合，表演出一阴一阳之谓道的拟人化戏剧。在夸父神话中，情况大致相同，所不同的是，被追逐的一方太阳没有以人格神的面貌出现，它就是自然运行的客体太阳；而追逐太阳的一方夸父成为神话表现的主体，他追逐太阳的动机似乎不是渴望光明和温暖，而是要同太阳比赛，看看究竟谁跑得更快。既然我们已经知道“水几于道”的原理，那就不难推测，夸父的运动方式和运动速度同太阳相差无几。事实正是如此，神话中或者说夸父赶上了太阳（逮之于禺谷），或者说进入了太阳的光轮（夸父与日逐走，入日），总之，夸父所走的“道”同太阳运行之“道”是同一的。那么，这位同太阳一样循环运动的夸父显然应当是水神了。

综观当代学者对夸父神格的各种说法，我们的推测还不至于“孤掌难鸣”。关于夸父神的性质，主要有火神说、月神说、水神说三种不同的观点。主张夸父为火神的学者，主要依据《山海经·大荒东经》中的一条材料：

应龙处南极，杀蚩尤与夸父，不得复上。故下数旱，旱而为应龙之状，乃得大雨。

应龙有了致雨功能，显然属于水神族一类，他的敌对者便成了火神族。[1]主张夸父为月神的学者认为：夸父作为山名，是《山海经》中的月山，故其为神名，亦当指月神。月有圆有缺，应龙杀夸父和夸父“道渴而死”的说法，是指夸父由残月进至晦朔的情形。“圆月光明时，夸父已蓄心与太阳竞争比赛，所以已开始逐日，不过她在赶上太阳时也成为将死的残月了。……如果经中的‘入日’二字作日蚀讲，则夸父即正式抓住太阳了！但夸父成功后，接着就死亡，可见是残月进入晦朔了，太阳在次日仍然出来，而夸父则一时不再出来。”“夸父并未正式死亡，新月在三天后仍然要出来，神话为表示月亮即便在晦朔三天内也不死亡，遂以夸父‘弃其杖，化为邓林’（邓林指繁星），夸父的杖还有生命，并且化为繁茂的生命！”[2]还有学者从语言学角度求证，夸父就是夸娥，也就是常仪、常羲或嫦娥，是月神的别称。月神逐日并且“入日”，这意味着一种天文现象，即发生于黄昏时的日食。[3]夸父为水神说的倡导者有吕思勉和王孝廉二位，他们均认为夸父逐日神话所反映的是水火二神之争。[4]此说的重要佐证见于《山海经·东山经》中的一条记载：

又南三百里，日犲山……有兽焉，其状如夸父而彘毛，其音如呼，见则天下大水。

[1] 涂元济：《夸父逐日考》，载《民间文艺集刊》第6集，上海文艺出版社1984年版，第36页。
[2] 杜而未：《山海经神话系统》，台北学生书局1984年版，第96—97页。
[3] 龚维英：《夸父逐日神话新释》，《天津社会科学》1983年第5期。
[4] 吕思勉：《三皇五帝考》，载《古史辨》第七卷中册，上海古籍出版社1982年版，第356页。王孝廉：《夸父考》，载台湾《大陆杂志》第48卷第2期。

按以上三说，火神说证据不足，且有以人划线之嫌。应龙虽为水神，但他所杀的不一定就是火神，因为水神绝不只是一个。应龙杀夸父，实为水神族的家庭内讧。月神说与水神说看似矛盾，但从神话宇宙观的原型模式来看却是相通的。月属阴、水亦属阴，二者同与北方相应，也就是神话宇宙模式中垂直系统的下方——阴间地府、黄泉大水的所在。夸父逐日的出发点正是北方地下世界，了解到这一点，才能在神话的表层叙述背后看到一种象征性的空间移位运动。

《山海经·大荒北经》中关于夸父的出处和运动方向有较详的记述：

大荒之中，有山名曰成都载天。有人珥两黄蛇，把两黄蛇，名曰夸父。后土生信，信生夸父。夸父不量力，欲追日景，逮之于禺谷。将饮河而不足也，将走大泽。未至，死于此。

据此说法，夸父逐日的起点在北方大荒中的成都载天山，他随着太阳的运行轨迹而前去，显然是自北而东而南，最后在太阳落山之处，即西方的禺谷赶上了太阳，因干渴而奔向北方大泽，中途死在成都载天山。他的整个行程恰好同太阳运行之“道”一样，画出一个起点与终点相重合的圆圈。我们说，这绝不会是偶然的巧合。构成这种暗合现象的内在原因就在于神话的循环时空模式。火与水虽然有不相容的经验特征，但它们却以一阳一阴的形式走着同一条周而复始之“道”。从这种哲学高度来理解，方可明白夸父与太阳虽有对立竞争的一面，也有相辅相成的一面。“逐”这一个动词实际上蕴含着对立与统一的双重关系。古今学者只看到表层叙述中的对立一面，完全忽略了夸父与日在深层象征意义上的统一一面，因而无法把握这个神话的本质。

茅盾先生早在《神话研究》一书中就已指出，夸父的行迹巨伟多力，同希腊和北欧神话中的巨人族差不多。希腊神话中的巨人族名提坦，被闭居于北方的地下穴名塔塔罗司。夸父为后土的后裔，后土恰恰也是主治地下幽都的神。所以，以夸父为代表的巨人族代表阴间恶势力与天神争霸，被天神所征服。[1] 这种推论虽然未及夸父逐日神话的本质，但却道出了夸父作为地下阴间之神的真相。由于北方与阴间的象征认同关系，夸父从北方成都载天山出发，逐日一周后又回到此山，就不仅仅是在水平面上的位置移动了，同时也是从阴间地下沿着垂直方向先上升后下降的运动了，这同太阳出自阴间又落入阴间的循环运动也是完全吻合的。

循环运动是夸父神话的本质特征，舍此便无法读解这个著名神话的象征蕴含。主张夸父为水神的观点虽接近了神话的真相，却未能把水在神话思维中的循环运动模式同夸父的活动联系起来，发现“水几于道”的神话哲理。我们已知地下是阴间所在，又是地下大水黄泉的所在，所以夸父为北方神、阴间神、水神，实质上并无矛盾。

初民们从日常经验中得知，地底下有一个水的世界，地面上也有河流湖泊等水的形态。但是，以向低处流为根本特征的水是怎样跑到天上去的呢——天上下雨的水究竟是从哪里来的呢？为了解决这个难题，神话思维只得求助于太阳的运动模式。因为太阳从地底下升出，直达天顶，所以天上的雨水是由太阳从地底下带上去的，或者是跟随着太阳的上升运动从地下、地面等低处蒸发到高天上去的。这便是“夸父逐日”神话和“水几于道”的哲理所由产生的神话意识根源。同样道理，澳洲土著神话认为天上下雨是水循环运动中的一个必然环节，而水的运动原因又被解释为河神湖神追寻太阳的愿望，他们从地面上升到天空中，是为了“尽一切力量来到太阳神那里”，他们化成水滴落回地面，同样是太阳神“赞许”的结果。鉴于这个神话的古朴和完整，它用太阳的循环运动来解释水的上下运动的实质是一目了然的。相比之下，

[1] 茅盾：《神话研究》第五章“巨人族及幽冥世界”，百花文艺出版社 1981 年版。

夸父逐日神话已不是那么古朴和完整了，从“夸父不量力”这句插入的评论来看，神话故事已经在改编修饰的过程中渗入了主观的成分，具有了道德方面的价值判断色彩。这样一来，其原本的本体论蕴含便被遮蔽了，以夸父的行动过程为象征的水的上下运动的轨迹终于湮没在巨人冒死追太阳这一戏剧性的情节背后去了。现在，我们根据夸父的水神神格以及他的起点与终点，参照已知的水的循环运动模式，方才知道“逐日”的象征在于说明，地下的水为什么上了天，又为什么从天空降回地下。这其实是一个动力学的问题，根本的动因仍是那被“逐”者——太阳，同澳洲土著神话提供的动因完全一样。

从夸父水神的上下运动模式出发，前引应龙杀夸父一段话才有确解：处在南极的应龙杀蚩尤与夸父，使之“不得复上”，说的是水神家族中的自相残杀中断了水的上下运动。南极与北方地狱相对，正是天顶的象征，所以从北向南的运动才被说成是“复上”。夸父死在阴间，地下之水不能再“复上”天空，自然就不会再有天上之水的向下运动（即下雨）了，所以夸父不得复上的直接后果便是“故下数旱”。解救旱情的唯一办法就是求助于在水神家族残杀中的获胜者应龙——“为应龙之状，乃得大雨”。

从这个关于夸父死亡的神话中确实可以看出，在应龙杀夸父的事件发生之前，降雨便是由夸父的上下运动所带来的，或许还应加上蚩尤的运动。只是在他们不得复上，循环中止的情况下，降雨功能才转移到应龙一神身上了。

根据水神上下运动的循环模式，《山海经·海外北经》所载夸父逐日神话的另一种文本形式也将得到深层读解：

夸父与日逐走，入日。渴欲得饮，饮于河渭，河渭不足，北饮大泽，未至，道渴而死。弃其杖，化为邓林。

这个故事可以说是对降雨现象的诗化寓言表现。与日逐走的夸父照例要遵循太阳运行之道，即从地下（北方）向上运动到天上（南方）。水神“入日”的结果自然是自身的水成分被太阳的火成分所消耗殆尽，拯救的办法是补充水源——“饮于河渭”。尽管如此，水神的体力仍然是入不敷出，于是再从黄河、渭河一带（西方）转向北方大泽运行，因为所谓大泽正是与北极黄泉大水相通的，[1]那里是夸父的出处，水神族的老家。一旦夸父的运动从东南向转变为西北向，同太阳一样，他已从向上运动变为向下运动了。谁知他还未降至地面目的地，就因耗尽了体力而死去，他丢弃的杖象征着雨水自天而降下，[2]“化为邓林”的结尾同澳洲土著降雨神话的结局不谋而合：“雨露滋润了青草和花朵，带来了新的生命。”那“邓林”不正是水神滋生出的新生命的象征吗?

从以上分析中得出的结论是，《山海经》中两种夸父逐日神话的文本虽然在表层叙述上有所出入，但都是从同一个深层结构转换出来的。这个深层结构便是分身为夸父和太阳、以阴逐阳的二元对立和阴入阳的对立统一为特征的道的循环运动。

至此，已有充分理由恢复夸父水神的阴性或女性身份了，她的这种身份同她的降雨功能具有密切联系。作为一个女神，她出自北方阴间，失败在南方阳盛之位，最后又重返北方，也就是回归水的生命之源。“北饮大泽”虽未成功，但化为雨水降下地面，终究还要下归黄泉的。在后代的求雨仪式活动中，女性和北方分别扮演着重要角色，似非偶然。《春秋繁露》第74篇“求雨”云：

凡求雨之大体，丈夫欲藏匿，女子欲和而乐。

[1]《山海经·海内西经》：“大泽方百里，群鸟所生及所解，在雁门北。”《淮南子·地形训》：“北方积冰曰委羽。”高诱注：“委羽，山名，在北极之阴，不见日也。”

[2]《淮南子·天文训》：“阴阳相薄，感而为雷，激而为霆，乱而为雾。阳气胜则散而为雨露……”

属于阳类的丈夫们在求雨时当躲藏起来，女子却恰于此时“和而乐”，正因为雨水作为天阳的对立面，同女子一样是阴类的事物。根据交感巫术原理，同类事物是可以交相感应的，女子的活跃同夸父女神的活动一样，是可以导致下雨的。由于记载的简略，当时求雨的女性们究竟怎么样“和而乐”，已不得详知了。好在阴阳相类相感的神话原理并不仅是中国文化所独有的，借助于人类学家提供的原始社会中求雨巫术活动的材料，我们可以为汉朝时尚在流行的女性求雨活动找到深远的史前根源。在东非班图黑人的巴龙加部落，孪生子被认为能够影响天气。每逢干旱无雨之季，妇女们出面举行各种仪式：“她们脱光身上所有的衣服，只穿紧身衣褡，戴着草做的头饰或者一种特殊的蔓草叶编成的短裙。打扮好之后，便怪声呼叫，唱着猥亵的歌，从一口‘井’走到另一口‘井’，将堆积在其中的泥土和污垢清理干净。那些被称之为井的仅仅是沙地上的一个洞，其中有那么点混浊腐败的死水而已。妇女们还得去修缮她们的一位生过孪生子的女友的房子，而且必须带着一小瓶水，用水把她全身浇湿。然后她们便高唱着猥亵的歌，跳着放荡的舞扬长而去。任何男人都不得观看这些只用树叶遮身四处巡回的女人。如果她们正好碰到一个男人，她们便抓伤他并将他猛推到一边去。”[1] 在这段记述中不仅可以看到求雨时女子“和而乐”之狂态，而且也说明了为何“丈夫欲藏匿”的原因。参照求雨仪式再看夸父神话，其主旨表现的是女神的活动，而被逐的男性太阳除了逃跑藏匿之外，见不出任何主体性了。

总结本章的讨论，中国哲学中的最高范畴“道”至少有两个不同的来源，其一是现实取向的来源，“道”的本义指日常经验中的道路，这是儒家思想中“道”的来源；其二是神话取向的来源，“道”指的是由太阳和水的运动

[1] 弗雷泽：《金枝》，中译本，中国民间文艺出版社 1987 年版，第 101 页。

所体现出的一般法则或原理——循环往复，这是道家哲学中的“道”范畴的由来。由于两种不同来源的“道”是用同一个汉字来概括表达的，而后人又没有对此做翔实的辨析，导致了哲学史上对道问题的长久不息的争论和解说，至今仍未找到有效的解决办法。笔者倡导从神话原型的角度研究“道”的范畴的发生问题，追溯了“道”的诸种特征同其原型之间的关系，并讨论了以“道”的循环运动为潜主题的具体神话，以期对于研究“道”范畴以及其他中国哲学范畴，提供一个新的角度和思路。

中编 黄帝四面——神话的时空哲学

THE FIFTH PART

第五章

天子明堂

布政之室，上圆下方。体则天地，在国正阳。窗达四设，流水洋洋。顺节行化，各居其房。春恤幼孤，夏进贤良。秋厉武人，冬谨关梁。

——〔汉〕李尤《明堂铭》

对于后期的中国人来说，上古时代的建筑在他们的思想中留下了带有宗教象征主义的烙印。

——石泰安（R.A.Stein）

一、引言：明堂问题由来

万里赴戎机，
关山度若飞。
朔气传金柝，
寒光照铁衣。
将军百战死，
壮士十年归。
归来见天子，
天子坐明堂。

这是著名的北朝民歌《木兰辞》中叙述木兰替父从军及归来时的一段诗，记得这首诗的人大概都不会忘记，当时的天子接见和赏赐有功将士的特殊方式——“坐明堂”。可是，要进而追问什么是“明堂”，也许没有多少人能答上所以然来。本章将从神话学和比较文化的角度研究这一课题。

中国古代礼制研究中最令人棘手的问题恐怕莫过于“明堂之制”。据史籍记载，明堂之名始于西周，并为后代历朝帝王所效法。与明堂相关的还有辟雍、泮宫等问题。由于各种记载分歧较大，后人解说不一，唐代学者徐坚等编纂类书时已感到难以求得统一的解释。此后又有朱熹《明堂说》、惠栋《明堂大道录》、阮元《明堂论》等专题论著问世，及至王国维作《明堂庙寝通考》，提出古代明堂、宫室、宗庙通制的观点，对此一问题的争论才暂告一段落。纵观前代学人有关明堂研究的数十万言文献，可以说都是在狭隘的考据学范围内转圈子，虽然在明堂制度的设立、建筑布局、用途及延革诸方面有详细的阐发和考索，但均未能洞悉明堂的本质。下面，笔者将从明堂的外在结构特征入手，探讨结构与功能之间的必然关联，进而追索明堂起源的历史之谜。

二、明堂结构：神话宇宙模式的缩影

明堂一词最早见于《左传·文公二年》所记晋人狼瞫的一段话中：

瞫曰："《周志》有之，勇则害上，不登于明堂。"

杜预注："《周志》，《周书》也。明堂，祖庙也，所以策功序德，故不义之士不得升。"可见明堂是周朝史书《周书》中首先记载的。《周书·明堂》记明堂之由来时说：

明堂者，明诸侯之尊卑也，故周公建焉，而朝诸侯于明堂之位。

同书又记明堂之建制说：

明堂方一百一十二尺，室中方六十尺，东应门，南库门，西皋门，北雉门。东方曰青阳，南方曰明堂，西方曰总章，北方曰玄堂，中央曰大庙，以左为左个，右为右个也。

《周礼·考工记·匠人》又提到了明堂在夏商时代的前身：

夏后氏世室……殷人重屋……周人明堂。度九尺之筵，东西九筵，南北七筵，堂崇一筵，五室，凡室二筵。

除了周朝官方史籍，还有不少上古文献描述了明堂的结构和功用。为了便于说明，兹罗列其重要者如下。

《孟子·梁惠王下》：

明堂者王者之堂也。王如行王政，则勿毁之矣。

《大戴礼记》第六十七：

明堂者，古有之也。凡九室，一室而有四户八牖。总三十六户，七十二牖。以茅盖屋，上圆下方，所以朝诸侯。其外有水，名曰辟雍。

《吕氏春秋·召类》：

故明堂茅茨蒿柱，土阶三等，以见节俭。

《淮南子·本经训》：

是故古者明堂之制，下之润湿弗能及，上之雾露弗能入，四方之风弗能袭。……堂大足以周旋理文，静洁足以享上帝，礼鬼神，以示民知节俭。

《淮南子·主术训》：

明堂之制，有盖而无四方，风雨不能袭，寒暑不能伤。迁延而入之，养民以公。

《孝经援神契》：

明堂者，天子布政之宫。上圆下方，八窗四达，在国之阳。

《三辅黄图》：

明堂者，天道之堂也。所以顺四时，行月令，宗祀先王，祭五帝，故谓之明堂。辟雍，员如璧，雍以水，异名同事，其实一也。

《吕氏春秋·孟春纪》：

天子居青阳左个。（高诱注："青阳者，明堂也，中方外圜，通达四出，各有左右房，谓之个。个犹隔也。东出谓之青阳，南出谓之明堂，西出谓之总章，北出谓之玄堂。是月，天子朝日告朔行令于左个之房，东向堂，北头室也。"）

案：以上诸说之外尚有它说，有以为明堂为"天子布政之宫"或周公"制礼做乐"之宫，有以为"文王之庙"，或示民节俭的草篷样品，又有以为施教化之学堂，至如《孔子家语》所说孔圣人所参观的明堂，又好像是"历史博物馆"了。[1]难怪王国维要慨叹："古制中之聚讼不决者，未有如明堂之甚者也"。[2]这里，我们暂且撇开明堂性质的争论，先分析一下其建筑结构。从上述材料中，关于明堂的结构，可以理出以下几点：

[1]《艺文类聚》卷三八引《家语》曰："孔子观乎明堂，睹四门之牖，有尧舜桀纣之像，而各有善恶之状，兴废之诫焉。"

[2]王国维：《观堂集林》卷三，中华书局1959年版，第125页。

第一，明堂建于国都南郊外，别称辟雍。

第二，明堂的侧视形状为上圆下方，是一种高台建筑，东西南北四方皆有门，外围有水环绕。

第三，明堂的俯视形状为一长方形建筑群，其东西边略长于南北边。这一点聂崇义《三礼图·明堂图》画对了（如下右图），而王国维却画成了正方形。但建筑群的方位聂氏却画错了，王国维所画近是（如下左图）。[1]如果把王氏所画之图改为长方形，并加上建筑外围的东西南北四方门及环绕之水的形象，我们就可以得到一个较为完整可信的周代明堂建筑模式了。

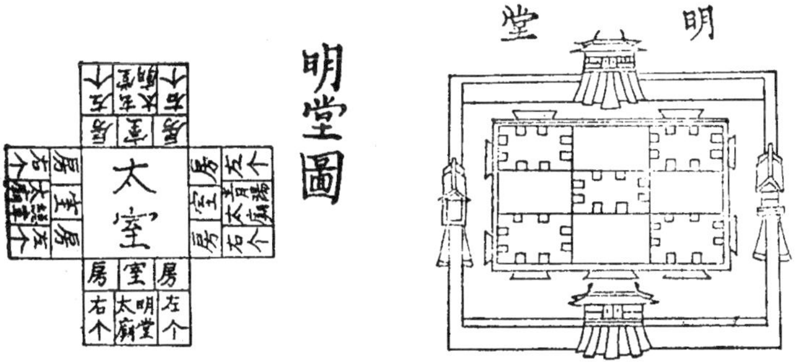

图8

明堂的结构一旦复原，我们便会惊奇地发现，它竟同我们在上文中重构的中国上古神话宇宙观的模式合若符契。它那“上圆下方”的外形，分明是效法“天圆地方”观念，这一点早已被独具慧眼的汉儒桓谭所洞见，故其《新论》有云：“王者造明堂，上圆下方，以象天地。为四面堂，各从其色，以仿四方。天称明，故曰明堂。”不过，明堂为什么要以水环绕，却至今仍未得其解。

[1] 王国维：《观堂集林》卷三，中华书局1959年版，第143页。

今人或以为是关押犯人的“水牢”，[1]或以为是神庙兼议政厅。[2]还有一种新的说法认为：

殊不知，所谓“明堂”，其实就是高大而明亮的集体宿舍。而这种宿舍之所以必须选择有水环绕的地点建筑，目的正是为了便于实行男女间的隔离。由于引水隔离，所以辟雍别名又称作“泮宫”（水泮之宫）。[3]

今案，以上三说或有可取之处，但都没有说明以水环绕明堂的原始真谛。至于把“泮宫”视为辟雍的别名，更有误解之处。按照典籍的记载，明堂与辟雍乃“异名同事”，但与“泮宫”（頖宫）却有严格区别：一个是天子之制，一个是诸侯之制。《礼记·王制》说得明白：“天子命之教，然后为学。小学在公宫南之左，大学在郊。天子曰辟雍，诸侯曰頖宫。”《史记·封禅书》亦云：“天子曰明堂辟雍，诸侯曰泮宫。”要问为什么会有这种严格区别，可以引用《五经通义》[4]的说法作答：

诸侯不得观四方，故缺东以南，半天子之学，故曰頖宫（頖者，判也）。

看来只有天子才得以在环水（辟雍）的明堂之上“观四方”了。而这环绕明堂的水，也正是“地载于海”的神话宇宙观的人工复制。桓谭把三分世界的宇宙模式“腰斩”剩了两分世界，所以他虽说中了明堂上圆下方之谜，却误解了明堂环水的本义：“王者作圆池，如璧形，实水其中，以环壅之，名曰辟雍。言其上承天地，以班教令，流转王道，周而复始。”《白虎通》

[1] 肖兵：《〈天问〉新解二则》，《山西大学学报》1979年第2期。
[2] 李泽厚：《孔子再评价》，《中国社会科学》1980年第2期。
[3] 何新：《诸神的起源》，三联书店1986年版，第150页。
[4] 见《初学记》卷十三引。

也说："天子立辟雍，行礼乐，宣德化。辟者象壁，圆法天，雍之以水，象教化流行。"[1] 这些从"教化"着眼的立论固然反映了明堂之制在汉代以后

大宇宙与小宇宙：朝鲜古代都市的格局。韩国首尔，国立民俗博物馆

的形象，但却也掩饰了原始明堂整体结构的宇宙哲学内涵。《楚辞·九歌·云中君》云："览冀州兮有余，横四海兮焉穷。"可见陆地是四面环海的。又《礼记·祭义》云："夫孝，置之而塞乎天地，溥之而横乎四海：……推而放诸东海而准，推而放诸西海而准，推而放诸南海而准，推而放诸北海而准。"袁珂先生说："所谓四海者，谓中国东西南北四面之海。此盖古人想象中之天下。"[2] 需要补充的是，"四海"之说实在是以陆地为中心而产生的观念：既然陆地是方的，那么陆地周围所环之海也就依据东西南北四个陆地之边而得名了。究其实质，四海本来是其水相连接的一海，否则，又怎能"载地""环地"呢？

从跨文化的视野上看，大地环水的观念并非中国神话宇宙观的独有特征（参看第二章第三节）。荷马史诗中反映的希腊神话宇宙观认为，在天穹与

[1]《艺文类聚》卷三八引。
[2] 袁珂：《中国神话传说辞典》，上海辞书出版社 1985 年版，第 126 页。

大地相接的地方，有一条深深的“护城河”盘绕一周，河中之水就是上天的排泄物。[1] 在效法宇宙模式的埃及古神庙建筑中亦可看到，“大多数的神庙在神庙外与神庙围墙内部都有一个‘圣湖’，到了宗教节日‘圣船’就划行在圣湖上。”[2]

这样看来，上圆下方且环于水的明堂，作为神话宇宙模式的缩影，真可谓惟妙惟肖了。但后来的帝王还不满足于此，又生出各种效法自然的花样来。

在《通典》所述的明堂那里，我们又看到大大复杂化了的明堂建筑：

堂方百四十四尺，坤之策也。屋圆径二百一十六尺，乾之策也。太庙明堂方三十六丈，通天屋径九丈，阴阳九六之变，圆盖方载，六九之道，八达以象八卦，九室以象九州，十二宫以应十二辰，三十六户七十二牖，以四户八牖乘九室之数也。户外皆设而不闭，示天下不藏也，通天屋高八十一尺，黄钟九九之实也。二十八柱，列于四方，亦七宿之象也。堂高三尺以应三统，四乡五色，各象其行，外博二十四丈，以应节气也。

除了在立体造型上，明堂与神话宇宙模式两相对应之外，在平面布局上也同我们在前文中归纳出的原型象征模式完全吻合。明堂东庙名叫“青阳”，与东方模式中的春天太阳神“青阳”分毫不差；明堂南庙名叫“明堂”，配赤色，又与“朱明”即夏天的太阳神对应；明堂西庙名叫“总章”，配白色，等于秋天的太阳神“西颢”；明堂北庙名叫“玄堂”，又与冬天的太阳神玄冥完全等值，二者均为黑色的象征。如此看来，明堂若不是以太阳运行为发生根源的宇宙时空模式的人工物化形式，又能是什么呢？

总结以上的讨论，我们可以说，明堂是古人精心设计和建造的一个小宇

[1] 鲁道夫·阿恩海姆：《视觉思维》，中译本，光明日报出版社 1987 年版，第 398 页。
[2] 穆斯塔法·埃尔－埃米尔：《埃及考古学》，中译本，科学出版社 1959 年版，第 36 页。

宙模型，它的原型范本即是划分为阴间（水）、阳界（陆）和神界（空）的神话宇宙观。

三、黄帝明堂·埃及金字塔·印加太阳庙

了解了明堂的结构原型，再考察它的实际功能作用，就能够在纷纭诸说之中不为所惑，察其源而知其流了。把前引诸文献中有关明堂功用的直接或间接的看法总汇起来，参证其他有关的记载，可以看出这个西周以后的小宇宙模型至少有下列十种用场：

1. 天子发布政令的所在。

2. 天子祭祀先王及祖先的所在。

3. 天子“享上帝，礼鬼神”的所在。

4. 天子朝会诸侯的所在。

5. 天子“顺四时，行月令”的所在。

6. 天子“制礼作乐，颁度量”及“行教化”的所在。

7. 天子设立国家“大学”的所在。

8. 天子“观四方”的所在。

9. 天子“养民以公”并“示节俭”的所在。

10. 天子封爵赏赐以及飨射献俘馘的所在。

综合以上十种用途，明堂简直可以看作中国古代封建国家政治、宗教、军事、外交、科学和教育的中心了。孔子说：天道远，人道迩。然而，在象征天道的明堂这里，“人道”与“天道”岂不是皮存毛附、唇齿相依的吗？

但是，笔者以为，在以上十项功能之中，尽管可以分析出几项较早的功能，如第 3、第 5、第 8，却都还不能说就是最原始的功能。也就是说，明堂之制的本来意义已经随着封建制国家的历史发展而逐渐被人们遗忘了，只是

以历代相沿袭的物化形式特征和某些名称的符号形式特征而潜存下来。因此，发掘明堂制的原始功能也就是发掘原始的宇宙模式观念的起源，这实际上已远远超出了考据学的范围，而成为一种人类学的文化溯源。具体来说，它所涉及的是原始人的空间意识发生问题。下面，我们拟从已知的明堂的物化形式和符号形式这两个方面入手，以人类学和民族学的材料为参照系，对这一课题做进一步的探讨。

虽然众多的古代礼书一致断定明堂制始于周，但也都同时肯定了明堂制的前身的存在，即“夏后氏太室”与“殷人重屋”。这就等于说，明堂的渊源至少可以追溯到华夏文明起源的时代，可谓其来尚矣。

在一些古代子书及传说中，明堂又同更为古老的历史人物（或者说是历史化了的神话人物）黄帝发生了联系。如《管子》说：

黄帝立明堂之议，舜有告善之旌，汤有总街之匡，武王有灵台之候。

在这极简略的说法中，我们只知道了明堂始于黄帝，却无从知道当时的明堂是什么样子，有什么功能。好在《史记·封禅书》和《汉书·郊祀志》中的一段插曲竟为我们保留了最珍贵的原始明堂的“照片”：

上（指汉武帝，引者）欲治明堂，未晓其制度。济南人公玉带上黄帝时明堂图。图中有一殿，四面无壁，以茅盖屋，屋通水，水环宫恒（《太平御览》五百三十三引作“垣”），为复道，上有楼，从西面入，名曰昆仑。天子从之。

面对这样一幅几乎比中国文明史还要古老的“照片”，我们能否信以为真？或者如何判断其真伪呢？笔者以为，这张图上所描绘的黄帝时明堂形象虽然不可尽信，但也还不能说是纯粹假造的赝品。与其他典籍中的记载相参照，它确实保留了较多的周以前明堂或类似的人工小宇宙模型的特征。

比如图中的明堂仅有“一殿”，这和《吕氏春秋》《淮南子》等书所说的那种表示节俭的明堂相通，也应了《礼记外传》“或以为明堂独为一室耳”的看法。可见周以前的原始明堂并不像后来那样是“五室”或“九室”的庞大建筑群。

再如图中的明堂不像后来那样有门有窗，而是“四面无壁”的，这也和《吕氏春秋》中以“蒿柱”支撑的明堂相符，更与《淮南子·主术训》中“有盖而无四方”的明堂之制相一致。又如图中的明堂“以茅盖屋”，显然符合《吕览》中“茅茨”为顶的明堂。

最后，图中的明堂被叫作“昆仑”，这不正透露出它是以中国古神话中的宇宙山即昆仑山为原型的吗？昆仑神话是个至关重要而又异常复杂的问题，须专文研究。这里所要说明的是，在昆仑这个让古今无数学者伤透脑筋的神秘符号中，潜存着上古明堂最基本的、最重要的结构特征——四方形的坛台。《山海经·海外南经》：“昆仑虚在其东，虚四方。一曰在岐舌东，为虚四方。”《说文》释虚为丘，可知昆仑虚即昆仑丘。《尔雅·释丘》云：“丘，一成为敦丘，再成为陶丘，再成锐上为融丘，三成昆仑丘。”故昆仑丘为四方形的大坛台，《说文》释“台”为“观四方而高者”，可以为参证。此外，《山海经·海外北经》有云：“轩辕之丘，在轩辕国北，其丘方。”更可作为黄帝明堂形式的一个旁证。最原始的明堂，很可能就是这种四方形高台建筑。从《吕览》所言“土阶三等”，与黄帝明堂图中所示“复道”，可知有登台之阶梯无疑。而后代明堂仍然保持“上圆下方”的外观，可见“方台”是明堂发展史中一以贯之的特征。恰恰就在这一物化形式特征中，可以窥见明堂之制发生的实质：太阳的观测与崇拜仪式。

人类学的材料告诉我们，人类关于四方位的空间观念起源于新石器时代原始人的太阳观测活动（详后），所以原始人留下的象征太阳的符号往往是一些十字形、卍形，或⊕形，[1]它们一方面代表原始宗教自然崇拜的一种特殊形式，另一方面又是原始科学和原始哲学空间方位观念的物化形式。在前文字阶段的史前文化中可以看到，人们竭尽全部智慧和技术手段，力图以各种不同的方式，把他们从太阳观测中所获得的空间四方位观念神圣化、固定化，使之传播久远，为后世人所尊奉。用现代的术语来说，原始人的这种努力乃是人的本质力量的对象化、物态化的表现和确证，它的实质在于将得之于天体运行的自然信息转换为符号化的文化信息。正是这种人类把自身从自然状态中不断提升出来的顽强而伟大的努力，为我们留下了遍布五大洲的众多太阳文化奇迹。

看一看那被《众神之车》的作者冯·达肯尼说成是外星人宇航机登陆地球时的机场跑道——纳斯卡图案——吧：人类学家已经发现，在这方圆三百五十平方公里的大沙漠上纵横交叉的几千条直线所构成的三角形和四边形，乃是由太阳观测中所获得的时空坐标观念的平面图：

曾有科学家在某年的十二月二十一日（即秘鲁的夏至）偶尔站在许多直线的交叉点上，发现沿着其中一条直线向山坡望去，看到了太阳的落山点。他断定，这条直线标志着夏至（叶案：正相当于周明堂的南北两太庙所构成的“明堂”——“玄堂”直线）。以后，他与同行又发现，有许多直线从东到西排成扇形，标志着太阳的不同方位（叶案：相当于周明堂的东西两太庙所构成的“青阳”——“总章”直线），实际上形成了一个巨大的“日晷”。[2]

[1] 参看 J.Campbell：*The Masks of God：Primitive Mythology*，（The Viking Press，1959）PP.141—142.
C.G.Jung：*A Study In the Process of Individuation*，in *The Collected Works of C.G.Jung*，Vol.9，Part 1，（Routledge & Kegan Paul，1968）PP.290—354.

[2] 启平：《神秘的“纳斯卡图案”》，《人民日报》1985年3月31日。

这样看来，原始明堂之所以“四面无壁”，根本不是什么“示民节俭”的意思，而是为了有效地观测太阳运行的踪迹！其建筑结构与原始功能之间的关系，又是何等难解难分。

也许有人要说，纳斯卡图案是平面图形，不能与明堂的立体高台建筑相类比。其实，原始明堂及后世明堂一以贯之的四方坛台形式，正是标示东西南北四方位的平面十字图形的立体化变形。这一点，只要再看看闻名于世的人类早期坛台文化遗迹如埃及大金字塔、两河流域的上古天文台、美洲印第安文化的太阳金字塔，便可一目了然。人类学所特有的跨文化视野将使我们的拘泥于文献的先儒们聚讼了几千年的明堂之谜的本质昭然若揭。

回首西望，我们看到，无论是始自公元前 3000 年的埃及金字塔和苏美尔天文台，还是公元前 2000 年的巴比伦通天方塔，除少数例外，都是四方形或长方形的坛台结构。其顶部或呈尖形（如埃及基查的金字塔、埃及阿部哥拉勃的纽塞拉太阳神庙）以示通天，或呈方形（如埃及萨卡拉的阶梯形金字塔、埃及埃德孚的太阳神荷拉斯庙坛）以便观天，或呈圆形（如巴比伦乌尔城重建的通天塔）以象天，但其下部却一概同中国明堂一样，是“下方”的。而这种“方”本身又遵循着严格的四方方位，并不是出于建筑技术施工的方便考虑。如最为宏伟的埃及基查大金字塔，用二百三十万块巨石筑成，巨石每块轻者二吨，重者十五吨，其工程之艰巨繁难足以使多疑的现代人感到不可思议，乃至产生史前外星来客遗留物的奇谈怪论。然而考古学家却为我们证明了，这人间奇迹正是地球上的人类的骄傲，是迈入文明门槛不久的人类用尽当时所能达到的技术力量确证和炫耀其原始祖先受太阳的启示而获得的时空观念的物化符号。埃及考古学家穆斯塔法・埃尔－埃米尔写道：

大金字塔的底部每边长 755 尺，每边的方向都与真正的东西或南北行的直线相一致。[1]

尽管从形貌上看，中国的黄帝主持建造的那个像茅草棚似的明堂比埃及法老的大金字塔不知要“俭朴”多少倍，但作为太阳文化的遗物，二者都与太阳崇拜相关则是无可置疑的了。这种相关性，在埃及表现为四方塔底的严格方向性和作为太阳神象征的人面狮身像的南向而立；[2]在中国表现在四方的坛台结构以及历代明堂的语言符号命名之中。考察这种并非偶然的命名方式，使我们不得不暂时回到象征语义学的领域中来。如前所述，明堂的“明”字并不是泛指“高大明亮的集体宿舍”，其本义与保存在秦汉之际祭四季太阳神的仪式古歌中第二首标题“朱明”完全一致，是夏天太阳神的名称。在周代明堂的五分太庙中，偏偏又是南面主夏的“明堂太庙”涵括了其他几庙，成为明堂建筑整体的通称。而南方和夏季，恰为太阳极盛的方位和时期，正如埃及金字塔以南向为正位，中国的明堂建在南郊以“就阳”，可知其原始意义当为“太阳堂”也！《艺文类聚》卷三八引《尸子》云：

作为太阳神象征的人面狮身像在大金字塔前南向而立

黄帝曰合宫，有虞曰总章，殷人曰阳馆，周人曰明堂。

“阳馆”这一别号可以为明堂即太阳堂的等式提供确证。

[1]《埃及考古学》，中译本，科学出版社1959年版，第10页。
[2]《埃及考古学》，中译本，科学出版社1959年版，第14—15页。

至此，我们可以再次掉头东望，在太平洋彼岸的太阳文化古迹中对已失传的中国原始太阳堂做一间接的巡礼。我们意外地发现：原来南美洲印加文化的中心地——库斯科的太阳堂也是上圆下方并“以茅盖屋”的！按照加西拉索·德拉维加的描绘：

太阳神庙是在朝东的一块圣地上建造起来的，整个庙宇是用精心修整的、平坦而巨大的石板砌成的。为了让空气流通，屋顶造得很高，用茅草盖成。还有一个很优美的祭台。大殿的四周墙壁从上到下全部镶上较厚的纯金片，所以这座神庙得名为“金宫”。在正面墙壁上有太阳神偶像，它是个绘有男子脸型、周围环绕着光芒和火焰的用黄金制成的圆片。它面朝东方，在受到初升的太阳光直接照射时，就放射出万道金光。在太阳神偶像的左右两侧，按照古代习俗在金御椅上供奉着历代印加王的木乃伊，远远望去，它们就像真人。大殿中央置有一个华丽的御椅，举行典礼时，印加王便坐在御椅上。[1]

印加文化虽然还没有文字系统，处在结绳记事的前文明阶段，但这里的太阳神庙皆以纯金作装饰，又是何等的奢华。与埃及金字塔相比，虽规模远逊，但在社会生活中的崇高地位却是相同的。两相参照之下，似不难想见，中国上古的太阳堂不论是否为黄帝始建，它作为观测太阳的天文台和祭太阳的神台，一定是某种至高无上的文化中心的象征。同库斯科神庙一样，太阳堂以茅为盖不是出于节俭的考虑，否则印加人又何须用金如土呢？笔者以为，太阳堂的这种奢华与简陋的奇特混合现象，似可解释为对某种传统建筑方式的长期因袭的结果：一方面要以当时最先进的测绘和建筑技术，不惜工本地精心制造人间的宇宙中心；另一方面又要设法保留这

[1] 转引自刘文龙《古代南美洲的印加文化》，商务印书馆 1983 年版，第 27 页。

类建筑有史以来的原型特征。那“茅茨蒿柱”的明堂不正是人类结束洞居穴处生活之后最早的房屋式样吗？由此，方可理解黄帝明堂图中何以上为茅篷，下为“宫恒”、复道及楼台。同时还可以推知：太阳堂建筑的渊源甚至早自新石器时代便肇始了。

至于太阳堂建筑的原始起因，笔者以为观测太阳的目的在先，而崇拜祭祀的目的次之。尚未建立自我意识的史前人把自己观测太阳定四方四时的主体能力反过来归奉成客体太阳的“神圣赐予”，于是人的本质在幻想中异化为神的本质，太阳神崇拜便在农、牧社会中普遍发生了。在印加文化中可以看出，不仅四方方位，而且白昼的时间也是以太阳的位置来确定的。并且“根据太阳的位置观测确定农业周期。为此目的，在库斯科以东和以西建造了四个塔。此外，也在库斯科中心进行观测，那里有一个大广场，建筑了一个高台。确定了冬至和春分的时间。”[1] 若不是太阳给了人类如此之多的生存启示，人又何须对它感恩不尽，万世崇仰呢？

来自巴比伦宗教方面的材料，同样说明了观测先于崇拜的推测是合

观测先于崇拜。苏美尔乌时期的方坛神庙，部分修复复原，神庙建在观测用的高坛顶上。公元前 22—前 21 世纪。

[1] 叶菲莫夫、托卡列夫主编：《拉丁美洲各族人民》，中译本上卷，三联书店 1978 年版，第 387 页。

理的。巴比伦早期宗教曾奉月神为主神，原因在于以月计年的历法发挥了重大作用。人们甚至把月神看成“智慧之主”。“后来，由于享有研究这个问题所必需的闲暇的祭司们进行观察的结果，才能以近似精确的程度测算出了太阳年。自此以后，太阳在祭司们的评价中便处在月亮和大地之上，而各种的日神便成了至高无上的，或则对于旧有诸神赋予了太阳的各种属性。”[1]

观测太阳，只需在视野开阔的高处即可。纳斯卡沙漠图案即是明证。将观测的自然高处进化为人工高处，便有了原初的坛台建筑，所谓“土阶三等”是也。从观测的结果中构想出来的宇宙模式作为文化信息反馈于观测台的建构，便又有了“茅茨蒿柱”“上圆下方”“四面无壁”且环之以水的原始太阳堂。同时，对被观测对象的神化和随之而来的崇拜意识使太阳堂世代相延，且不断奢侈化。又由于太阳堂作为社会文化中心的神圣地位，大凡国家政治、军事、宗教、教育、外交等方面的重大事宜亦先后移至这里处理，那原始的茅篷无壁的形式实在难以适应功能大大扩展了的新的需要，于是终于演化出了周人的明堂建筑群。

它虽然在功能用途方面离太阳堂的本义相去已远，但却在结构（物化符号形式）和名称（语言符号形式）上仍然保留着原始特征，这就为我们的现代发掘工作提供了可依循的线索。

有迹象表明，明堂建筑群在东汉以后有了功能上的分化，建筑布局也有相应的变化。魏薛综为张衡《东京赋》作注说：“言德阳殿东，有辟雍；于西，有灵台。谓于其上，班教令者，明堂；大合乐、射乡者，曰辟雍；司历纪、候节气者，曰灵台也。”在这里，天文观测功能和政治统治的象征已明显分开了。

[1] 罗伯逊：《基督教的起源》，中译本，三联书店 1958 年版，第 11 页。着重号系引者所加。

四、明堂制与五行说

以上所论为明堂起源。在这里，有必要讨论一下两位著名学者分别提出的观点。一位是顾颉刚先生，他在20世纪30年代发表的《秦汉的方士与儒生》一书（1954年再版，1978年新版）的第一章“阴阳五行说及其理想中的政治制度”中提出，秦汉时人在发展和完善了始源于战国时期的阴阳五行学说的基础之上，又提出了三种政治学说，其一为天子受命说，二为三统说，三为明堂说。关于后者，顾先生写道：“再有一种明堂说，说天子应当住在一所特别的屋子里，这屋子的总名叫作明堂，东南西北各有一个正厅，又各有两个厢房。天子每一个月应当换住一个地方，穿这一个月应穿的衣，吃这一个月应吃的饭，听这一个月应听的音乐，祭这一个月应祭的神祇，办理这一个月应行的时政；满十二个月转完这一道圈子。这大院子的中间又有一个厅，是天子在季夏之月里去住的；……这把方向的东南中西北和时令的春夏□秋冬相配，使天子按着木火土金水的运行去做‘天人相应’的工作，真是五行思想的最具体的表现。”[1]按照这种看法，天子居明堂的礼俗晚于五行学说，是按照五行说构造出的“理想中的政治制度”。另一位学者徐复观先生在《两汉思想史》中提出了类似的观点，并做了较详的论证。他认为在《吕氏春秋》以前的文献材料中记载的明堂和《吕氏春秋》及其后的材料中所说的明堂，“虽有关联，但并非一物。前者是事实的存在，后者是理想的存在。后儒多混而同之，所以治丝愈棼了。”[2]历史上的明堂是太庙的别称，是祭祖的地方，而秦汉人理想中的明堂与祭祀活动毫无关联。青阳、总章、玄堂三个名词是吕氏门客们编造出来的。“他们构想此一理想建筑物的原因，只是要天子的

[1] 顾颉刚：《秦汉的方士与儒生》，上海古籍出版社1978年版，第4—5页。
[2] 徐复观：《两汉思想史》卷二，台北学生书局1979年版，第23页。

居处，顺应阴阳五行”。[1]

案此二说的合理之处在于指出了明堂格局与五行思想之间的关系。但究竟是明堂制源于五行说，还是五行说受到明堂制的影响，还是值得研究的。笔者的观点与这两位先生相反，认为不是明堂制受五行说影响，而是五行说受明堂制的影响。理由之一，五行说最早出现于战国时期，而明堂制始于西周，且其渊源更可追溯到夏商。理由之二，《吕氏春秋》所记天子在不同月份居住明堂不同部分，虽然有附会五行说的嫌疑，但这种居住礼俗并非吕氏门客虚构，因为在殷商甲骨卜辞中便可看到其遗迹。卜辞所记商代宫寝建制，除中室、大室外，还有南室、盥室、东寣、寇寣。丁山先生在排比了记载这些宫室名称的卜辞中的月份之后，得出如下规律线索：“寣读为寝。十月至十二月祭于寇寝，寇寝自可拟于《月令》的玄堂太庙；二月，宅东寝，东寝自可拟于《月令》的青阳太庙；七月、九月祭于盥室，盥室自拟于《月令》的总章太庙；而南室，顾名思义自可拟于《月令》的明堂太庙了。《明堂月令》言，天子春居青阳，夏居明堂，秋居总章，冬居玄堂。随着时令推移而异其居室的方位，近世学者多疑出晚周阴阳家言；今以甲骨文证之，知周王随时异室的制度，正自商王春宅于东寝，夏叵于南室，秋告于盥室，冬屮于寇寝的祭仪演变而成，这就是‘周因于殷礼’的一端。”[2]

至于殷人和周人为什么要奉行这种在小宇宙模型之中循环居处祭祀的礼俗，只要回顾一下前文中对“道”的循环特征的论述，就不难解答了。由于天道的原生形态就是太阳的运行，那么天子——人间的小太阳——在人工的太阳堂中效法太阳的运行，也就毫不足怪了。其实，就在徐复观先生自己引用的先于《吕氏春秋》的材料《周书·大匡》中的一句话，就高度概括地说明了明堂的实质：“明堂所以明道”。可见，认为先秦文献中的明堂与天道

[1] 徐复观：《两汉思想史》卷二，台北学生书局 1979 年版，第 26 页。
[2] 丁山：《中国古代宗教与神话考》，第 161 页。

运行无干的观点是不妥当的。[1]明堂为什么要“明道”、要象征天道的运动呢？这一点史料中没有说明，但是我们可以借助跨文化的材料来加以说明。在关于太阳英雄“羽蛇”的古老印第安神话中，曾讲到这位英雄在部落中心的山上建造了一座神秘的大房子：

建造这所房子，花了很长时间。它的中央部分是圆的，向着四个方向各有一幢巨大的侧屋。这所大房子是适应图拉财富的增加和力量的增强而建造起来的，它全部用磨光的石块造成，上面还有座平台。盖查尔柯亚脱尔（即羽蛇）命令从境内四面八方送来材料，建造房子。他不慌不忙，总是在石块中和饰品中选用四种美丽的颜色。

人们非常钦佩，都为建造盖查尔柯亚脱尔的大房子而愉快地劳动。房子建在一个山丘上，人们都能够看得见。从图拉的任何一个地方都能看到。[2]

这座中圆下方、朝向四方各有一室、上有观测平台的神秘建筑，也正是财富和权力的象征，是文化中心的标志，我们在此似乎看到了原始部落时代“明堂”的实况。至于装饰此房屋所用的“四种颜色”的意义，只要了解到印第安人惯用四种颜色代表四个空间方位这一事实，就不难理解了。这神秘房屋与太阳的关联，体现在房主人作为太阳英雄的特殊身份上。关于他的降生，有这样一段神秘描绘：

从远处看，在初升的阳光照耀下，他就像一条有羽毛的蛇，一条曾经从大海那边，从太阳升起的方向来到过的羽蛇。

---

[1] 有关明堂建制礼俗效法天道的论证，可参看法国汉学家 Granet《中国人的宗教》一书第 2 章第 2 节。

[2] 洛佩斯·波蒂略：《羽蛇》，宁希译，人民文学出版社 1978 年版，第 41—42 页。

孩子们对父母就是这样叫嚷的："太阳送来了一条羽蛇！"[1]

不仅羽蛇是"太阳送来"人间的，他在人间生下的儿子也是一个小太阳。他的到来，给印第安部落带来了繁荣兴旺，人们自然像崇拜太阳一样崇拜这人间的太阳，听从他的吩咐建造了这一座人间的小宇宙模型"太阳堂"，此堂落成之际，人民这样赞誉太阳英雄：

他有伟大的威力。他使我们富裕。自从他来到以后，我们不再忍饥挨饿。他的眼睛看到哪里，他的手伸在哪里，哪里就是富饶美丽。[2]

从这个古老的故事中，我们清楚地看到了对太阳堂类建筑的绝对必要性的神话解释：人类社会的幸福和秩序取决于由太阳运行所代表的宇宙时空的秩序，为了明确宇宙的这种神圣秩序，必须由宇宙自然同人类社会之间的中介者在某个被认为是天下中心的地方建造一座象征宇宙秩序的神圣建筑，它的构成便是宇宙与社会之间的沟通，同时也是中介者（天子）确认统治权的明证。

理由之三，除了文献记载之外，还有古文字字形本身提供的"活化石"证据。既然天子一年十二个月都有专室居处，次序井然，那么如果某年中有十三个月即闰月的话，天子究竟居于何处呢？原来是住到了门厅里。王国维已指出，明堂礼俗与天子听朔布政相关。《周礼·春官·大史》："闰月诏王居门终月。"后郑注《周礼》云："《月令》十二月，分在青阳明堂总章玄堂左右之位，唯闰月无所居，居于门。故于文，王在门中为闰。"《说文

[1]《羽蛇》，中译本，第4页。
[2]《羽蛇》，中译本，第42页。

解字》也说：告朔之礼，天子居宗庙，闰月居门中。闰从王在门中。[1]

从以上讨论中可以看出，明堂是一种宗教礼仪性的建筑，帝王按月居住在明堂的不同房室的规定，正对应于人类学所说的“仪式历法”（Ceremonial calendars），其起源应上溯到史前定居农业文化开始的时代，要比文明社会中产生的思想学说古老得多。下面，我们便从仪式历法的角度探讨一下与明堂相关的礼仪活动及其发生。

五、仪式历法与明堂礼仪

人类学家将史前宗教的仪式活动划分为两大类：定期仪式和危机仪式。定期仪式按照特定的时间节奏有规律地举行，因而是可以预期的宗教行为。危机仪式是不定期、无规则的、不可以预期的宗教行为，常在遇到突然的困难（如自然灾害、日食、月食等）和意外事变（如战争和疾病等）的时候举行。定期仪式具有全社会的性质，是为了社会共同体的利益而举行的，因而需有固定的场所——神庙或教堂。危机仪式常可由个人为了个人的目的而举行，因而不需要固定的宗教建筑。

仪式历法便是从定期仪式活动中发展出来的更高级的礼仪，各不同文化中世代尊奉和沿袭的节日庆典活动都可以看作是仪式历法的或神圣或世俗化的表现。仪式历法的确立是以观测太阳所得的天文学数据为基础的，所以标志仪式历法的宗教建筑也就是象征神话宇宙观的天文观测建筑，这也就是明堂所以要在其建筑结构上体现出天道（太阳）规则运行的根本原因。提泰指出：“社会不等到严重危害实际上发生就要举行各种被认为是有利于社会集团的仪式。在这种情况下，宗教活动总是由一个‘仪式历法’来调节并获得秩序的。

[1] 王国维：《明堂庙寝通考》，《观堂集林》卷三，第 128 页。

即使前文字阶段的人民也有办法确证一年中的（宇宙）运行。最简单的办法是观测日影，或者观测每天太阳从某一地点升起，追索太阳轨道自北向南的明显移动，注意北方每年在6月21日和12月21日左右发生的至点（solstices）或转折点。在北半球，每年将近有六个月，太阳显得每天早晨升起得略微偏南，而另外六个月则又向北移位。……按照这种观测，太阳升起和某一特殊地点的暗合便用来作为季节的转换点（checkpoint），并用来指示既定的定期仪式所当举行的时间。”[1]

太阳运行规则是古人观象授时的基础。17世纪石制日晷，韩国首尔，国立民俗博物馆

公元前1800年南部英格兰史前巨石建筑显示了新石器时代的人们用当时最大的努力将观测太阳获得的时空坐标加以固定化、符号化。该建筑由一圆圈形排列的直立巨石构成，这些巨石指向一水平放置的石板和两个在内的小圆圈。整体结构恰好指向夏至日太阳初升起地平线的方位。[2] 作为原始明堂之雏形，巨石建筑可以说是立体化的纳斯卡图案。这里，我们似乎找到了神话思维中时间空间相互混同的根源，即以空间方位中的某一点来标志时间循环变化的周期（季节）。在原始经验中，这一点所在的空间方位也就同特定的季节认同为一体了。

这种认同自然又使我们想到《尚书·尧典》四中星和《礼记·月令》所规定的仪式历法，可知中国上古时代曾以星象为坐标观测日出日落以定季节。现代天文学史家认为，“在四中星里面，除星鸟外，其余三星显然各是二十八宿中的一个星宿，即星火大体相当于苍龙（东方七宿）中央的心宿，

[1] 提泰：《人的科学》，英文版，第523—524页。
[2] 参看尼尔森等编《世界上的宗教》，英文版，第82页照片及说明。

星虚大体相当于玄武（北方七宿）中央的虚宿，星昴大体相当于白虎（西方七宿）中央的昴宿。既如此，可以想象星鸟应该是指南方七宿的中央，而南方七宿，叫作朱鸟……所谓星鸟可解释为张宿。那么，《尧典》的四中星纪事，可解释为在春分、夏至、秋分、冬至的黄昏，各看张宿、心宿、虚宿、昴宿来到午位方向，以正四时仲月的气节。”[1] 由于《尧典》四中星的观测年代约在公元前 2000 年前后，可以推知以空间位置标志时间变易的仪式历法早在文明史开始之前就已产生了。商代帝王四季易室而居的礼俗只不过是因袭远古仪式历法的官方表现而已。

天文学史家还认为，中国上古观象授时除了观测星位之外，还有各种后起的方式，如圭表测景和直接表示太阳的位置。古人把黄道附近一周天按照由西向东的方向分为十二等分，这便是直接表示太阳运行位置的十二次，相当于巴比伦、埃及、希腊所用的黄道十二宫。“这些只是表示太阳位置而不是直接观测的方法。十二次和十二宫，都是等分法，而等分法在发展过程中要比不等分法晚些。”[2]

据此可知依十二个月的顺序居住明堂十二室的礼俗要晚于商代帝王四时易居的礼俗，其天文学基础便是十二次观念的成熟。按照“人法天”的逻辑，太阳在不同时节经行十二次，那么人间的小太阳——帝王，也自然要效法天道，在十二个不同的空间中依次循环而居处，如《礼记・月令》郑注所说：“日月之行，岁十二会，圣王因其而分之，以为大数焉。”这正是古老仪式历法在封建国家中发展了的新形式，与之相伴随，明堂建筑也就日趋复杂化，变成政教合一的统治中心。

在《羽蛇》传说中有一段叙述盖查尔柯亚脱尔死而复活后为他的替身阿卡脱尔建造大金字塔的文字。阿卡脱尔是羽蛇盖查尔柯亚脱尔的孪生兄弟，

[1] 陈遵妫：《中国天文学史》第三册，上海人民出版社 1984 年版，第 680 页。
[2] 陈遵妫：《中国天文学史》第三册，上海人民出版社 1984 年版，第 678 页。

他为了拯救垂死的哥哥，火化而去了阴间，哥哥认为“他为了爱我的生命而去了，现在我又得到了再生。”这一情节似乎是神话思维对日落与日出的交替现象的拟人化说明，将同一个太阳英雄分身成了孪生兄弟二人。哥哥对于弟弟的牺牲曾有如下表示：“等我康复了力气，第一件要做的事情就是建造塞——阿卡脱尔所想的大金字塔。我要把它献给他。它要高大、美丽。它的全部平台上都要盘绕着羽蛇，还要涂上四种颜色，才能和他的牺牲相称。”这里再一次出现了与明堂相似的结构特征。金字塔是为了“死去”的太阳而建造的，正如埃及大金字塔同时兼为死去的人间小太阳——法老的陵墓，而明堂的一个后起功能就是纪念和祭祀先王先祖。也许正因为如此，明堂中央的大室（太室）才又称作“图室”。对于西周金文中的“图室”，学者们有不同理解，一说即大室，图为图像之意。反对者提出大室为天子处理朝政的重地，与图像无干，图为图谋国家大事之意。今参证异域材料，可为图像之室说提供旁证。印第安金字塔以羽蛇为饰，羽蛇代表着已逝的太阳英雄，埃及金字塔陵墓中的壁画图像举世闻名，亦为纪念先王而绘制。看来《孔子家语》所说的“图有尧舜桀纣之像”的明堂，也不会是纯虚构的。

盖查尔柯亚脱尔在宣布金字塔的设计方案时说：

……它要向着四个方向，要从属于联结年和日的纽带。现在我正在和托尔德卡人中最有智慧的人研究天象。我们大家集思广益，使这个纽带臻于完善。[1]

这一段文字可为我们理解作为仪式历法的象征性建筑的明堂、金字塔之起源提供可靠的线索。它们是古人集中最高智慧“研究天象”之后，确证了“四

[1]《羽蛇》，中译本，第61页。

个方向”的空间坐标，再通过立体的空间造型来标志神秘的时间周期。由于太阳在一年中和在一昼夜中均有周期变化，所以由此天象所启示的时间单位既有“年”又有“日”。象征仪式历法的神圣建筑的重大意义又在于把两种不同的时间单位“年”与“日”联结起来，从而确保宇宙运行（天道）的规律性秩序。在中国，由于后来又加入了第三种以月亮周期变化及太阳在黄道十二次位置变化为据的时间单位“月”，所以周以后的明堂成了联结三种时间单位的象征纽带。而在明堂中居处活动的主体——帝王，除了要按照太阳每年每季每月的运行规则“顺四时，行月令”之外，也还要效法太阳每日的运行，即每当日出东方地平线的时刻上朝处理政务。这便是历代封建帝王引以为荣耀的“早朝”“早驾”的作息传统，这一传统实可追溯到商代的“出日”和“入日”仪礼。而在西周金文中则有大量例证可说明古代帝王是如何将模拟“出日”的象征性行为发展成“早朝”之礼的。

陈梦家先生指出，金文的内容大致可分为四类：①作器以祭祀或纪念其祖先的；②记录战役和重大事件的；③记录王的任命、训诫和赏赐的；④记录田地的纠纷与疆界的。

在这四类之中，以一、三类为多，而第三类即记录王的任命、训诫和赏赐的最为重要。将这类记录与古史文献相参证，可以重构周代帝王的某些礼仪制度。与《木兰辞》中“天子坐明堂”的描述遥相对应，周代天子的册命和赏赐也有相对固定的地点，金文中最常见的是庙、王宫、大室。根据王国维的考据，“凡此册命之礼，皆与古宫室之制相关……然则宗庙之制，有太室，有四宫，而每宫又各有一室，四宫五室与明堂之制无异。且明堂五室之四分属四堂，亦于宗庙中始得其最确之证明。而明堂为古宫室之通制，亦至是而益明矣。”[1] 可知金文中虽无明堂之名，但大室（古“大”与“太”互用）

[1]《观堂集林》卷三，中华书局 1959 年版，第 137 页。

即明堂之中央太室，而庙与宫之称亦可视为明堂之同类变体。更值得注意的是天子登朝的时间。据陈梦家统计的58例金文内容，“策命的时间通常则在‘旦’即旦明之时，但39（例）则在昧爽，即旦明以前所谓晨明。39（例）和《小盂鼎》是仅有的行礼于昧爽的铜器，而且皆行于周庙，可见其事的隆重。以旦明为朝见之时，始于西周。”[1]陈氏在《西周铜器断代》第57《小盂鼎》考释中又说：

《淮南子·天文》篇记日初出为晨明，在旦明之前；《说文》：“晨，早，昧爽也。”是晨明即昧爽，昧爽应在平旦以前，爽是爽明而昧，又训暗，故昧爽乃是将明之谓……《鲁语》下谓“朝，辨色始入，君，日出而视之”，是说群臣朝王者辨色（昧爽）而入，君王则日出（旦）视朝，与此铭可相对照。

对此，近有张光裕先生提出不同看法，[2]认为在众多金文的例子参照之下，“昧爽”和“旦”之间似乎没有多大差别。“彝铭中一般所称的‘旦’，只是统言‘由昧爽至明’这一段时间而言，也就是说无论铭文中称昧爽、旦或爽明，都是表示时王早朝的时间是在接近黎明的前后，而这种早朝的制度，在逊清之世还是行之如故，足见其源远流长了。”张氏还进一步指出了天子行册命早朝礼的典型程序：在当天的绝早，王便来到册命的地方——宫、庙或应，为仪式做准备工作；当将明未明之际——旦（昧爽），王登临太室，在堂上户牖之间，背着斧依南面而立，王的右侧站着宣读命书的史官……

然而，考据家们虽然已尽可能详尽地复原出了三千年前中国天子的早朝礼仪程式，但是尚未从“所以然”方面说明问题：为什么一国之君要在东方天色刚刚发亮的时候就端坐在明堂太庙之中？按照常理，昧爽至旦明这一时

[1] 陈梦家：《尚书通论》（增订本），中华书局1985年版，第155页。
[2] 张光裕：《金文中册命之典》，香港中文大学《中国文化研究所学报》第十卷下册（1979），第241—270页。

间大约相当于北京时间早晨5点左右，看来历代中国皇帝若能坚持如此“早朝”礼仪，也确实够勤勉、够辛苦的了。在这种因袭三千年而未改的行为模式背后，原来是神话思维的类比逻辑在发挥作用：当大宇宙中的太阳将其生命之光辉照耀在人间大地的时刻，世俗的太阳——天子，也要出现在小宇宙模型（明堂）中，将其假想中的光辉普照于臣民和国家。就连那些受封受赐的臣子们也将天子看成是能发出光芒的小太阳，这种心理表现在金文中，便是自西周初期至晚期的彝器上与典籍中一直因袭的行文模式：

……敢对扬天子丕显休令。[1]

重耳敢再拜稽首，奉扬天子之丕显休命。[2]

丕显哉！文王谟。[3]

这里的所谓“丕显”，就是大放光明的意思。《左传·昭公三年》叔向说：“《谗鼎之铭》曰：昧旦丕显，后世犹怠。”可知“丕显”作为形容修饰之语，正是昧旦之时太阳照临之始的景象，人间帝王为了“照临”其国，也自然有了“丕显”的特异功能。张衡《东京赋》李善注云：“昧，早也，丕，大也，显，明也，怠，懈也。谓起行大明之道，后世子孙犹尚懈怠。”[4]其实，就连帝王的尊称“皇”和“帝”字，本来也是太阳出土放光明的意思[5]。即使这样，帝王们还唯恐自己不像太阳，还要叠床架屋地给自己冠以各种仿效太阳特征的美称：显宗、明帝、昭帝、昭明……

至于神话传说中的古帝王名称，如姜亮夫先生指出：“古帝王中有太昊、

[1] 参看《文物》1976年第5期所载宣王时《此鼎》铭文等。

[2]《左传·僖公二十八年》。

[3]《尚书·君牙》，又见《孟子·滕文公下》。

[4]《文选》卷三，中华书局1977年版，第67页。

[5] 用王国维、张舜徽说，参看何新《诸神的起源》，第13—14页。

少昊、金天、葛天、祝融诸帝王，此光明崇拜之反映于最高统治阶级之说明。至夏以后，则帝王多以日名。禹娶涂山，生启，而曰辛、壬、癸甲，即《易》所谓‘先甲后甲’，此时之崇拜也。夏氏最后三王以日名，姑不计，殷人则帝王与帝王之妃或母亦皆以日为名，诸侯亦多同，吾人但一检《史记·殷本纪》即知之。唯吾人所得见之材料，皆当日王室之档案，考以日名之事实，但见于帝王及其妃、母，平民是否亦以名，则吾人可自王室之大臣、小臣、史、卜、百官等名姓考之，则以日为名者，竟无一人，则民众不得以日为名甚显。而尤要者，则日既为崇拜之对象，则初民意识中，唯统治阶级能与天通，故可借此以为名，而民众既无上通于天之资格，则不得触犯所崇敬之神物，以渎乱神祇，此为最重要之一理论。”[1]到了周代的官方礼书中，庶民百姓的孩子不能取日月之名，已经有了明文规定。

除了中国以外，我们在其他上古文明中同样可以看到帝王与太阳的认同关系。认同的符号中介大致有三类：（一）象征性建筑，如金字塔和太阳神庙之类；（二）语言名称；（三）象征性行为，即仪式活动。学者们早已发现，古埃及太阳神的最重要特性便是与人间帝王的联系。“人们确信埃及法老既是拉神的亲生儿子，又是拉神在尘世的显现。这一点清楚地表现在帝王自拟的称号和所佩戴的标志上。他被称为‘拉的儿子’和‘拉的亲生子’，被说成具有‘拉一般的生命、永恒和完善的特征’。国王们的名字写在装饰性的椭圆形之内，常常与太阳神的名字连在一起……当法老死去时，他复归于天上的父神，同父神一起用光辉统治天界。人们用下列语言来描述第十二王朝的建立者阿美涅姆黑特一世之死：‘在洪水第三十年三月七日，神走下了地平线。上下埃及的王希和泰-埃-拉（Sehetep—ab—Ra）飞向天空与太阳结合，

[1] 姜亮夫：《楚辞学论文集》，上海古籍出版社 1984 年版，第 79—80 页。

神的身体与其创造者合一。’”[1]在公元前17世纪的魏司特卡尔纸草上还保存着第五王朝法老诞生的神话故事。按照该故事，第五王朝的前三位法老是因太阳神拉的祭司之妻和太阳神拉之间的神秘交媾而生出来的，由于这种神圣的血统，他们三人便有了登上王位的无可置辩的权利。这个故事可以看作是为神权政治张本的神话法规（charter）。

在古巴比伦文明中，“如果说最高的神都被表现为国王的样子，那么地上的国王在宗教文学和艺术里便被表现为地上的神了。例如，吴尔第一王朝的第一个国王……便被称为‘日神的儿子，深入海中和升到山上的主人’。吴尔第三王朝的国王也是活着的时候便被神化，而在他们死后，人们便把他们当作神来礼拜他们。”“国王布尔新自称为‘把生命赐予本国的神’和‘神—本国的太阳’。”[2]

神权政治在希伯来人那里也有相类似的表现。新年礼仪在那里具有重要的象征作用。据摩根斯登（J.Morgenstern）的研究，所罗门神庙的建构位置十分特殊，每当新年之日，太阳的光线恰好照进神庙的时候，便被看作是上帝耶和华的光辉照临圣殿。国王直接充当大祭司，手捧香炉步入神庙内殿，重燃圣坛之火，举行一年一度的赎罪仪式，从而重新确证自己统治的神圣性。[3]新年礼俗正是冬至后不久太阳日照时间转长，其光和热重新恢复之际，国家统治者借自然生命的更新力量来强化自己在新的一年中的神圣统治，这同埃及统治者编造神话为自己登基提供论据一样，只是论证的形式不是通过语言符号，而是通过象征性的行为，而此种行为的起源，无疑仍是仪式历法。

相比较而言，世界几大古代文明都有借太阳神崇拜来美化帝王的现象，

[1] 肖特尔（A.W.Shorter）：《埃及的神》（*The Egyptian Gods*），罗特累齐与凯根保尔公司1937年版，第11—12页。

[2] 阿甫基耶夫：《古代东方史》，中译本，三联书店1956年版，第120—121页。

[3] 参看胡克（S.H.Hooke）编《神话，仪式和王权》（*Myth，Ritual，and Kingship*），牛津大学出版社1958年版，第213—214页。

但由于唯独中国文明历经沧桑延续至今，没有在历史长河中消逝灭亡，所以将统治者认同于太阳就形成了一个源远流长的文化原型，并经过代代沿袭和重复而得到强化、固化，渗透到整个华夏民族的集体无意识中。同“天子坐明堂”的象征性行为模式交相对应，一隐一显，不断为新的统治者提供神化的根据，并不断滋生出新的文学作品和隐喻表达式：如以白虹贯日类比荆轲刺秦王，以浮云蔽日喻奸臣蒙蔽君王，等等。更具有讽刺意味的是，以太阳自诩的帝王常常遗忘了上古传下来的“早朝”礼仪的象征认同意义，只知道用形容太阳特征的美好语汇来神化自己。于是，好一个“唐明皇”却开了“从此君王不早朝”（白居易《长恨歌》）的先例，实在是无意识地放弃了自己作为人间小太阳的资格，已从“明皇”蜕变成了“昏君”。中国的封建社会也正是以这位盛唐君王的失势为标志，开始走上了下坡路，正像过了正午的太阳，已不可逆转地衰退了下去。

尽管如此，太阳与统治者相认同的原型却并未从民族集体无意识中消失，反倒以隔代遗传的顽强力量寻求新的显现机会，每当“造神运动”兴起之际，该原型便会责无旁贷地生出新的作品。看来，只有彻底摒弃一切偶像崇拜活动，深层心理中的历史积存物方可因找不到显现机会而被逐渐遗忘。

THE SIXTH PART

第六章

黄帝四面

子贡曰："古者黄帝四面，信乎？"

——《尸子》

由于空间，宇宙便囊括了我，有如一个质点；由于思想，我却囊括了宇宙。

——帕斯卡尔

一、黄帝真面目的消解与复原

假如说明堂建筑是中国远古“金字塔”，即太阳堂或太阳方坛的一种物化符号残存形式，那么，“黄帝四面”的神话传说便是负载着同样文化信息的一种语言符号残存形式。由于历史的变迁，神话思维时代逝去，也由于这种残存符号过于简略，所以这个神话早自春秋时代就已丧失了真意，再加上先秦理性主义的最大代表孔子对该神话文本的“消解”，它终于成了莫名其妙的远古密码，逐渐被后人冷落遗忘……可以说，黄帝四面神话的历史命运中，最典型地反映着神话这种远古文化遗产在中国理性文化中的命运。

当我们用跨文化的比较方法揭示了给历代学人造成极大迷惑的明堂之制的起源真相之后，再来探讨给后人留下无限猜测的黄帝四面神话难题，似乎已不会离谜底太远了。

与有关明堂的文献记载相比，关于黄帝四面神话的记载实在少得可怜。两千年来，有关这个神话的材料只有一条，即《太平御览》卷七九所引战国时佚书《尸子》中的一段对话，问话者是孔子的学生子贡，答话者为孔子：

子贡曰：“古者黄帝四面，信乎？”

孔子曰：“黄帝取合己者四人，使治四方，不计而耦，不约而成，此之谓四面。”

分析这段对话可知，子贡询问孔子的是当时尚流传于民间的古老神话：黄帝有非常奇特的长相——四张面孔长在一个身体上。子贡觉得难以置信，所以求教老师，想弄明白到底是怎么一回事。孔子在解释中将作为神话形象的黄帝改换成人间帝王，这样一来，长着四个面孔的神话想象也就被理性化、合理化地说成是黄帝派四人治理四方了。美国汉学家杰克·波德曾举出这个例子说明中国神话的历史化问题，他以为孔子利用了“四面”一词中“面”字的二重语义，因为面既可指脸面，也可指方面、方位。取舍之间，神话就变成了历史。[1]到了司马迁《史记·五帝本纪》中，说到“黄帝举风后、力牧、常先、大鸿以治民”，似乎已将治四方之人落实了。

要反驳孔子的解释是不容易的。在古书中把四方说成“四面”的例子多不胜举。如《管子·霸形》：“游于钟磬之间，而无四面兵革之忧。”《礼记·乡饮酒义》：“四面之坐，象四时也。”至于《史记·留侯世家》中“四面受敌”之说，《项羽本纪》中“四面楚歌”的故事，更为人所熟知。看来“四面”合乎理性的解释似乎只能是四方了。

由于孔子的权威影响，人们便不再按照神话想象去理解黄帝四面的说法，也不再将这奇特长相的古神当作神来看待了。于是，远古神话中地位最显赫的大神在汉族的集体意识中转化为本民族的祖先和建功立业的文化英雄。正像古希伯来人自诩为“上帝的选民”，华夏民族也历来以“炎黄子孙”而自豪。曹植《黄帝赞》说：“少典之孙，神明圣哲。土德承火，赤帝是灭。服牛乘马，衣裳是制。氏云名官，功冠五列。”这是对黄帝生平功业的简明概括。

谁知光阴之轮转到了20世纪70年代，被孔子消解了的黄帝大神的真面目又从地下冒了出来：1973年长沙马王堆三号汉墓出土战国佚书四种，其中《十六经·立命》篇明确记载着黄帝神的奇特模样：

昔者黄宗（帝）质始好信，作自为象（像），方四面，傅一心。四达自中，前参后参，左参右参，践立（位）履参，是以能为天下宗。[2]

[1] 杰克·波德：《中国古代神话》，载《中国文明论集》（*Essays on Chinese Civilization*），普林斯顿大学出版社1981年版，第50页。

[2] 国家文物局古文献研究室编：《马王堆汉墓帛书》壹，文物出版社1980年版，第61页。

对于上述材料，目前尚存在一些争论。首先是出土帛书的年代问题。有的学者认为这些佚书产生于战国中期以前，也有学者认为产生在战国末期至秦汉之际。这样，争论自然涉及《十六经》与《尸子》中关于黄帝的描述谁先谁后的问题。既然二书中都有黄帝四面的说法，那么是否同出一源呢？有人提出《十六经》中的黄帝形象来自《尸子》中子贡的问话。[1]但是只要将两种记载加以对比，便不难看出《十六经》中的说法要具体而详细得多。金春峰先生便认为："其实，《尸子》一书在《汉书·艺文志》被列为杂家，系后人'依托补撰'（梁启超语），采集先秦各家著作或佚说而成。关于黄帝的这则故事，很可能来自帛书……两相比较，《十六经》的说法显然更为古朴、原始。其中，黄帝的形象还是一种神话。"[2]

假如我们接受这一看法，必要的补充是，《十六经》中的叙述透露出了黄帝神话的影子，而叙述本身已是神话的历史化了，因为黄帝的身份已由天神变为人王了。可喜可贺的是，这位大神的本来面貌并未因由神到人的历史化改装而消隐，这就在《尸子》一书中关于"黄帝四面"的对话之外，又提供了还黄帝神原始形貌的有力证据。

然而，除了有关帛书年代的争议之外，对帛书中上述引文的解释也还存在着很大的分歧。当年孔子用纯理性主义的态度解说黄帝四面形象的做法，在两千五百年后照样"重演"在对《十六经》中新出土的黄帝四面形象的解释中，黄帝的本来面目再度陷入了"消解"的危机。郭元兴先生的《读〈经法〉》一文可为当代纯理性主义的代表。[3]《十六经》首次整理发表，收在文物出版社 1976 年出版的题为《经法》的帛书评释本中，该书在注释《立命》

[1] 吴光：《黄老之学通论》，浙江人民出版社 1985 年版。
[2] 金春峰：《汉代思想史》，中国社会科学出版社 1987 年版，第 50 页。
[3]《中华文史论丛》1979 年第 2 辑，第 125—136 页。

篇中黄帝一段文字时参证了《尸子》中的说法。郭先生对此提出了批评："黄帝四面之说传自先秦，初颇疑其不经，读《十六经》始知其渊源。评释本于《立命》篇即依此传说以释本文，然此实无稽之言也。若依《尸子》所述，则此乃由孔丘望文生训，逞臆为说，后人以讹传讹，衍变而成此无稽之神话。评释本未予辨正，反依以敷演，遂致文意费解，似欠完善。"按照这一看法，黄帝四面的神话发生于古人对语言的误解，其始作俑者正是孔子。由于孔子的望文生训，才有了这"无稽之神话"的后世流传。这倒使我们想起了德国比较神话学家马克斯·缪勒关于神话生于"语言的疾病"之说。不过事实上，孔子是针对已有的神话才"生训"的，因为子贡已经提出了自己对黄帝四面神话的疑惑。这样看来，似乎不能说是孔子的解说衍变出黄帝四面的神话。

郭先生认为《十六经》是《尸子》中黄帝传说的渊源，并对此提出了比孔子犹有过之而无不及的理性主义解释，其中关键的两段是这样说的：

"方四面"。此三字为两千年来讹传黄帝四面之源，始作俑者，实维孔丘。案古语云"方"，乃指正方形之一边。如云"方五十里""方百里""方千里"，乃正方形之"一边"为"五十里""百里"或"千里"也。又若释"面"为头面，则"方四面"者，四方当共有十六面，奚仅四面乎？此文"面""方"同谊，连下文为言，不过指"四方面"耳。

"傅一心"。评释本释"傅"为"辅"或"附"，并以俗传黄帝四面神话为据，加以推衍。夫汉文"心"字乃指心脏。若如所释，则黄帝所为之像，竟以四面附著心胸四周。胸、背二面，尚可想象，腋下二头，如何安立？案："傅""敷""尃"通。《说文》："尃，布也。""一"借为"壹"，诚也，醇也。此语连上文为言，犹言"布诚心于四方"，即所谓"开诚心，布公道于天下"耳。

"前参后参，左参右参"。原解释"参"为三，指此文为"四方十二位"。

下文又释“履”为“随着方位转动”，颇难理解。案：《玉篇》：“参，相谒也。”《释名》：“谒，诣也。”则“参”为参谒、访问之义，犹今言“调查研究”。

经过一番逐字逐句的解诂，前引《十六经》本文被翻译成现代汉语了：

黄帝性和，好问，动为世法；布诚心于四方，朝野情通，海内如一。复能前后参询，左右采获，凡所施为，悉依众谋。此其所以能为天下所宗也。

好一个善于调查研究、性情温和、作风民主的黄帝！就在这位民主君王通过以上解说而诞生之时，我们华夏的一级文物——四面古神像便第二次被打碎，被弃若敝屣了，这岂不太可惜了吗？

然而，值得庆幸的是，被第二次打碎的只是四面神像的一个影子，而新造出来的民主君王黄帝更是影子的影子。

理由很简单，《十六经》原文中并未直接描述黄帝，只是描述了镜子中的黄帝影像而已。细看原文，方知“黄宗”与“黄帝”毕竟还有一字之差。“黄宗”是什么呢？

黄宗，即黄帝之庙。观下文“四达自中”云云，与所谓“明堂”相似。[1]

我们虽不知做出这一解释的学者的姓名，但却不得不佩服他的眼力，不得不感激他抢救濒危的珍稀文物的功绩。只可惜他未能将这种解释完全贯彻到下文中去，使整个叙述顺理成章。好在我们已在前一章中了解了明堂建筑结构的真相，剩下的解释也就不难完成了。

[1] 国家文物局古文献研究室编：《马王堆汉墓帛书》壹，第61页注〔一〕。

原来，明堂即黄帝庙的结构布局是以黄帝自己的形象为范本的，正所谓“作自为像”。由于黄帝神本有四面一心，所以明堂也造成了“四达自中”的“下方”形式。所谓“方四面”说的是青阳、明堂、总章、玄堂这四方太庙分别指向东南西北四方位，所谓“傅一心”，说的是处在中心的“太室”将四方太庙联结为一个整体，否则的话，又岂能“四达自中”呢？所谓“前参后参，左参右参”，说的是明堂的四方太庙又各有三室，合起来正符合一年十二月之数。所谓“践位履参”，说的是帝王登基必须效法“天道”即太阳运行黄道十二宫的规则，在一年十二个月内“随着方位转动”，在明堂中易室而处的情形。“是以能为天下宗”，说的是明堂建筑效法宇宙时空原型，故能成为小宇宙模型，成为人王效法天道的统治中心。《淮南子·天文》云：“天有四时以制十二月，人亦有四肢以使十二节。……故举事而不顺天者，逆其生者也。”

以上便是《十六经》中描述的黄帝的影像——“黄宗”，它足以证实，它所依据的范本黄帝形象也是“方四面”的。理性主义不承认会有四张脸孔的生物存在，但人类早期的神话思维却允许四面神的存在。现存台湾大学考古人类学系标本室中的排湾族木刻四面神像[1]便可为证。神话中为什么会出现这种怪诞的形象呢？四面一心的古神是否也是初民宇宙意识的具象化表现呢？回答这类疑问，传统的文献考据是无能为力的，我们必须转向更为广阔的比较神话学领域。

二、四面神·宇宙树·十字架

把四张面孔的黄帝形象放在世界神话之林中，我们不难发现这一形象还

[1] 凌纯声：《台湾土著族的宗庙与社稷》，载“中央研究院”《民族学研究集刊》第6期（1958），第1—57页。

有一些“孪生兄弟”，他们虽然没有留下标准照片，但有关他们的神话都突出表现着“四”这个共同的数字母题。

在这些孪生兄弟中，与黄帝最相像的一个要算古印度神话中的梵天。这位最高创造主的形象居然也是四张面孔：

梵天是印度教万神殿中传统的主神，但他已逐渐失去自己的意义，而让位于毗湿奴和湿婆。……梵天与毗湿奴和湿婆不同，他没有化身。根据构成印度教要义的古印度吠陀圣诗记载，梵天产生于最高神本身，是智慧之神，创造之神，一切生物的始祖。一般把他描绘成有四个头，每个头各掌管宇宙的四分之一，而圣典——四吠陀也被认为是出自他的四个头。[1]

这里说的四个头长在一起，实际上是一个头有四张脸。《罗摩衍那》后篇第 35 章叙述风神之子神猴哈奴曼被因陀罗的金刚杵击中后，大梵天出场的情景：

四面大梵天，
看到风神子，
躺在父怀中，
光辉太阳似。
这个梵天王，
同悉陀、天神，
仙、龙和罗刹，
对他生悲悯。[2]

[1] 阿・基列巴里耶夫：《印度教的神及其传说》，《世界宗教资料》1982 年第 4 期，第 22 页。
[2]《罗摩衍那》，季羡林译，第七卷，人民文学出版社 1984 年版，第 286—287 页。

季羡林先生为首句加注说：“印度神话说，大梵天有四张脸。”[1]有如四面之黄帝被后人视为人祖，四面之梵天在印度亦称生主、大父、老祖父。甚至到了哲理化的《奥义书》中，梵天依然保留着四张脸孔的原始形貌：

大梵绯红色，四面，为大父。[2]

值得庆幸的是，在印度没有出现一位孔子将众多文献中的四面怪神做理性主义的曲解，大梵天的面貌（图9）得以保留下来，并形诸造型艺术作品，

创造之神——梵天

图9

成为不可磨灭的客体符号。更严格地说，是印度民族特有的天性——丰富而奇特的想象力，使他们完全能够容许和接受神话思维创造出的奇幻形象，而不以为非，不以为怪。这一点，是印度思想同中国儒家传统的重大差别。

在公元前后成书的《摩奴法典》，第一卷“创造”中，综合了上古的创世神话，

[1]《罗摩衍那》，中译本，第七卷，人民文学出版社1984年版，第586页。

[2]《五十奥义书》，中译本，第969页。

述说了梵天出自浮于原始大水的金卵，完成开天辟地、创生万物的伟业：

他在这个鸡卵内住满了一个梵天年之后，经过个人思考，将卵一分为二。

他以此二者，造成天地；天地之间布置了大气，八天区（即四方和四角），以及永久的水库。

他由最高之灵中抽出本然存在而对感官不存在的意识；并在意识产生以前，产生了作为指导者和最高统治者的自我。

他创造了时间和时间的划分、星宿、行星、江河、海洋、山岳、平原、起伏地势；苦行、语言、逸乐、欲望、愤怒和天地万物，因为他要给万类以生存。[1]

追索这一金卵创世神话的更为古朴的形式，我们把目光转向公元前 1300 年左右的《梨俱吠陀》中的《金胎歌》，此歌又称《生主歌》，其中行使创造的“生主”（Prajapatya）即梵天之别名。歌中唱道：

金胎于太初出现矣！其生也为万有独一之主宰，彼已安立此天地矣！谁是吾等当祭之神！……

大水支胎子且生光，而遍行宇内矣。诸神之生命，实由此生，谁是吾等当祭之神。[2]

据神话学家的看法，此歌中的创造主已是对人格神的某种抽象化，他代表着印度神话趋向哲理化的重要一步。[3] 在《梨俱吠陀》中的另一首《造一切歌》中，我们终于找到了人类有文字记载以来最早的四面之神的原型：

---

[1]《摩奴法典》，马香雪转译，商务印书馆 1982 年版，第 9—11 页。

[2] 高楠顺次郎：《印度哲学宗教史》，中译本，第 142—143 页。

[3] 大卫·李明（David Leeming）：《神话学》（*Mythology*）“每周新闻”版，1979 年，第 15 页。

柬埔寨四面梵天神石像。巴黎Guinmet美术博物馆

彼之基点何在耶？彼之所依为何耶？造一切者，观一切者之彼，由自力而造地辟天矣，其何在耶？又何如耶？（此问有如屈原《天问》对创造神女娲提出的疑问）

四方有眼，四方有面，四方有臂，四方有足之唯一神，以其只腕与翼，造天地，而煽之煅矣。[1]

以上便是对四面创造神的最原始亦最具体的描述，对于我们补足黄帝原始形象提供可资依循的想象线索。

总结对梵天形象的讨论，可以得出如下几点认识。第一，四面神为创世主，其神话与创世神话相关。第二，四面的象征意义在于宇宙的四方空间（每面分掌宇宙的四分之一）。第三，四面创世主的原型为原始大水上的金胎或金卵，它首先给世界带来光明，实为太阳之神话（论证详后）。以上几点认识为我们重新思考黄帝的神话开拓了新的思路。

四面母题除了像梵天和黄帝那样以原型形式出现外，还可转换为各种变体形式而出现。在古希伯来民族的创世神话中的上帝，一般说来没有具体的形貌特征，因而《圣经》中屡见关于禁止制造偶像的禁忌规定。不过，上帝在某些特殊场合的显现或显灵却是直接表现为某种视觉形象的。《旧约·以西结书》中便记录了以西结所亲眼看到的耶和华显灵的情景：

我观看，见狂风从北方刮来，随着有一朵包括闪烁火的大云，周围有光

[1]《印度哲学宗教史》，第144页。

辉，从其中的火内发出好像光耀的精金。又从其中，显出四个活物的形象来，他们的形状是这样：有人的形象，各有四个脸面，四个翅膀……在四面的翅膀以下有人的手……至于脸的形象，前面各有人的脸，右面各有狮子的脸，左面各有牛的脸，后面各有鹰的脸。

在这里，四面的形象已不止一个，而是四个。可知数字四作为母题在这段记载中得到了加倍的强化表现，四除了本身的实指意义之外，同时具有神秘的象征意义。探索这种数字的象征意义，有助于理解四面之神发生的原始心理根源。

研究神秘数字的苏联学者托波罗夫指出：“‘4’不同于‘3’；‘3’是动态完美的象征，而‘4’则是所谓静态完美之意象。于是，‘4’被用于宇宙创始神话，并被用以表达方位。诸如：四域、四方、四联神或四相神（如立陶宛民间创作中的四佩尔库纳斯以及种种神话中的四方守护神）、四季、四时期、四元素（有时并与四神话人物相应），等等。四成分体现为种种几何体；诸如此类的几何体具有极大的神话诗作功用，诸如：方形、‘曼荼罗’[1]、‘十’字形。”[2]根据这一提示，重新分析美洲古印第安人的“羽蛇”形象，可知太阳英雄盖查尔柯亚脱尔神话中众多与四相关的母题出现并非偶然。首先是太阳和“伸向四方的十字架”将他送到人间：

正是这个木十字架，在那狂风之夜，在暴风雨的怒号之中，漂在海上，把他送到这块离开了水的陆地上。[3]

[1] 曼荼罗（Mandala）为梵文音译，意译为“坛场”“轮圆具足”等。
[2]B.H. 托波罗夫：《神奇的“数字”》，中译本，《民间文学论坛》1985 年第 4 期，第 89 页。
[3]《羽蛇》，中译本，第 3 页。

这“伸向四方的十字架”足以暗示出，羽蛇实质上也是四面的创造神的一种变体形式，其十字架正像梵天、黄帝的四张脸，具有统治宇宙空间的象征意义。这种意义随着神话叙述的展开而变得明朗起来：

我是有羽毛的蛇。我爬行，我飞翔。我从空中来，我在地下去。既在泥里滚，也在天上飞。我倒下了，又爬起来（象征太阳又落又升）。人们这样认识我。人们这样记得我。

“我是盖查尔柯亚脱尔。”

“给我们留下个标记吧。”部落里的人恳求。

盖查尔柯亚脱尔在地上插了一个十字架，说：“这就是真正的宇宙之树。”

他没有再多说一句话，在部落里的人一片肃静、惊讶和崇敬之中走了……[1]

在这里，十字架同宇宙树相等同起来，作为羽蛇的自我标记。这使我们又想起北欧神话中的宇宙树正是与树顶的鹰和树下的蛇为标志的。于是不难做出如下推论，十字架本身亦有宇宙之中心，宇宙之主宰的神圣意义。拥有或崇拜这神秘的十字，便可确保宇宙秩序的正常运行。十字便是上帝或创造主神的一种非人格的化身。这样，当十字架母题第三次出现在羽蛇神话中时，果然已经成为无所不在、全知全能的神的表征了。

“你们可以不相信我，”盖查尔柯亚脱尔说，“但是主宰是全能的，如果如你们所说，甚至神也是他所创造。”

“那么这个伟大的神又是谁创造的呢？”

[1]《羽蛇》，第16页。

“他不是创造的。创造与时间同时开始，而他并不与时间一起流逝。他本身自为一体，他就是他自己。”

“我们还是不懂。”他们说。“我们必须看得见，摸得着。你说的那些话不实在，不具体；我们的眼睛看不见，风会把它吹走，我们会把它遗忘。还是我们能理解的神，给人们以安宁和欢乐的神，给予我们吧。”

“如果一定要给你们一些什么的话，我就给你们栽一个向爱和痛苦张开双臂的十字架。

这是真正的宇宙之树，也就是我派人在我来之前宣告时使用的标记。”……

第二天，人们看见盖查尔柯亚脱尔扛着一个大十字架。……

“你们要崇拜这个标记。这棵树就是真理，就是道路。中间这根枝条连接着天和地；一边的臂膀是爱，另一边的是痛苦。你们就把它作为我的神而接受它，它是无所不在，无所不能的。”

“但愿如此。”人们高兴地说……

“我们崇拜他。我们尊敬他。”[1]

在同一神话中的数字母题还有羽蛇为人们盖的“向着四个方向各有一幢巨大的侧屋”的大房子，“向着四个方向”并饰有四种颜色的金字塔，等等，我们在讨论明堂的时候已经提到了。不论是四面的大房子、四面的金字塔，还是十字架，都是通过具体的直观表象形式的建构来确立和传达抽象的宇宙论的蕴含，以及此种宇宙论蕴含的宗教理解——至上神的观念。

当然，伴随着神的标记的出现而出现在崇拜者心中的还有安全感、归宿感、幸福感，乃至超离尘世与神合一的神秘体验，诚如古印度教神学家特里

[1]《羽蛇》，第29—30页。

商苦研读《吠陀》后的赞诗所云：

我动宇宙树，
荣名如岳崇，
高尚自圣洁，
如神居日中，
我为永生者，
权力光盛隆，
妙智慧充周，
濡以甘露融。[1]

这里的宇宙树虽未明言是否像十字架形，但它同四面的大梵天神的联系还是有迹可循的，因为宇宙树又名“大梵树”（见于《梨俱吠陀》和大史诗《摩诃婆罗多》）。而在《维师鲁千名经》中更进一步说明此树即“菩提树”或“无花果树”，亦即此大梵，即此宇宙也。[2] 照此看来，无论是基督教徒的标准祈祷礼仪——手画十字，还是道教徒梦寐以求的“得道”境界，或是印度教徒孜孜追寻的“梵我合一”，或是佛教徒宣称能在默坐中达到的明心见性：“身是菩提树，心如明镜台”……凡此种种后世的宗教体验皆导源于对上古的四面宇宙至上神的信仰，只是各自在发展过程中有了不同的变体形式。

至此，我们初步了解到，四面之神的出现绝不是古人任意幻想的偶然产物，它同宇宙树、十字架等神话符号一样，是神话思维对二维空间（即平面空间）进行抽象概括所特有的直观表象，因而具有神圣宇宙的象征意义。为了彻底搞清这一神话表象及其象征意义的发生过程，我们还必须将眼界从上

[1]《泰迪黎邪奥义书》，《五十奥义书》中译本，第 283 页。
[2]《泰迪黎邪奥义书》，《五十奥义书》中译本，第第 285 页。

古拓展到史前，从对神秘数字“四”的研究中寻找人类空间意识的建构规律，从实质上阐明四面神的由来问题。

三、神秘数字“四”

不论是在史前社会还是在文明社会，普遍存在着这样一种奇特现象，某些数字除了其本身的数字计算意义之外，还兼有某种神秘的、非数字的意义，或者说兼有某种神圣性质的蕴含。人类学家给这类数字起了种种名称，如“圣数”（Secret Number）、“模式数目”（Pattern Number）、“巫术数目”（Magic Number）或“神秘数目”（Mystic Number）。关于神秘数的定义，有学者写道：

是指习惯上或格调上一再重复，用来代表仪礼、歌谣或舞蹈模式的数字。也用来指兄弟、姐妹或动物类型传统上所具有的数字，或用来代表故事重复出现的行为的数字。例如在欧洲的民间传说中，反复出现“三兄弟”“三只熊”“三支箭”等，以三为模式的主题。中国的“三”“五”“九”都是这一数字。[1]

神秘数目的形成和运用往往同特定的文化背景有关。闻一多先生曾写有《七十二》一文，专门探讨了这个数字同中国传统的关系，认为它是阴阳五行思想的一个表征。[2] 上面列举的三、五、九，也有人做过研究，如彭啸咸写的《释“三、五、九”》也是在中国文化背景中探讨这几个圣数的。我们

[1] 谢剑、芮逸夫：《云五社会科学大辞典》第十册《人类学》“模式数目”条，台湾“商务印务馆”1971 年版，第 276 页。

[2] 收入《神话与诗》，见《闻一多全集》，三联书店 1982 年版，第一卷，第 207 页。

可以把这类圣数看作是民族性的模式数目。值得提出的是，除了民族性的模式数目，还有一种更为普遍的、具有跨文化性质的模式数目。这也就是说，某些神秘数不仅在某一文化中反复出现，具有相对稳定的象征意义，而且在不同文化中反复出现，具有某种几乎是全人类性的象征价值，比如下面将展开讨论的“四”。

“四”作为模式数不约而同地出现在中国的黄帝神话、印度的梵天神话、立陶宛的四联神神话、希伯来的上帝显灵神话、美洲印第安人的羽蛇神话中，并成为得到突出强调和表现的重要母题，确实是一个值得深思的现象。作为补充材料，还可以举出古希腊文献中对“四”的膜拜和礼赞：

创造诸神和人类的神圣数啊！愿您赐福我们！啊！圣洁的、圣洁的四（tetraktys）啊！您孕育着永流不息的创造源泉！因为您起源于纯洁而深奥的一，渐次达到圣洁的四；然后生出圣洁的十，它为天下之母，无所不包，无所不属，首出命世，永不偏倚，永不倦怠，成为万物之锁钥。[1]

上引段落是把数作为宇宙本源的毕达哥拉斯学派对于圣数“四”的祈祷文。在该派哲学中，最充分地体现了神秘数字从神话思维中的具体意象中抽象出来，趋向于哲学概念的情形。

以上祈祷文中实际上已概括总结了在神话中反复出现的模式数目“四”的象征意义，约略说来有这样几个要点：①圣数“四”与宇宙发生论有关。②圣数“四”源出于一，经过一个发生过程才可渐次达到。③圣数“四”代表着作为始基的四种元素（火、水、气、土）的总和。“圣十就是由前四个数1，2，3，4结合而产生出来的。”[2] ④圣数“四”又有无限大的意义，是

[1] 转引自T. 丹齐克《数：科学的语言》，中译本，商务印书馆1985年版，第33页。
[2] 转引自T. 丹齐克《数：科学的语言》，中译本，商务印书馆1985年版，第34页。

循环的周期数，即可作为进位的基数来描述一切现象（有如中国五行说中的“五”），故曰“永不倦怠，成为万物之锁钥”。

对于“四”的神秘意义的理解也就是对跨文化的数字原型的认识。以上四个层次的含义不仅是希腊人独自的发明，在其他文化中亦有相同或者类似的意义。为了从实质上说明问题，我们必须诉诸历史，从“四”这个数概念的发生过程中去寻找其神秘蕴含的由来之谜。

人类学的材料表明，人类的数概念的发生经历了极为漫长的智力进化过程。“我们的远祖不知道数。我们也不准确地知道，是在什么时候和在哪个民族中最先出现了数学概念。”[1]在许多现今尚存的原始部落文化中，人们关于数的概念也是非常简朴的。他们或者只知道“一”和“二”，或者勉强能数到“三”，并不知有“四”的存在。研究数问题的专家丹齐克曾引证了这样一条材料说：“柯尔（Curr）对于澳洲的原始民族有过广博的研究，他以为只有很少的土人能够辨别四，处于野居状态中的澳洲土人没有人了解七。南非的布须曼族，除了一、二和多之外，再没有别的数字了，而这三个字又是那么语调含糊，那些土人是否赋予了它们以明晰的意义，也还是个疑问。”[2]原始思维的研究家列维－布留尔也提出过类似的见解：“在非常多的原始民族中间（例如在澳大利亚、南美等地），用于数的单独的名称只有一和二，间或也有三。超过这几个数时，土人们就说，‘许多，很多，太多’。要不然他们就说三是二、一；四是二、二；五是二、二、一。由此，常常有人得出结论说，土人智力的低劣或他们的极端懒惰，使他们不能去区分超过三的任何数。”[3]然而，列维－布留尔并没有附和这种简单的结论，他以为，某些原始人虽不拥有三以上的数的抽象概念，但这并不意味着他们不计算三以上

[1]A.M. 列乌申娜：《学前儿童初步数概念的形成》，中译本，人民教育出版社 1982 年版，第 376 页。
[2]T. 丹齐克：《数：科学的语言》，中译本，商务印书馆 1985 年版，第 3 页。
[3] 列维－布留尔：《原始思维》，中译本，商务印书馆 1981 年版，第 175 页。

的数。他们只是没有对三以上的数的抽象的概括能力，却能以一种与我们不同的具体思维来数数和计算。比如原始人语言中有一系列具体的专门名词，“在这些名词中包含着数的意义，但是数还没有从这些名词中分离出来。”[1]这种与具体的对象相联系的、未充分抽象的计数方式还可以在儿童智力发展的过程中显现出来，大致相当于皮亚杰所概括的“前运算时期”到“具体运算时期”。

以上的说明为我们提出了一个问题：既然我们的史前先祖根本就没有“四”这样一个抽象的数字概念，为什么在后世文明中，“四”反而成了具有神秘性质的宇宙数，并派生出诸如黄帝、大梵天、耶和华、盖查尔柯亚脱尔这样一些与“四”的神圣性相关的神和英雄呢?

这个问题还可以从另一角度提出：数字“四”的神秘性和神圣蕴含是怎样产生的？这是一个曾使某些学者感到困惑的难解之谜。

对世界各地原始民族的计数法做了广泛调查的柯南特曾发现，具有较为发达的数字概念的原始计数法常以二、四为单位。“特别使柯南特大惑不解的是相当常见的以 4 为基数的计数法。人们能够数到 5（借助手指）和 5 以上，却要回到 4，以 4 作为自己计数法的基数，这在他看来似乎是不可思议的。他坦白地承认，这是他求解无门的一个谜。”[2]

有趣的是，郭沫若先生在研究甲骨文中的次数（即序数）支干时，也照样碰到了这个谜，他强调说，从十干字（即甲至癸）的造字结构看：

事尤可注意者，则甲、乙、丙、丁四字为一系，戊以后又为一系，与数字之一、二、三、亖（即四）为一系，五以下又为一系者，其文化发展之历程皆同。故疑甲、乙、丙、丁者实古人与一、二、三、亖 相应之次数，犹言第一、第二、

[1] 列维－布留尔：《原始思维》，中译本，商务印书馆 1981 年版，第 187 页。
[2] 列维－布留尔：《原始思维》，中译本，商务印书馆 1981 年版，第 197 页。

第三、第四。第五之戊以下则于五以下之数字观念发生以后，始由一时所创制，故六字均取同性质之器物以为比类也，此疑于卜辞亦正有可征。[1]

这一情况说明，在殷商之前的中国远古文化中，曾确实有过以四为基数的计算法，虽然发展到商代时，商人已建立起一套远远超出了四的计数系统，如以十干为一系的十进制，以十二支为一系的十二进制，以及以支干相配合为另一系的六十进制，但原始的四进制依然顽强地保留在甲骨文的数字与序数字的造字结构之中，出现了一至亖为一系，五至十为一系的奇特观象。丁山在《数名古谊》中说，甲骨文中的十位数字前九字的写法是“一至亖为积画，五至九为错画。”[2]

还有人指出，一至亖为积画是对的，但五以下数字的写法各有不同，不能看成是一系，如六字写作∧，八字写作)(，都不是交错笔画。[3]这里，且不论五以下数字是否为一系，四以前的四个数字的写法确实是以累积笔画的方式构成的。前代学者在这一点上看法一致，但都只知其然，未解其所以然。为什么数字五以上的写法不同于数字四以下的“积画”规则了呢？郭沫若先生从“数生于手”的原理出发，认为“古文一二三四字作一二三亖，此手指之象形也。”[4]陆懋德先生推测说：“甲骨文内亦有亖字，而上下文缺。此字如果是五字，则又与埃及非尼基叙利亚文相同。大约吾国古文最早于一至五亦皆用积画，其后觉其不便，乃用二画交错，而变为 × 字。”[5]按以上两说，后者证据未足，前者亦有难以自圆之处：既然一、二、三、四的古写法取象于人的手指，那又为什么五字不取象于人的手指了呢？人手不正是有五根手

[1] 郭沫若：《释支干》，载《郭沫若全集》考古编第一卷，科学出版社 1982 年版，第 189 页。
[2] 见“中央研究院”《历史语言研究所集刊》第一本，一分。
[3] 陆懋德：《中国古文数名考原》，载《燕京学报》第四十期，第 159 页。
[4] 郭沫若：《释五十》，载《郭沫若全集》考古编第一卷，第 115 页。
[5] 陆懋德：《中国古文数名考原》，载《燕京学报》第四十期，第 159 页。

指的吗？

看来，使郭老“千虑一失”，陷入矛盾境地的问题，正是使研究原始计数法的专家柯南特“大惑不解”的问题：为什么能借助于手指数到五以上数字的人们却要回到四，以四为计算的单位——基数呢？

笔者以为，古文中四以下数字为一系并不是由于取象手指，而是因为四在原始思维中曾充当计算的基数。基数即进位制的选择也就是某种周期性原则的确定。中国古书中有关于数“发于一……周于四……”[1]的说法，应当说反映了远古时四曾为基数的情形。[2]周期性之所以常常选择了四而不是五为单位，正暗示出“四”这个数在原始思维中具有特殊的、我们尚不知晓的某种关联意义。弄清这种意义，便可为理解四的神圣性提供发生学的解答。在这方面，列维－布留尔已经迈出了重要的一步。他指出，原始思维使用的语言中几乎没有抽象的概念化数词。“它们使用的是一些‘执行数的功能’的词，或者更正确地说，它们是求助于‘数—总和’，亦即求助于一些具体表象，在这些表象中，数还没有与被数的东西分离开来。简而言之，下面一种说法不管看来多么离奇，但它是正确的，这就是原始人在拥有数以前的漫长时期中就会数数了。”[3]基于这一认识，他进而提出了基数产生的假说：

基数可能是由于那些与计数的方便绝无任何共同之处的原因而产生的……例如，4 这个基数和以 4 为基数的计算法，其起源可能归因于在所考察的民族的集体表象中，东南西北四方、与这四个方位互渗的四个方向的风、四种颜色、四种动物等的“数－总和”起了重要作用。因此，我们根本不必滥用我们的心理学洞察力去猜测为什么那些能够用自己手上的 5 个指头数数

[1]《说苑·辨物》。

[2] 郭沫若《卜辞通纂考释》中已提出此看法：“初民以四进位，后改为十进位。”惜未能从这种四进位的原始计数法出发去解释古文四以下为一系的现象。

[3] 列维－布留尔：《原始思维》，中译本，第 198 页。

的人一定要去选择4这个基数。在我们见到使用这个基数的地方，这个基数不是被挑选出来的。它好像是先于自己而存在，就像数在那个还没有从被数的东西中分离出来、“数－总和”还占据着真正计数的地位的漫长时期里就先有了数一样。[1]

按照这一天才的推测，人类关于“四”这个数的概念的产生与空间方位感的形成具有密切联系。或许可以这样说，正是从空间构成的具体方位之中抽象出了“四”的神秘意义和神圣性。而纯数字意义上的“四”也可能得之于对其他具体事物的抽象，例如印第安人把“四”这个数字叫作鸵鸟的爪，因为鸵鸟有四指。[2]显然，从鸵鸟爪这种具体对象中概括出来的“四”概念是不会有多少神圣性的，这也不会成为选择“四”作为计算基数的理由。因为人手要比鸟爪更适于计算，而且事实上人手也确实充当过人类最早的计算工具。[3]这样，必然得出如下论断，人类数概念从二和三发展到四，曾借助于某些执行“四”的数字功能的具体事物，而在这些事物中能赋予“四”这个概念以非数字意义，使之成为神秘数字的，只能是具体的四方空间定向。

从这一认识出发，重新考察中国古文字中的“四”字，我们发现，原来这个字本有两种不同的书写形式，前面提到的亖，只是其中的一种，而另外一种写法是现在通用的“四”字。二者之间毫无渊源演变的迹象，完全是出于两个不同的系统。在甲骨文中所用的亖，可以说已经接近了抽象的概念化的数词，是实数四的符号；而在金文中除了沿用甲骨文中的亖这一形式以外，还有几种古写法作：

[1] 列维－布留尔：《原始思维》，中译本，第200页。
[2] 阿·尼·格拉德舍夫斯基：《原始社会史》，中译本，高等教育出版社1958年版，第118页。
[3] 阿·尼·格拉德舍夫斯基：《原始社会史》，中译本，高等教育出版社1958年版，第119页。

 （《郐王子鐘》）

 （《鄲孝子鼎》）

 （《郘鐘》）

 （《大梁鼎》）

这便是现在汉字中“四”字的较早形式，《说文》所引古文为，籀文为，小篆为，在碑石文中也有写作的（《祀三公山碑》）。这个字正是列维－布留尔所说的那种“执行数的功能”的字，因为其原本的意义并不是指数的概念，而是一种具体直观的符号，代表着平面的四方空间。许慎对它的解说是：“四，阴数也，象四分之形。”段注说：“囗，像四方；）（，像分也。”朱骏声《说文通训定声》也说：“四分之指事……象四分之形非实体，故为指事。”在这个古字中，我们看到的显然不是用于计算的一种具体表象，其所包含的数字意义还没有从具体表象中分离出来，可以说，它是原始初民尚未有三字以前就用来代替三的字。笔者虽不能苟同那种认为金文的起源在年代上必先于甲骨文的看法，但必须承认的是，金文中确实保存着一些其由来早于甲骨文的古字字形。如手字和足字，在金文中有画着五根手指或足趾的象形字，在甲骨文却只画三根手指或足趾。可知后者是对前者的有意省略，金文中保留着手和足字的最古老的写法。“四”字亦可作如是观。

或许正是因为四较之三，具有更加悠久的来源和历史，负载着标志原始初民关于四方位空间分割的宇宙观念，并由此而产生出神秘的和神圣的意义，所以，尽管它笔画比三多，写法也较复杂，但却终于淘汰了三，成为沿用至今的数字形式吧。

其实，“四”本身所具有的空间方位意义即使在这个字已完全转化为数名之后仍然未泯灭。《中文大辞典》对“四”的释义，除数名与次数名之外，第三义即为“四方也”。所举例如《后汉书·马融传》“四野之飞征”句注：

“四野，四方之野也。”此种用法似更近于“四”字的古义。

鉴于数字“四”的神秘性质的起因并不在于数名方面的实指意义，对于它的发生学研究自然要转换方向，从数概念的起源转向人类二维度空间意识的发生过程。

四、神话思维的空间观念的起源

本节中所要研讨的问题是神话的空间意识的发生。在以前各章节中不断提到，以方位感的确立为起点的人类空间观念的形成，主要建立在太阳观测经验的基础之上。在此我们将进一步展开这个观点，较详细地考察人类四方位空间观念的形成及其与数概念的关系，解决神秘数字“四”的发生之谜，从而为探索四面神神话的深层结构奠定基础。

人类自新石器时代进化到农牧定居阶段以后，原始宗教的重心便从狩猎巫术和图腾崇拜转向了自然崇拜。诸如日月星辰、风雨雷电等与农牧生产和生活方式密切相关的自然现象，只是到了这时才开始成为人们敬畏和崇拜的对象。而在各种自然现象中，最显而易见的一个，也是对人类生活和思想影响最大的便是太阳。因此，在大多数脱离了以狩猎和采集为主要生活方式的文化区域中，都不约而同地产生了对太阳的崇拜。伴随着新石器时代向铜器时代的过渡的文明史进程，先民们留下的早期精神遗产之中，与太阳崇拜相关的神话、传说、史诗、歌谣、仪式、礼俗、建筑、历法、象征文字、造型艺术、歌舞表演，等等，几乎随处可见。宗教史学家托卡列夫写道：“另有一些发现，亦表明青铜时代确有太阳崇拜之风。太阳或呈现为盘状；或呈现为轮形（带有光束或并无光束）；或呈现为圆形，中有“十”字；如此等等。下列种种发现，尤值得注意，诸如：青铜车，挽以骏马，上载日盘（发现于特伦霍尔姆，斯堪的纳维亚）；青铜驹，蹄下、背上均有日轮（发现于特鲁埃尔，西班牙）；车轮负载之光盘（见诸发现于布胡斯伦之岩画，瑞典）。”[1]上举诸例多见于北欧，似与某些西方学者的如下观点相合：太阳崇拜多发生于寒冷地区，而热带区域的人们更多地崇拜月亮。[2]不过，考虑到古埃及、东非、印度和东南亚、南美印第安文化中普遍存在的太阳崇拜，上述观点尚待修正。

关于产生太阳崇拜的原因，托卡列夫以为，“青铜时代的太阳崇拜，其萌生显然为农业经济趋于繁盛所致；据民间观察，太阳为丰饶的主要赐予者。另一方面，太阳崇拜又是社会分化的反映；氏族一部落贵族此时已分离而出，——而依据可供类比的民族志材料推知，氏族一部落贵族自命为太阳神的后裔。”[3]

这里指出了产生太阳崇拜的两大原因，一是太阳充当了农业丰产的赐予者，二是贵族与太阳神攀亲的需要。不过，这还不能算是太阳崇拜的原始的、本质的原因。本质的原因在于人类通过太阳的运动规则确立了最初的空间意识和思维结构。

在某种意义上，甚至可以说，人类文明史的发生与太阳的启示简直是分不开的。或者换一种更确切的说法，是定居生活的人类为了生产的需要所进行的太阳观测，终于将人本身从与兽类相周旋的史前蒙昧状态中提升了出来，迈进一种崭新的有秩序、有节奏的社会生活的门槛。

这样两种截然不同的人类生存状态，尽管已有许多人类学家、社会学家的研究著述，但或许并没有两首古朴的歌谣所告诉给我们的更生动和简洁。这两首古歌是我们的祖先所留下的最早的诗歌遗产，至今仍完整无损地并排刻印在《先秦汉魏晋南北朝诗》的开篇第一页上：

[1] 托卡列夫：《世界各民族历史上的宗教》，中译本，第 39 页。
[2]《新大英百科全书》1973—1974 年版，第 12 卷，《自然崇拜》，第 880 页。
[3] 托卡列夫：《世界各民族历史上的宗教》，中译本，第 39 页。

断竹，续竹；飞土，逐宍（肉）。（《弹歌》）

日出而作，日入而息。凿井而饮，耕田而食。帝力于我何有哉。（《击壤歌》）

从诗中可以看到：两种生存方式之间一个最本质的差异，是“耕田而食”与“逐肉”而食之间生产方式的差异。而生产方式的变革必然赋予生存方式以新的尺度。原来的穴居猎人祖先们是以狩猎对象即客体的“肉”来调节自己的活动的，主体始终处在对这变动不居、出没无常的异己客体的追逐奔走之中。相对来说，这种“逐肉”生活是很不安定，也很无秩序的。试想，若白天未出现“肉”，便无所“逐”，而若夜间“肉”群袭来，反倒要喧宾夺主，难免为“肉”所“逐”了。在这种被“肉”所逐的情况下，有幸者或许能免于难，假使两足不如四足之迅捷的话，则难免有丧生于尖牙利爪之下的可能。这样一来，逐肉者也就成了“肉”的肉。定居农业生活的开始，结束了这种人类延续了三百万年的“逐肉”生涯，生活的调节尺度从变动不居的“肉”转换为规则运行的太阳。从此以后，人类的“作”与“息”便走向了秩然有序的节奏之中，我们的先祖第一次体验到了安定团结的好处。

人类中心主义的古希腊哲学家所津津乐道的金言“人是万物的尺度”，在“日出而作，日入而息”这八个字面前，难免要露出破绽，变得黯然失色。不言而喻，即使将来人造食品改变了“耕田而食”的人类生态依赖关系，我们现今的作息节奏恐怕还得延续下去，正像“日出”“日入”这样的神话拟人化的古老说法，并不因为地球绕太阳旋转运行的科学发现而被现代人废止一样。

由于太阳是人的天然尺度，人类借此尺度而建立了自身的生活节奏，所以神话时代的人们将得之于太阳客体的主体意识反过来投射在太阳之上，产生了如下神话命题：太阳是时间的创造者和管理者。这一古老的命题直到早期希腊哲学家那里依然被看作是确凿无疑的。[1]

“在许多古代文明的官方宗教中，太阳都扮演着重要的角色，特别是在那些由太阳神取代了古老天神的地区（如埃及、埃塞俄比亚、南部印度和南美安迪斯山地区），尤其是那些视太阳为时间的制造者的地方。”[2]现代的发展心理学研究表明，在个体心理发生过程中，时间意识的形成晚于空间意识。

由于空间意识是以视觉表象为基础的，要比看不见、摸不着的时间抽象更具体一些，所以最初的时间观念总是同具体的空间表象相联系的。这一事实似乎为德国哲学家谢林的下述假说提供了佐证：“……时间原本只是内在智能的直观形式，因为它只是从我们表象的连续序列方面产生的，从这一点来看它只是存在于我们之内，而不是像实体的同时并存性，即内外智能的条件那样，只能在我们之外由我们加以直观。反之，从直观的观点来看，时间原来就确实是外在的直观，因为在直观的观点上表象和对象之间本无区别。”[3]用现代的术语概括谢林的见解，可以说，时间观念的发生是外在的直观的空间表象内化的结果。与个体儿童的心理发展相对应，原始人类的群体心理发生方面亦可提供类似的证据。

人类学家告诉我们，原始人的时间观念的发生晚于空间定向观念的发生，用来标志时间的符号往往借用原有的标志空间的符号。著名语言学家沃尔夫（Benjamin Lee Whorf）指出过下述现象：原始部落语言中最初用来表示时间的语汇总是借自表示具体空间方位的已有语汇。[4]这一规则现象的确认对于研讨、理解上古文化和符号方面的某些问题具有重要参考价值。比如说，为什么在商代甲骨卜辞中有东西南北四方神名和四方风（凤）

[1] 参看本书第二章题辞所引赫拉克利特语。

[2]《新大英百科全书》1973—1974 年版，第 12 卷，第 880 页。

[3] 谢林：《先验唯心论体系》，梁志学等译，商务印书馆 1976 年版，第 173—174 页。

[4] 沃尔夫：《日常思想及行为同语言的关系》，见《文化人类学读本》，小布朗公司 1979 年版，第 51—66 页。

名，却没有标志时间循环变易的四季专名；再比如，《淮南子》在讲述太阳运行的时间历程时，为什么总是同具体的地名相对应，等等。这类问题均可用时空相混同的神话思维逻辑来解释。我们已在以前的章节中讨论过此种混同不分的现象，现在可以补充说明的是，时间与空间在神话思维中的混同，从发生过程角度看，是表示空间方位观念的符号兼任了表示时间观念的后起职能的结果。

考察空间意识的起源，我们发现构成原始空间意识之基础的是方位观念。而方位观念的确立本身又是一个漫长的发展过程，这一过程中有两次重大的飞跃：一是从二方位观念跃进到四方位观念；二是从平面的四方位空间观念跃进到立体的七方位空间观念。关于第二次飞跃的讨论是下一章的主要内容，这里先看一下第一次飞跃。

在甲骨文中记载着一种奇特的祭祀仪式，即用牛、豕或犬燎祭“东母”与“西母”。迄今尚未发现有“南母”或“北母”的称呼，这似乎暗示了这样一种可能的情况：与尚未达到三以上的数字概念的认知水平相应，原始初民最早的空间方位观念是由两个方位——东方和西方——构成的，而这种二方位空间观念的神话拟人化形式便是所谓“东母”与“西母”二神，对此二空间神的祭祀礼俗自远古一直沿袭到甲骨文的时代。[1]民族学方面的材料不仅为上述假说提供了证据，而且有助于说明最初的二方位空间观念的发生根源：

我国的许多民族是先知道东西方向，后来才有南北方向的知识。景颇族称东方为“背脱”，即日出的方向；称西方为“背冈”，即日落的方向。[2]

[1] 叶舒宪：《甲骨文东母西母试解》，《唐都学刊》1989 年第 1 期。
[2] 宋兆麟等：《中国原始社会史》，文物出版社 1983 年版，第 431 页。

在这里我们看到了“东母”“西母”二神产生的奥秘，并可以确信，这两个神要比甲骨文中的四方之神更为古老和神圣。这种只知道两个方位的智力水平恰恰与不能数到三以上数字的原始民族相应。而已经从太阳的出没的直观表象中确定下来的东西两方位自然同“二”这个数字一起获得了某些神秘蕴含。初民们的定居农业生活不仅要以“日出”和“日入”作为调节作息的尺度，死后的埋葬方式也要以这两个神圣方位为尺度。在我国新石器时代的文化遗址中，“已经发现的不少氏族墓地，基本上都有固定的埋葬方向。如宝鸡北首岭墓地是‘头西面东’，王因墓地是‘头西脚东’，大汶口墓地是‘东西向’等。”[1]在少数民族的葬俗中依然保留着这种按照日出日入的方位而规定的程式，如我国东北的鄂温克族，萨满死后“其尸体要从蒙古包内西侧开个洞口抬出去”[2]。一般人死后，“送葬时，用牛拉车，使死人的头向西北，面向日出方向。”[3]这种定向的埋葬模式与将太阳的升起类比为诞生或再生、把太阳的落下类比为死亡的神话观念有关。使死者面向日出方向的做法很可能寄托着灵魂再生的希望。

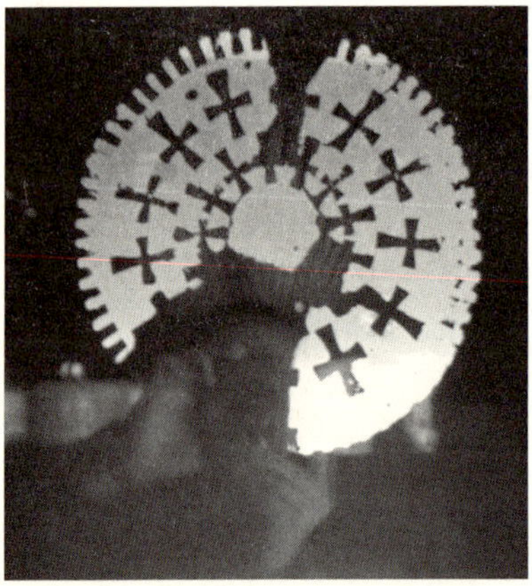

河南二里头出土铜器上有13个绿松石镶嵌的十字形图案

有了东西两个确定的方位，再识别南北两个新的方位就不很困难了。而一旦二方位的空间观念飞跃到四方位的空间观念，初民的生活和死者的埋葬便又有了新的方位模式。这种情况明显地反映在新石器时代的文化遗迹中。房屋的建筑即按照方位意识，将门开的方向对准东方、西方或南方。而埋葬死者则更多地出现了头朝

[1] 宋兆麟等：《中国原始社会史》，文物出版社1983年版，第431页。
[2] 吕光天：《鄂温克族》，民族出版社1983年版，第67页
[3] 吕光天：《鄂温克族》，民族出版社1983年版，第66页。

北方——阴位——的模式。毫无疑问，太阳一天的运行经过东南西三方，北方是日不到之方，所以在四方位空间观念最初形成之际，北方便被认同为阴间地狱的方位，成了死后世界的所在，由此导出了殷商早期墓穴及祭祀坑的南北向构建模式，以及后代文献中的模式化说法：“葬于北方、北首，三代之达礼也，之幽之故也。”（《礼记·檀弓下》）“故死者北首，生者南乡（向）”（《礼记·礼运》）。

当然，埋葬的头向问题是一个兼容各种因素在内的复杂课题，这里无法展开讨论。[1]所要说明的是，一旦在东西向的埋葬模式之外出现南北向的模式，这就是四方位空间意识成熟并取代原始的二方位空间的明确标志。而四方位空间意识的确立之际，也就是数字“四”的神秘性质诞生之时。正因为如此，“四”的原始表现形式不外乎十字形与方形两大类符号，二者均与四方位的观测和确定密切相关。“古代墨西哥的玛雅人已经会用两条交叉的棍子观察规定的点了。”[2]在这两根定向用的交叉棍子上，我们似乎找到了十字架崇拜的起因。可知用十字形代表空间四方与用十字形象征时空的创造者太阳，这二者之间非但不矛盾，反而是表里合一，互为因果的。卡西尔指出，直到中世纪的欧洲，基督教的十字架信仰仍然保留着其原始象征意义，即把十字形的每一末端分别视为东西南北的标志。[3]

在基督教文化的普遍影响下，人们习惯于认为十字是该宗教的特别标志，就好比卐字是德国纳粹的特别标志。其实，十字架崇拜不是基督教的发明，卐字符号也不是希特勒的独创。它们都是人类史前时代用来象征宇宙空间观念的神圣符号。它们在黄帝、大梵天等四面之神的神话尚未流行以前便负载起类似的文化信息，成为神秘数目“四”的直观表现形式。作为神秘数目“四”

[1] 参看《中国原始社会史》，第479页。
[2] 林耀华主编：《原始社会史》，中华书局1984年版，第380页。
[3] 卡西尔：《象征形式哲学》第二卷，英译本，第147—148页。

的原型表象，它们还置换出各种不同的变体构图，如坎贝尔在《原始神话学》中举出的公元前 4000 年西亚陶器图案（图 10）。

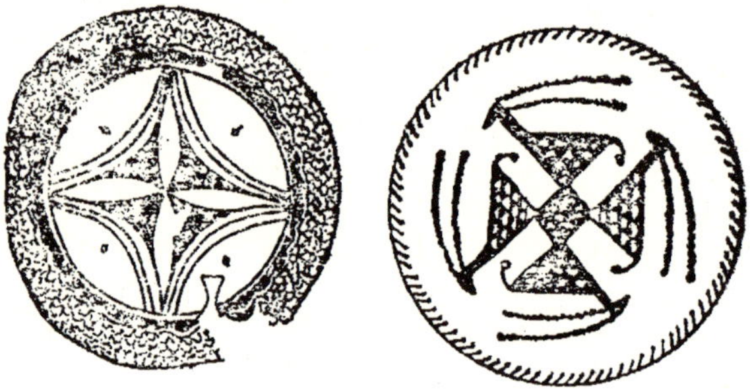

图 10

这些图案使我们想起中国新石器时期文物上出现的某些神秘刻画符号，[1] 如下图：

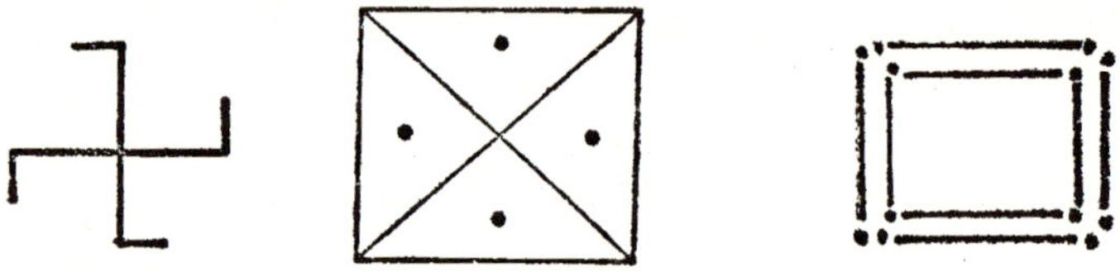

图 11

还想起甲骨文和金文中某些类似的符号，特别是亞字形（见图 12 和图 13），以及新近发掘出的陕西临潼秦东陵亚字形墓穴结构。[2]

至此，我们似乎明白了这样一个道理，数目“四”和十字形、方形构图之所以给人以稳定感和秩序感，就在于这个数字及相关的构图从一开始就是宇宙时空神圣秩序的象征。刚刚摆脱“飞土，逐肉”生存状态的初民们为了将他们萌芽中的直观理性的最初成果——四方位空间意识——变成对象化的客体，不约而同地创制出这些原型性符号，其神秘意蕴也因此而具有了跨文

[1] 参看中科院考古所山西队：《山西芮城东庄村和西王村遗址的发掘》，《考古学报》1973 年第 1 期。

[2] 参看《光明日报》1987 年 12 月 9 日，《秦东陵发现大型四面斜坡墓道式“天子”级别墓葬》。

化的性质，成为跨越民族和国界的人类语言。

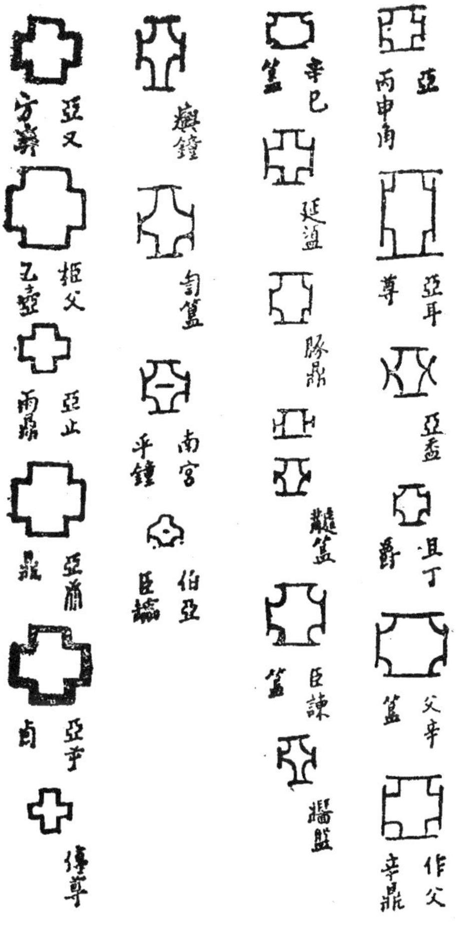

金文中的“亞”形符号（《金文编》，中华书局版，第946—947页）

图 12

伴随着文明的建立及四方空间意识的进一步神圣化和强化，数目“四”的直观造型又从平面发展到立体，除了前述明堂与金字塔等庞大建筑群外，还有一种宗教性的方形造型——方塔或方尖石坊。同平面造型十字架意象一样，方尖塔不仅明确标示四方位空间，而且也代表对太阳神的崇拜。这可以说是人类空间共通语言的第二期形式。黑格尔在《美学》第三卷中讨论象征型建筑时提到：“介乎建筑与雕刻之间的类似作品主要是在埃及。”

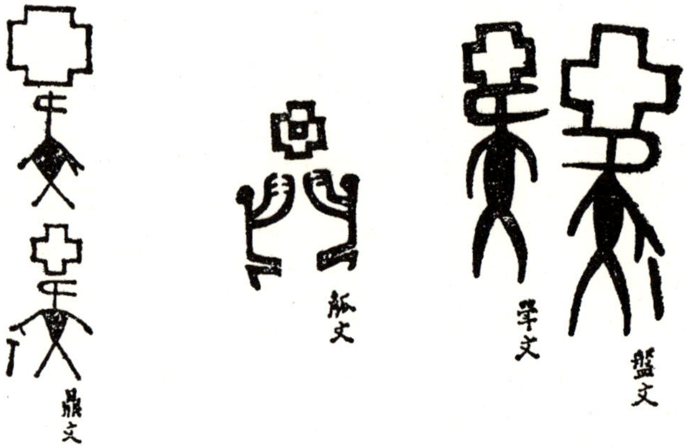

金文中的十字形崇拜符号（《金文编》，中华书局版，第 1050—1056 页）
图 13

“属于这类的有方尖形石坊。这种石坊固然不是用动植物和人的有机生命的自然形式而是用有规律的几何图形，但是同时也还不是用作住房和神庙的，而是本身独立的，带有太阳光线这个象征意义的。……这些石坊是献给日神的，它们是用来接受太阳光而同时又代表太阳光的。在波斯也有一些放出火光的石坊（克洛伊佐的《论象征》，卷一，778 页）。”[1] 在中国的神话典籍《山海经》中，很容易看到这种人类语言的自然原生形态和人工再造形态。前者如《大荒西经》中所述：

西海之外，大荒之中，有方山者，上有青树，名曰柜格之松，日月所出入也。

后者如《海内北经》所载之帝台：

帝尧台、帝喾台、帝丹朱台、帝舜台，各二台，台四方，在昆仑东北。

[1] 黑格尔：《美学》，朱光潜译，第三卷，商务印书馆 1979 年版，第 41—42 页。

了解到帝尧、帝喾等无非是太阳神的人间化身这一事实，那么这些“四方”的帝台的宇宙秩序象征意义就易于理解了。同类的人工方碑还有《海外南经》中的“昆仑虚”：

昆仑虚在其东，虚四方。一曰在岐舌东，为虚四方。羿与凿齿战于寿华之野，羿射杀之，在昆仑虚东。

羿为太阳神兼英雄[1]，谁说这“四方”的建筑不是他诛杀凿齿之功业的纪念碑呢？

也许有人会疑惑，《山海经》中提到的许多人工象征型建筑如“台”“虚”“丘”等，为什么总要强调说明“台四方”“虚四方”“其丘方”呢？这个问题的解答关系到四方空间意识确立的文化史意义。对于现代的儿童来说，不辨东南西北这种十分普遍的现象也许不值得大惊小怪。但对于我们的原始祖先来说，四方的确认却有着异乎寻常的重大意义，它首先意味着同茹毛饮血的混沌生活状态的永别，人类第一次把自己的生存放在一个规则的、有意义的文化背景之中，把自己的思维、认识“钦定”在有条不紊的空间系统中，使一切客体对象都能在这个系统中秩序化、结构化。可见，空间秩序的有无之差别，恰如一个在黑暗中迷失的人获得了指南针一样。用蒙昧和文明这一对立范畴来形容这种差别，或许不会离本义太远。人类蒙昧的渔猎生活持续了数百万年，而新石器时代距离今天的电子时代也不过只有一万余年。这“蒙”与“明”的飞跃之间，太阳的尺度作用和人类空间意识的产生作用，都是难以估量的。识别四方的需要对于文明人类来说已经积淀为一个文化原型，每当社会群体的更新变易之际，即国家初建，改朝换代的时候，首要的

[1] 叶舒宪：《英雄与太阳：中国上古史诗的原型重构》，上海社科院出版社 1991 年版。

商代晚期的亚酗方鼎，上海博物馆

第一件大事便是《周礼》开篇第一句所规定的："唯王建国，辨方正位。"注家解释此句说："谓建国之时。辨，别也。先须视日景（影）以别东西南北四方，使有分别也。正位者，谓四方既有分别，又于中正宫室朝廷之位，使得正也。"在这古代国家开邦立业的第一桩大事中，竟以重演的形式凝缩地再现了初民以太阳为尺度确立四方空间秩序的全过程，其具体细节是这样的：

……先于中置一槷（柱），恐槷下不正，先以悬（悬绳）正之。槷正乃视以景（影）。景谓于槷端自日出画之，以至日入，即得景为规，识之，故云为规识日出之景与日入之景，规之交处即东西正也；又于两交之间，中屈之指槷，又知南北正也。仍恐不审，昼参诸日中之景，夜考诸北极之星，以正朝夕，乃审矣。[1]

社会不仅要以官方的礼仪将四方空间秩序强化到全体社会成员的集体意识中去，而且要通过教育将此种文化信息传输给个体儿童，这便是《礼记·内则》中规定的教子第一课的内容：

子能食食，教以右手……六年，教之数与方名。

[1]《周礼注疏》卷一"天官·冢宰"；参看同书卷四十一"冬官考工记下"。

注云："方名，如东西也。"生物学上曾有重演律之说，以为个体儿童的身心发育乃是人类祖先进化历程的重演或再现。看来在文化学方面也可看到类似于生物学重演律的现象：原始初民的四方空间观念借文化传播的方式在个体幼童启蒙之际重新确立。当然，二者之间的质的差别还是值得分辨的，生物信息是以遗传形式重演在个体发育之中的，而文化信息则是以"教"的方式代代相传的。

在高度发达的文明社会中，"教"的内容是理性经验的成果，如《礼记》所说"数与方名"，便是此种成果的概念化形式；但是在史前社会或不发达的文明社会，"教"的内容主要是前理性的或非理性的经验成果，因为数的概念和方位概念尚未从具体的、直观的神话思维表象中抽象出来，只能体现在诸如"黄帝四面"之类的神话叙述之中。一旦概念化的理性成果完全取代了神话思维的"教"，古老的四面之神一类的神话表象也就逐渐变得无法理解以至于被人遗忘了。

五、太阳创世主：空间秩序的创造

太阳是人类建立时空秩序观念的不二尺度，这一事实在神话思维中扭曲变形，得出了如下结果：太阳是给人类创造出时间与空间的宇宙主宰。时空的创造者也就是世界万物的创造者，太阳神有幸充当了创造主的角色，行使创世的神圣功能，这也是具有相当普遍性的神话表现模式。这一模式在整个神话体系中无疑具有马林诺夫斯基所说的"法规"（charter）的作用。

马林诺夫斯基对现代神话学的重大贡献便是他的神话功能理论。这位大力提倡到神话所由产生并继续发挥着神圣作用的初民社会之中去研究神话的人类学家，在南太平洋群岛的土著社会中发现，原始部落中口传的神话与古典文献中记载的神话不同，它们"不是说一说的故事，而是要活下去的实体。

那不是我们在近代小说中所见到的虚构，而是被看作在荒古时曾发生的事实，从那时起便持续影响着世界，影响着人类的命运。”[1]根据神话的这种原始功能，马林诺夫斯基得出了神话是“法典”的命题。法典（charter）又译为“法规”“特许状”“执照”等。马氏用这个词旨在强调，原始神话作为当时自然与社会秩序的证书，作为部落群体宗教信仰和道德的准绳，具有神圣的和不容置疑的性质，就好比中国古代皇帝的“钦定”文书、“手批”御旨一样，人们只能毕恭毕敬、唯命是从地去信奉和执行，用不着丝毫的思索或求证。总之，神话的法规或执照功能，有如一加一等于二，或冬寒夏热之类的普遍公理，用所谓“放之四海而皆准”来形容，实在是最恰当不过了。

经过千百年沧海桑田的变迁，原始神话的法规功能在文明社会中逐渐模糊起来，被人遗忘；但也有一些神话改装成人为宗教的形式继续发挥着法规功能，如《圣经》中的基督教神话和《古兰经》中的伊斯兰教神话。中国没有像基督教那样的人为宗教及经典传世，那么华夏古神话是否曾具有法规功能呢？

从今天所能看到的、散见于各种古文献中的上古神话的残留文本中，要想追溯这些神话在由其所产生的社会中的实际功能，显然有一定困难。不过，这种困难并不意味着马林诺夫斯基的神话功能说不适用于中国神话的研究。治上古文化的美籍华裔学者、哈佛人类学教授张光直先生就曾依据功能说解释古文献中的（而不是口传于部落社会中的）神话。《山海经·大荒西经》讲道：

赤水之南，流沙之西，有人珥两青蛇，乘两龙，名曰夏后开。开上三嫔于天，得《九辩》与《九歌》以下。此穆天之野，高二千仞，开焉得始歌《九招》。

[1]马林诺夫斯基：《原始心理中的神话》（*Myth in Primitive Psychology*），李安宅中译本《巫术科学宗教与神话》，商务印书馆1936年版，第121—122页。译文有改动。

按照张光直先生的看法，“所谓‘九辩九歌’，即是仪式上的礼乐，而这个神话是中国古代神话很罕见的一个马林诺夫斯基所谓的‘执照’（charter）的例子。”[1]

“法规”（即张先生所说“执照”）在中国古神话中真的“罕见”吗？仅以太阳创世主表现模式而言，“法规”之例就并不少见，只是其原始面貌被历史化或理性化地改装之后，比较难于识别而已。下面聊举数例加以阐发。

首先是帝尧创制历法的神话。本书第一章第二节已将《尚书·尧典》中的这则神话全文引录过了，说的是尧分派羲仲、羲叔、和仲、和叔四人前往东西南北四极，观日星之象以“定四时成岁”。我们知道，天文历法知识脱胎于宗教仪式历，它是自新石器时代以来的定居农业文化漫长积累过程的成果，在神话中却被表现为帝尧英明决断的产物。他不仅派下属钦定了四方与四时的自然运行秩序，还以此种秩序为准，规定出了社会生活的秩序，即所谓“敬授民时”，以使百工万民尊奉不疑，国家长治久安，真算是“天不变，道亦不变”了。看来，这个神话的“法规”功能或“执照”效应，要比夏后开“始歌《九招》”重要得多了。按照这张特许状所揭示的信息，若不是尧的英明“御旨”，宇宙和人生岂不都还滞留在混乱不堪的混沌状态？尧真是功德无量，难怪孔圣人以“祖述尧舜”为己任，也难怪今人还将“六亿神州尽舜尧”当作社会的至高理想。这个古老的神话法规对中国历史文化的影响是何其深远！

值得注意的是，神话中钦定了四方与四时的认同关系的羲、和兄弟四人其实只是一个远古的女性太阳神羲和的分身，而派出四人的帝尧本人，按照日本学者御手洗胜的考据，则是一个远古的男性太阳神。[2] 由此推断，《尚书》中的记载是一个已经大大历史化了的古神话，其原始内容讲的是太阳神开辟

[1] 张光直：《中国青铜时代》，三联书店 1983 年版，第 268 页。
[2] 御手洗胜：《关于帝尧之传说》，载日本《中国学会报》第 21 集，1969 年。

宇宙时空的“荒古事实”。到了《尧典》写定的时代，这一荒古事实被改装成了人间帝王派出天文官员测定历法的故事。用弗莱的术语来解释，这叫作神话原型朝向历史化方向的“置换变形”，其直接结果是，宇宙间的太阳置换成了人间的小太阳，神变形成为人，神话法规也就转化为历史法规了。

按照同一思路，我们还可找到由同一个太阳神创世的原型模式派生出来的其他变体神话。御手洗胜认为，史籍上说尧有个儿子叫丹朱，别名驩头，其音与丹朱、重黎二音互通，而重黎是太阳神祝融二字的转音。祝融别名“朱明”，与丹朱是“纯红之义”及《尧典》推论帝尧光辉普照天下之说相同，也与重黎明天下之说相同。[1] 这里的“重黎明天下”神话其实又是一则历史化改装了的太阳创世神话。

《国语·郑语》：“夫黎为高辛氏火正，以淳耀敦大天明地德，光照四海，故命之曰祝融。”又云：“祝融亦能昭显天地之光明。”这些形容皆可作为祝融火神本又是日神的旁证（见第三章第二节）。现在我们又知祝融即是重黎，如童书业先生推断：“《吕刑》：‘乃命重黎绝地天通，罔有降格’，此似为较原始之开天辟地神话，谓开天辟地者为太阳神也。”[2]

显然，重黎明天下或祝融光照四海的神话同帝尧制历法神话一样，都是按照太阳神创世的原型模式生成转换而来的。

越过帝尧的时代再向远古方向深入，我们又在中华民族的始祖黄帝的神话中找到了太阳神创世原型的又一种更古老的表现。《世本·作篇》云：

黄帝使羲和作占日，常仪作占月，臾区占星气，伶伦造律吕，隶首作算数，容成作调历，沮涌、仓颉作书。

---

[1] 御手洗胜：《关于帝尧之传说》，载日本《中国学会报》第21集，1969年。
[2] 童书业：《春秋左传研究》，上海人民出版社1980年版，第29—30页。

《淮南子·览冥训》亦云：

昔者黄帝治天下……以治日月之行，律治阴阳之气，节四时之度，正律历之数；别男女，异雌雄，明上下，等贵贱；……于是日月精明，星辰不失其行，风雨时节，五谷登孰。

这两则记载说法互有出入，又都有了历史化的变形痕迹，但二者的叙述中心和本源是一致的，都是要确证黄帝作为人类文化始祖，建立自然秩序和社会秩序的“荒古事实”。可见，这是与帝尧神话相类似，但又更早的一个“法规”。从黄帝上自天体日月星辰，下至百姓和五谷，能力无所不及的情形来判断，他所扮演的正是创世神话中造物主的角色，应与古犹太人的创世主耶和华、古印度人的创造祖大梵天等量齐观。

上述判断可以得到训诂学方面的证明。《古史辨》派学者们早已考定：黄帝与皇帝异名同实，其传说出于上帝神话。杨宽说：“东西民族上帝本有专名，及春秋战国之世，既皆一变而为人世之古帝，上帝无专名以称之，于是泛称为皇帝，后乃字变而作‘黄帝’，亦转演而为人间之古帝矣。”[1]看来，黄帝同尧帝一样，皆从远古太阳神崇拜演变而为人间古帝王，太阳神的时空尺度作用在后世神话中改造成人王创制历法，钦定世界秩序的说法。黄帝传说或源于周人对商代上帝观念之改造。童书业先生推测：“考各民族之上帝本起于部落神（亦即最早之祖先），至阶级社会形成时，乃变为上帝，如希伯来人之部落神耶和华演变为上帝也。夏祖鲧禹出自颛顼，商祖契出自帝喾，颛顼帝喾皆由部落神变为上帝。周人后起，且文化较低，其部落神之名今已不传（后假商祖帝喾为祖），成为上帝时恐即黄帝（即“皇帝”），故古书

[1]《古史辨》第七卷，上册，上海古籍出版社1982年版。

特著黄帝姬姓，以与姜姓之炎帝（赤帝）对抗。尧或即颛顼，舜或即帝喾，舜之代尧或即商之代夏。据此，则最早之人王帝皆起于部落宗神转化成之上帝。”[1]

远古太阳神在周人神话中演变为黄帝，在周人的哲理著作《周易》中抽象化为“太极”，在晚周文献中又别称为“道”或“太一”。因此可以说，黄帝是太阳创世主的历史化和人化，太极则是同一位上帝的哲学化与非人格化。于是，我们便在有关黄帝的神话传说同有关太极的玄理之间看到一种深层结构上的暗合对应关系，如：

太极生两仪。（《易·系辞传》）

黄帝生阴阳。（《淮南子·说林训》）

两仪生四象。（《易·系辞传》）

黄帝四面。（《太平御览》卷七九引《尸子》）

在这种异形同构的关系中，似乎可以追索出一个久已失传了的创世神话，进而解决马林诺夫斯基未解决的课题，即神话的法规功能的发生学课题。

把哲学化的创世神话同历史化的造物主神神话的同构关系抽象出来，则有了如下三个对应的模式：

1 → 2 → 4

黄帝 → 阴阳 → 四面

太极 → 两仪 → 四象

根据世界神话的普遍规则，光明与黑暗即阴与阳的分离和对立是创世神话的第一母题，其表现形式又往往是对太阳从黑暗中升起这一自然过程的象

[1] 童书业：《春秋左传研究》，第 28 页。

征性叙述。原因很明显，假如处在一片黑暗之中，天和地以及东南西北四方是根本无法辨认的；也就是说，空间秩序的确立有赖于光明取代黑暗的自然条件，有赖于太阳的运动和太阳的发光特征。时间秩序的确立则首先以昼夜更替为基本尺度，同样有赖于太阳乃至月亮的出没规律。唯其如此，在许多民族的创世神话中充任创造主的神都为太阳或太阳的象征变形，而创世的过程则或隐或显地模拟日出东方、日出海上。

实例之一是苏联学者雅罗斯拉夫斯基为了同《圣经·创世记》相比较而引用的墨西哥创世神话：在远古时代，诸神聚集在一起，要弄清楚谁应当掌管世界，谁应当做太阳（光），因为那时还没有白昼的光。一个名叫特库茨斯切卡特里的神表示愿意照耀世界，但是他在诸神中没有找到助手，大家都拒绝他，并且躲避他。最后纳纳鸟阿吐因同意他的意见。他们生起了火，贡献出自己的祭品，首先走进去的是纳纳鸟阿吐因，然后是特库茨斯切卡特里。其余诸神坐在周围，等待被火包围的东西从篝火里出来。天空忽然变成深红色，于是出现了破晓时的光。诸神都跪了下来，他们不知道那个光体将从什么地方出来，因为周围是一片光亮。最后那个光体带着光轮出现在东方。然后又出现了月亮。它的光也像太阳的光一样。诸神就开始争论它们的先后。在当时，他们当中的一个曾跑到特库茨斯切卡特里跟前，打了他的面孔，他就成了月亮。因为诸神在争论，风就把他们都杀死了。但是太阳仍然站着不动，那时风就非常猛烈地吹了起来，迫使太阳开始在天空中运行。太阳和月亮就这样分开了。[1]

在这个开辟神话中有几点值得注意：第一，世界的开辟被表现为黑暗中出现了光明，是对东方日出的拟人化戏剧表现。第二，由于太阳的光明首先映红东方，所以最先成立的宇宙空间方位便是东方。第三，太阳和月亮的对

[1] 雅罗斯拉夫斯基：《圣经是怎样一部书》，中译本，三联书店 1962 年版，第 44—45 页。

立统一关系。第四，太阳与风的特殊关联：太阳在天体中的运行是由风来推动的。

实例之二是巴比伦创世神话。该神话题名为《埃努玛·艾里什》，以楔形文字刻写在七块泥板之上。神话中讲的是少年神马杜克（Marduk）被拥戴为众神之王后，同原始海怪提阿马特交战，胜利后以海怪身体创造宇宙万物的故事[1]。其中第五块泥板上的叙述说到了马杜克构造宇宙的情节：他首先注意的事情是制定历法，这正是巴比伦国君最重要的职责。马杜克依照月亮的变化规则确定了年和月的秩序；他同时确定了三条天体之道：北天是风神恩利尔之道，天顶是天神安努（Anu）之道，南天是水神埃阿（Ea）之道。[2]从职能上看，马杜克定历法和天道同帝尧、黄帝等钦定四方四时一样，均为神话思维中时间与空间之始的神圣法规，创世主神也就是时空的创造之神。那么，马杜克是不是也和帝尧、黄帝、重黎一样象征太阳与光明呢？

卡西尔对此有一段分析，兹引述如下：

> 在巴比伦的创世说中，世界起源于一场战斗，一方为朝日之神和春日之神马杜克，另一方为妖怪提阿马特所代表的混沌与黑暗。战斗的结果，光明对黑暗的胜利成为世界和世界秩序的起源。[3]

据此理解，马杜克创世神话自然也当归入太阳创世主的原型模式。

实例之三是古埃及的创世神话。古埃及创世神话有多种不同记载，较流行的一种是太阳神阿吞—拉的创世神话。

[1]《埃努玛·埃里什》，英译本，见大卫·李明《神话学》，第156—165页。
[2] 胡克：《中东神话学》，企鹅丛书本，1963年英文版，第45页。
[3] 卡西尔：《象征形式哲学》第二卷，英译本，耶鲁大学出版社1955年版，第96页。

在时间之初，尚未有天地，神人均未造出，唯有太阳神浮在混沌水面上，混沌名为难(Nūn)，他充满了整个宇宙。“当难中只有一个生物时，我是阿吞，当曙光初照时，当唯一生物开始统治他所造的一切时，我是拉。”[1]经过自我的性结合，太阳神创造出另外两个神，空气神舒（shu）和水气女神特芙努特（Tefnūt），他们是太阳神从口中吐生出来的。他们依次又生出了地神吉布（Geb）和天女神努特（Nut）。天母地父又生出四个孩子，奥西里斯和他的配偶伊西斯，塞特和他的配偶尼普齐斯。[2]

这个神话的另一种记载说，创世之前浮在混沌大水之上的是一只发光的蛋，这显然是对海上日出这种自然现象的一种诗意表达，由此自然可以联想到古印度著名的金卵创世神话。

实例之四是与创世主黄帝最为接近的古印度梵天创世神话。关于梵天出自金鸡卵，而后造天地的说法已在本章第二节有所引述，这里还可举出较完整的叙述形式：

创世之时，什么也没有；没有太阳，没有月亮，也没有星辰；只有那烟波浩淼、无边无际的水。混沌初开，水是最先创造出来的。而后，水生火。由于火的热力，水中冒出一个金黄色的蛋。这个蛋，在水里漂流了很久很久。最后，从中诞生了万物的始祖——大梵天。这位创造之神将蛋壳一分为二，上半部成了苍天，下半部变为大地。为使天地分开，梵天又在它们之间安排了空间。这位始祖在水中开辟了大陆，确定了东南西北的方向，奠定了年月日时的概念。宇宙就这么形成了。[3]

[1]《亡灵书》（*Book of the Dead*），咒语17，第1节。
[2]肖特尔：《埃及神》，罗特累齐和凯根保尔公司1937年版，第6—7页。胡克：《中东神话学》，第71—73页。
[3]黄志坤编译：《古印度神话》，湖南少儿出版社1986年版，第5页。

在这里的叙述中，明确了大梵天作为创造主的由来，以及他创造空间（以天地和东南西北四方为代表）和时间（以年月日时为代表）的业绩。从象征的背面来理解，混沌之中的金卵同埃及神话中发光的蛋一样，也是对海中日出现象的隐喻表达。正因为创造主大梵天本有太阳神格，《摩奴法典》和《梨俱吠陀》才将他描绘为发光的生命之源，时空的创造主。《罗摩衍那》中则点明“四面大梵天……光辉太阳似”。《唱赞奥义书》说得更清楚：

太阳，大梵也。是为教言。其说如次：太始之时，唯“无”而已。而有“有”焉。而“有”起焉。化为卵。卵久静处如一年时，于是乎破。卵壳二分，一为金（相当于中国的“阳”），一为银（相当于中国的“阴”）。

彼银者为此土地，金者为天。卵外膜为山岳，内膜为云雾。脉管为江河，液汁为海。

于是由此而生者，则彼太阳也。[1]

发光的太阳在神话中又以四面的创造神的形象出现，这为我们理解四面的黄帝形象的由来提供了追溯的线索。

实例之五也是本节要举出的最后一个创世神话，它出自与上引四例神话远隔的大洋洲，题为《彝神给世界带来生命》，其中的创造主彝神（Yhi）正是澳洲土著人所崇拜的女性太阳神。

混沌之初，世上只是一片寂静和黑暗，没有活物也没有运动。但世界并不是死的，它在沉睡，在等待着生命和光的轻轻地一触。太空中的彝神也在

[1] 见《五十奥义书》中译本，第148页。

沉睡。大神拜艾梅开口唤醒了彝神，她睡意消失，睁开眼睛，黑暗便被驱除。她开始在世上旅行，从东到西，从南到北，走得很远，草木以花朵迎接她的光辉。她来来回回，走遍各处，使全世界都生长植物。拜艾梅赞扬了她创世的第一步工作，让她把光辉照到地上一切阴暗的洞窟中去，昆虫、鱼、鸟等都从沉睡中苏醒，飞禽走兽聚集在彝神周围，用各自的声音唱着、叫着，陶醉在这个新的、有亮光、有色彩、有声音、有行动的世界中。

彝神拉住拜艾梅的手，用洪亮的声音向由她赋予生命的万物说：这是艾拜梅的土地，由你们享用。我将送给你们冬、夏两季。夏季炎热，可使果实成熟，供你们食用。冬季，当寒风吹过大地，吹走夏季留下的废物时，你们可以睡觉。这是我要送给你们的变化。你们还会遇到其他一些变化的，我钟爱的万物！

太阳女神说完即告别人世，去往天界，并嘱一切生物：当你们死亡时，尸体留尘世，灵魂来到天上，和我住在一起。

彝神从地球上升起，缩小成天空中一个光球，然后慢慢地沉落在西山背后。有生命的万物都悲伤，心中充满了对重临世界的黑暗的恐惧。他们的悲伤因入睡而缓和，世界又回到静寂的、黑暗的沉睡状态。忽然，警醒的鸟儿看到东方有一闪亮光，啾啾叫起来，亮光愈来愈强，更多的鸟儿叫起来，放声高歌，因为彝神灿烂地升起在空中，用她的光辉重新照耀世界。

飞禽走兽一个个醒来，就像这第一次黎明以后它们每天早上醒来一样。第一次他们为黑暗而惊恐，以后便不再惊恐，因为已知道会有新的日出带来新的白昼。[1]

上面这个澳洲土著神话较之巴比伦、埃及和印度神话更为具体，抽象化的程度最低，但故事中蕴含的哲理却是同样的。在整个叙述中体现着一系列

[1] 根据丰华瞻编译《世界神话传说选》第六章。

二元对立的对应范畴：光与暗、热与寒、生与死、白昼与夜晚、欢乐和恐惧、醒觉与睡眠、夏与冬、运动与寂静。而所有这些对立范畴都发源于太阳创造主的运动，并随着太阳的运动而完成对立面的互相转化，用所谓“太极生两仪”来概括是很恰当的。此外，故事中还讲到了东西与南北的四分空间，体现了“两仪生四象”的具体过程。

通过上述五个实例的简析，我们以中国的黄帝神话为中心，将太阳创世的模式分别验证到了遍布世界五大洲的不同文化之中。在包括巴比伦、埃及、印度和中国在内的四大古文明的神话体系中，我们发现了共同的因素，据此可以断定黄帝的创造主神身份和太阳神格。本来“黄”“光”二字在古文中通用，黄帝也就是光帝、光明神；而太极也就是楚辞中的至上神——以光明诞生的方位命名的“东皇太一”。

太阳与宇宙之间的关系，常表现为原型图像，如容格所指出的，是十字形符号配以象征宇宙的图形，[1] 如图 14 左图：

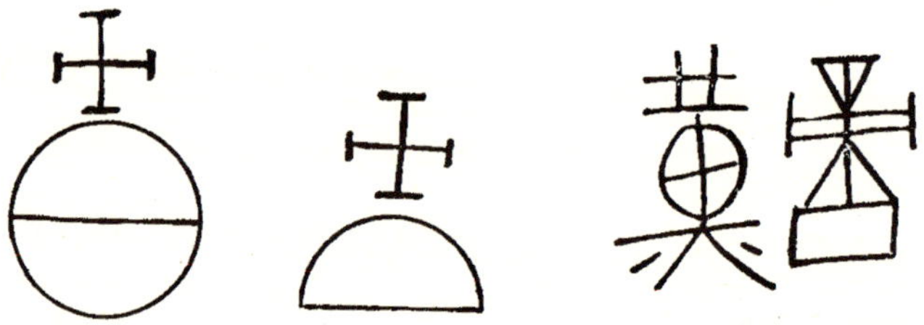

图 14

若去掉宇宙符号中的阴间部分，则如图 14 之中图所示。这图像同见于战国铜器铭文的“黄帝”一词的最古写法 [2] 十分近似，如图 14 之右图。相比之下，甚至甲骨文中屡见的最高主宰神“帝”也是以十字形符号为其造字基础的，考虑到殷商人拜日崇鸟，且以十干记日的礼俗，我们可以推论：从商代的帝

[1] 容格：《个性化过程研究》，《容格选集》1968 年英文版，第 9 卷第 1 分册，第 298 页。
[2] 徐中舒：《陈侯四器考释》，《古史辨》第七卷，第 190 页。

到周代的黄帝，太阳创造主的观念在中国上古史上是不绝如缕的。黄帝的四张面孔象征着由他所钦定的神圣四方空间，因此，“黄帝四面”这四个字所构成的千古密码，实应破译如下：创造主太阳神的循环运行“钦定”了四方和四时。

若再加上“黄帝生阴阳”一句密码的破译，我们终于可以重构出因理性化的曲解而失去本义、湮没无闻了几千年的上古创世神话的原型结构：

创造主太阳神从黑暗中出生（升），创造成光明与黑暗二分的世界，它的循环运行钦定出东西南北和春夏秋冬，确立了人类赖以生存的宇宙时空秩序。

至此，我们对神秘数字四的起源与人类四方空间意识的发生的讨论便都被概括到一个神话表象之中了，这个神话表象便是四面的创世之神黄帝。

在结束本节的讨论之前，可以将以时空钦定为深层结构的太阳创世神话的中国形式用简表加以概括，表中第一行为这种神话模式的数字序列程式：

表 1

抽象数序	一→二→四	
象征意蕴	太阳创造神→天 / 地 昼 / 夜→四方 四时	
神话 A	黄帝生阴阳	黄帝四面
神话 B	黄帝律治阴阳之气	黄帝节四时之度
神话 C		黄帝始造指南车
神话 D		尧命羲、和四兄弟钦定四方和四时
神话 E	重黎开辟天地	
神话 F		祝融光耀四方
神话哲学化	太极生两仪	两仪生四象

在所有类型的神话中，创世神话所要回答的是宇宙本源的哲学问题，因而可以被看作是神话哲学中的本体论。创世神话的法规功能也因此而显得最基本、最重要。在某一文化中产生的创世神话构成该文化的价值结构的基础，

"将决定社会共同体所有其他方面的态度、行动和结构。它既为该文化中的其他神话提供范式，也为非神话式的表达提供范式。"[1]从对来自五大文明的创世神话的比较分析中，还可得出一种认识：神话的法规功能的起源，在于初民观察太阳运行之"道"以及由此派生出的时空秩序感的神化、圣化。最初的神话法规体现为创世神话，创世神话的深层结构具有转换生成的性质，能从同一原型模式中派生出新的神话法规乃至"人话"法规。《礼记·祭义》中关于孝放之东南西北四海而准的说法，便是"人话"法规的突出表现。这便可说明对神话采取理性主义排斥态度的儒家经典如何落入神话表达的空间窠臼了！

谁曾料到，至今为我们习以为常的说法"置之四海而准"同更为古远的神话说法"黄帝四面"之间，却有着不为人知的渊源关系呢！

[1]《新大英百科全书》1973—1974年版，第5卷，第239页，《创世神话及教义》。

THE SEVENTH PART

第七章

混沌七窍

天地万物都造齐了。到第七日，上帝造物的工已经完毕，就在第七日歇了他一切创造的工，就安息了。上帝赐福给第七日，定为圣日。

——《旧约·创世记》

正月七日为人日，以七种菜为羹……

——《荆楚岁时记》

如果人类心智甚至在神话领域中都能显出规则特征的话，那么它在所有活动领域中也必然是有规则可循的。

——列维－斯特劳斯《生食与熟食》

一、礼拜日及其由来

本章的讨论将从一个无意识的文化问题开始：我们曾长期遵行的作息制度，即六天工作学习，一天休息的“星期”制，究竟是我们的祖先传下来的，还是后人创设的呢？最初的创设者为什么偏偏选中了“七”为星期的天数呢？

前一问题似可以在神话中找到答案。

古希伯来人的上帝耶和华当初用六天时间完成了世界和人类的创造工作，并把第七天定为休息日，这个神话记载在《圣经·旧约》的第一篇《创世记》中，原来只是犹太教徒信奉和遵行的宗教作息制度的一种“神圣化”。后来从犹太教中衍化出了基督教，后者虽以《新约》为主要经典，但也承袭了犹太教的《旧约》。随着基督教在西方世界的传播，以七天为一礼拜的作息制度成了西方各国普遍采纳的历制。在近代东西方文化汇流过程中，包括我国在内的大多数亚非国家均放弃了原有的本民族历制，而接受了六天劳作，一天休息的“西历”星期制。这样，古代西亚一个小民族的创世神话终于为现代的全人类提供了统一的作息活动模式——“公历”。

由此看来，我们的第一个问题的解答仍需归结到上一章所讨论的神话法规功能：星期制不是我们华夏祖先传下来的文化遗产，而是外来文化中受到神话法规制约作用的近代结果。

古人的计时法或以太阳的运行周期为单位，如日与年，或以月亮的运行周期为单位，如月。这种计时单位的命名之中实已暗藏着神话思维时代的认知规律，这便是我们已经提到过的借空间物象来表示时间范畴。当远古祖先们试图捕捉、记录那缥缈不定的、看不见、摸不着、听不到的神秘时间的步履时，他们所凭借的便是能够从直观上加以把握的空间运动表象——太阳和月亮。于是，太阳和月亮的规则的周期性运动程式本身就成了计时的天然尺度——日、月、年。相比之下，以七天为一个周期的计时单位不是自然天成的，而是人为规定的。

中国古代的计时单位除了年月日这三种直接取法于太阳与月亮运行周期的自然尺度之外，还有一种人为规定的尺度——旬。甲骨文中已有旬字，可知以“旬”（即十天）为一个单位来计时早自殷商时代就流行了。由于商人以十干记日，上古文献中又屡见有关十个太阳的神话，所以自宋代朱熹以来，人们就把“旬”的记日法同十日神话联系在一起。不过，对问题的解释却形成了两种相反的观点。前一种观点以朱熹为首，认为上古自甲至癸的十干记日法被后人误传，演变出了十个太阳的神话。日本汉学家出石诚彦也认为“十干记日的神话化是可能的”。[1]后一种观点以郭沫若先生为代表。郭老在《释支干》中指出，十日神话的产生要以十的数目观念为前提，从甲至癸的十干原本为殷人的次数标记，犹言第一、第二……“有此次数，于十日传说发生以后，乃移之以名彼十日。十日为一旬之历法规定当又在传说以后。盖必先有彼初步之自然解释（指十日神话）而后始移之以定历法。”[2]简言之，神话在先，旬制在后，旬制乃神话的实用化。

近年来，对旬制与十日神话关系的研讨又有了进展。台湾学者管东贵对此做了专门研究，他指出，郭沫若将旬制说成是十日神话的现实结果，论据不足以成立。而朱熹等人虽提出了十日神话产生于旬制之说，但却没有说明所以然。对此，他提出了一种“所以然”的解释：十干记日的旬制是始自殷代的重要计时单位，而且与当时的宗教礼仪及日常生活都有密切关系。这种甲日、乙日、丙日……癸日，共计十日的记日方法虽为殷人所使用，周而复始，但后来已不知道其由来了，为了说明其由来便要编造神话。计时所用的甲日、乙日、丙日等“日”字既然具有“太阳”和“日期”两种意义，因此，神话

[1]“神话化”原文为“说话化”，见出石诚彦《支那神话传说的研究》，中央公论社昭和十八年版，第81页。
[2]《郭沫若全集》考古编第1卷，科学出版社1982年版，第190—191页。

创造者自然会想到太阳，把甲日、乙日、丙日这“十日”看成是原有的十个太阳之名。从意义上看，十日神话意在说明旬制的所以然。[1] 另一位台湾学者在研究十干问题时发表了如下见解：十日神话产生于古人记日方法的变革。最初有些个人用某事物来作为某一天的符号，这些符号因人而异，不成系统，没有规则。后来有人对这些凌乱的符号整理归纳，构成一套以十干记日的方法。后人遗忘了实情，以为他们的祖先一开始就只用那十个不同的名称，来凌乱地作为记日符号，于是便有了“十日并出”的故事。[2] 国内也有学者从类似的角度提出更大胆的看法：十日神话产生于后羿在商代所进行的一次历法改革：古人原以十干记月，一年十个月，后因误差太大改为一年十二个月，已废弃的十干记月法产生了十日神话。由于后羿主持了历法改革，所以神话说他“上射十日”。[3]

看来，对这个问题的解答尚未有定论，各种新的假说可能还会发生，我们暂且抛开这问题。如果把旬与周，即十天一周期的记日法同七天一周期的记日法加以对比，并将各自的相关神话加以对比，将是非常有趣的。对比一开始，“孰先”的问题难免要落到《圣经》创世神话和犹太教安息日制的关系上。

按照《圣经》神话自身的解释，是由于有了上帝工作六天后的休息，才有了第七天为安息日的规定。对于犹太教和基督教的信徒们来说，显然是上帝创世在先，安息日的制度在后。前者为因，后者为果；遵守这种休息的制度，就是对上帝神圣创造的永久纪念。《出埃及记》中记述了上帝授意给摩西的十诫中有关守安息日的规定：

---

[1] 管东贵：《中国古代十日神话之研究》，载古添洪、陈慧桦编《从比较神话到文学》，台北东大图书公司1983年版，第83—149页。

[2] 张秉权：《甲骨文中所见的“数”》，载“中央研究院”《历史语言研究所集刊》第46本，第三分。

[3] 何新：《诸神的起源》，三联书店1986年版，第171—172页。

当纪念安息日，守为圣日，六日要劳碌，做你的一切工作。但第七日是向耶和华你上帝当守的安息日。这一日，你和你的儿女、仆婢、牲畜，并你城里寄居的客旅，无论何工都不可做。因为六日之内，耶和华造天地海，和其中的万物，第七日便安息。所以耶和华赐福与安息日，定为圣日。[1]

摩西坚决推行安息日制度，宣布有在安息日工作者必处以死刑。[2]犹太教据此把安息日规定为专门敬拜上帝的日子。后来的基督教又根据《新约》中耶稣在星期日复活的故事，称安息日为礼拜日，又称“主日”。每逢此日，教徒云集教堂做礼拜，这便是俗称“礼拜日”的由来。

然而，现代神话学和《圣经》学研究表明，信徒们作为真理而信仰的创世说只不过是为了宗教目的而改造了的古老神话，上帝设休息日的故事不是安息日制度的产生原因，反倒可能是其结果。

从神秘数字的原型性质来看，安息日定在第七天绝非偶然。《圣经》中有许多实例说明“七”是作为神秘的模式数目、作为叙述的结构素而出现在犹太教和基督教文献中的。与安息日制相对应，上帝还曾向摩西规定了安息年的制度，同样以“七”为循环周期数：

六年你要耕种田地，收藏土产，只是第七年，要叫地歇息，不耕不种。[3]

此外，上帝还规定了其他一些节期，如除酵节——吃无酵饼七天；住棚节庆祝七或九天等。犹太教的神圣象征为七连灯台，用精金制造，按照上帝的规定共有七个灯盏。“考古学者在发掘古代犹太教遗迹时，在一所会堂的

[1]《旧约·出埃及记》，第二十章，第8—11节。
[2]《旧约·出埃及记》，第三十五章，第1—3节。
[3]《旧约·出埃及记》，第二十三章，第10—11节。

拼花地面上发现有此物图案，其左右六支灯脚呈同心半圆形，中间一支居正中线，各支都有花瓣状细雕。”[1]上帝向摩西显灵时，荣耀停于西乃山，云彩遮盖山六天，第七天召摩西去传旨。上帝用流浪惩罚杀弟的该隐时说：“凡杀该隐的，必遭报七倍。”[2]上帝在发洪水惩罚人类之前，嘱义人挪亚造方舟避难，特别叮咛了应带动物的数量：

凡洁净的畜类，你要带七公七母，不洁净的畜类，你要带一公一母。空中的飞鸟，你也要带七公七母。可以留种，活在全地上，因为再过七天，我要降雨在地上。……[3]

同书叙述洪水之灾过后，

七月十七日，方舟停在亚拉腊山上。水又渐消，到十月初一日，山顶都现出来了。过了四十天，挪亚开了方舟的窗户，放出一只乌鸦去……他又等了七天，再把鸽子从方舟放出去。到了晚上，鸽子回到他那里，嘴里叼着一个新拧下来的橄榄叶子，挪亚就知道地上的水退了，他又等了七天，放出鸽子去，鸽子就不再回来了。[4]

在著名的雅各故事中，主人公为娶母舅拉班的小女儿拉结，为拉班做了七年工，结果在婚礼中受骗，发现新娘是大女儿利亚，于是又为拉班做了七年工，再将拉结娶为妻子。[5]诸如此类以七天、七年为母题的故事、礼仪、规约、

[1]《宗教词典》，上海辞书出版社 1981 年版，第 14 页。
[2]《旧约·创世记》第四章，15 节。
[3]《旧约·创世记》第七章，2—4 节。
[4]《旧约·创世纪》，第八章，4—12 节。
[5]《旧约·创世纪》，第二十九章。

风俗，在《圣经》中比比皆是。在《旧约·约书亚记》中讲到以色列人攻打耶利哥城时甚至出现了叠床架屋的“七”：

耶和华晓谕约书亚说，看哪，我已经把耶利哥和耶利哥的王、并大能的勇士，都交在你的手中。你们的一切兵丁要围绕这城，一日绕一次。六日都要这样行。七个祭司要拿七个羊角走在约柜前。到第七日你们要绕城七次……众百姓大声呼喊，城墙就必塌陷。[1]

在这里可以体会到七的魔法性力量。

二、神秘数字“七”

各种文献材料表明，关于“七”的圣数观念绝不是古希伯来人的首创发明，尽管在《旧约》中圣数“七”的使用达到了登峰造极的地步。在不同的地域文化中，“七”总是作为宇宙数、作为宇宙观念的象征而出现的，因而常常与描述宇宙发生的创世神话相联系，或“可用作宇宙树描述中的常数”[2]。现代考古学在古代巴比伦发现了比《圣经》创世神话早一千多年的创世史诗，“美国考古学家詹姆士·普里查德对比了这两个故事，发现了很多令人惊愕的相同之处。例如，两个故事在事件发展的顺序上是相同的：先产生了天和天体，然后是水和陆地分开，第六天造了人，第七天上帝休息。”[3]值得深思的还有，这部题名为《埃努玛·艾里什》的创世史诗恰好刻写在七块泥板之上。[4]

[1]《旧约·约书亚记》，第六章，2—5节。

[2] 托波罗夫：《神奇的“数字”》，中译文，《民间文学论坛》1985年第4期。

[3] 科西多夫斯基：《圣经故事集》，中译本，新华出版社1981年版，第11页。

[4] 胡克：《中东神话学》，第42页。

由创世神话所强调的圣数“七”具有了宇宙常数的意义，因而也常用来表示某种发展的极限或循环的周期。在现存世界第一部史诗，公元前2000年代巴比伦人的《吉尔伽美什》中，讲述了一个大洪水毁灭人类的插话，正是《圣经》中挪亚方舟故事的原型，其叙述发大水时说：

整整六天六夜，风和洪水一涌而来。台风过处国土荒芜。到了第七天洪水和风暴终于败北。[1]

讲到巴比伦的“挪亚”为避洪水而造大船：

第七天船已竣工。

洪水停止后，我们又看到：

第一天第二天船在尼什尔山（搁浅，不能动弹）。
第三天第四天船在尼什尔山（搁浅，不能动弹）。
第五天第六天船在尼什尔山（搁浅，不能动弹）。
到了第七天，
我解开鸽子放了出去，
……
我解开大乌鸦放了出去，
大乌鸦飞去，看到水势已退，
打食、盘旋、嘎嘎地叫，没有回转。

[1]《吉尔伽美什》，赵乐甡译，辽宁人民出版社1981年版，以下引文同出此书。

该史诗还说到神界的一场讨论，涉及人间“将有七年的歉收”之事。到了希伯来人的《圣经》中，除了在挪亚方舟等故事中保留了圣数“七”的神秘用法以外，还在约瑟为埃及法老圆梦的故事里重述了“七年歉收”的危险。

如果进一步向上追溯，我们发现，圣数“七”的神秘用法还不是巴比伦人的发明，其原型早在公元前3000年代的苏美尔神话中便明显存在了。同希伯来人一样，巴比伦人只不过照样继承了这一特殊的文化遗制。

现存苏美尔神话大都是本世纪以来考古发现的成果，其年代之久远使人们确信这是人类有文字记载的最古老的神话。在一个题名为《吉尔伽美什、恩启都和另一世界》的神话中，说到主人公的一把战斧，重达七麦那斯(minas)并有七种用途。[1]显然，这里的“七”具有无限大的夸张意义。在同一神话中，吉尔伽美什与恩启都的亡灵有一段对话，谈的是阴间地狱中的情景：

吉尔伽美什：那有一个儿子的人，你见到了吗？

恩启都：我见到了。

吉尔伽美什：他的境况怎样？

恩启都：（答话残缺）

吉尔伽美什：那有两个儿子的人，你见到了吗？

恩启都：我见到了。

吉尔伽美什：他的境况怎样？

恩启都：（答话残缺）

这样的反复问答一直延续到第七次：

[1] 克拉莫尔（S.N.Kramer）：《苏美尔神话学》，美国哲学学会1944年版，第34页。

吉尔伽美什：那有七个儿子的人，你见到了吗？

恩启都：我见到了。

吉尔伽美什：他的境况怎样？

恩启都：就像近乎神的人，他……[1]

这种不厌其烦地重复到“七”的写法同前引巴比伦人洪水故事中的写法如出一辙。但切莫以为这样的写法出于古人修辞的雅兴，其潜在的信仰原因似乎是：凡数重复到七便可产生某种神秘力量或法术性质。对于没有此类神话信仰的现代人来说，这种同义反复的啰唆是会使读者大倒胃口的废话。

在另一个叫作《印南娜下冥府》的苏美尔作品中，说到了阴间的“七重大门”及七个把门人。主人公经过每一道门都要交出一件衣饰或珍宝，最后到达冥府中时已经赤身裸体了。[2]在巴比伦人的神话《伊什妲尔下冥府》中，我们再次看到了十分相似的故事。[3]甚至在古希腊人关于阴间的想象中，“七”的原型依然在发挥结构素的作用。不过阴间的七重大门在这里置换成了“七循冥河”，七个守门人变形为一个年老卑鄙的船夫，去阴间的死者必须支付一枚硬币才得乘坐他的船渡河。古希腊人对丧葬之礼极为重视，并在死人口中放一枚硬币，作为前往阴间时的摆渡费。与印南娜付出的七重珍宝相比，去希腊的地狱要比去苏美尔—巴比伦的冥府便宜多了。

在已经残缺不全的苏美尔洪水神话中，还可以看到这样的描述：

此后，七日又七夜，洪水淹没了整个大地，大船在水面上漂流……[4]

[1] 克拉莫尔：《苏美尔神话学》，第36—37页。
[2] 克拉莫尔：《苏美尔神话学》，第88—96页。
[3] 胡克：《中东神话学》，第39—41页。
[4] 克拉莫尔：《苏美尔神话学》，第98页。

在这几行残简中，挪亚方舟的故事轮廓已依稀可见。毫无疑问，巴比伦人和希伯来人先后挪用了苏美尔人的洪水神话。由此可知，《圣经》中的洪水故事里反复出现的神秘数“七”，并非为了照应希伯来人创世神话中的休息日——第七天，而是对古老的圣数原型的沿袭。就连耶和华选择第七天休息也不是偶然的，这一选择同样是文化传统的无意识沿袭，就像当今的文明人沿袭由来已久的休息日一样。

鉴于《圣经》中数字“七”的神秘功能来源于苏美尔、巴比伦文化的事实，有的学者认为，圣数“七”的观念最初发源于美索不达米亚，后来逐渐传播到世界各地。“七”成了泛巴比伦主义和人类文明一源说的证物。然而，当人们把眼光从上古西亚文明转向其他区域的时候，自然要对一源说产生怀疑。因为在许多不同时代的不同文化中，都可以看到“七”的神秘用法，而这些文化很难说与西亚文化之间存在渊源影响关系。

如非洲尼日利亚只有数千人口的阿比西人，为同入侵的豪萨颇尔联合酋长国达成协议，每年必须向酋长国提供七个奴隶或七匹马等贡物。主持交涉的“使者首领”要经过巫术仪式来选取：“所有的人都以部落为单位坐在准备举行典礼的场地上……新首领坐在他舅舅家的成员中间……摩加基家族中的一个老人跳起舞来，围绕着人群绕七圈，然后举起手杖，装模作样地寻找候选人。最后终于认出了他，把他推出来，拥向举行庆典仪式用的神圣茅屋。摩加基（巫师）正等在那里，用重修茅屋时所用的那个祭品——颇尔的头颅，盛满了酒让他喝，并对他说，你将在位七年，然后离去。”[1]

又如美洲大陆上欧塞奇印第安人的动物祖先传说：贻贝氏族的祖先为寻求神灵的保佑，泪流满面，经过了七次尝试，最后，他终于找到了贻贝，并

[1] 让-雅克·夏利福等：《尼日利亚阿比西人政治上的变化和仪典方面的改革》，中译文载《民族译丛》1980年第5期，第47—50页。

对它说：

“啊，祖先，这些小东西几乎一无所有，用什么来做成他们的身体？”

于是，贻贝回答道：“你说，这些小东西一无所有，没法做成自己的身体，那么，就用我的血肉来做成他们的身体。……我已经成功地渡过七道弯弯曲曲的（生命的）河流……”[1]

假如没有前文中关于神秘数字七的论述和引证，这里的七次尝试和“七道河流”很可能被忽略为印第安人的偶然用法。在祖尼印第安人那里可以看到更为惊人的情形：以七重形式为特征的图腾组织构成了该部落社会的世界观之基础，数字“七”的神秘魔法功能无意识地渗透到整个文化之中。[2]

在佛教文献中，神秘的七同样具有弥漫一切的性质。如《长阿含经》卷一所说的“七佛”：毗婆尸佛、尸弃佛、毗舍婆佛、拘楼孙佛、拘那含佛、迦叶佛、释迦牟尼佛。《法华经》等所说的“七宝”：金、银、琉璃、砗磲、玛瑙、珍珠、玫瑰。《杂阿含经》卷二十六等记述的“七觉支”即达到觉悟的七种次第：念觉支、择法觉支、精进觉支、喜觉支、猗觉支、定觉支、舍觉支。《大乘义章》卷十七所说的“七方便”：五停心观、别相念处、总相念处、暖法、顶法、忍法、世间第一法。此外还有所谓“七趣”：地狱、饿鬼、畜生、人、神仙、天、阿修罗。所谓“七因明”“七种语”“七法”“七喻”“七唯”“七慢”，等等。在佛经故事中，“七”总作为结构素而出现。如《贤愚经》卷九说道：“牢造其船，令有七重。……以七大索，系于海边。……若得珍宝，安稳还归，子孙七世，用不可尽。作是令已，便断一索，日日如是。至于七日，断第七索，望风举帆……”更奇

[1] 引自本尼迪克特（R.Benedict）《文化模式》，张燕等译，浙江人民出版社 1987 年版，第 39 页。
[2] 卡西尔：《象征形式哲学》第二卷，耶鲁大学出版社 1955 年版，第 86 页。

特的是，佛教中的七作为模式数又生成了许多中国佛教的门派或宗师，不多不少总是七。如禅宗七派：曹洞宗、云门宗、临济宗、沩仰宗、法眼宗、杨岐宗、黄龙宗。禅宗七祖：达摩、慧可、僧璨、道信、弘忍、慧能、神会。华严宗七祖：马鸣、龙树、杜顺、智俨、法藏、澄观、宗密。净土宗的莲社七祖：慧远、善导、承远、法照、少康、延寿、省常。甚至在佛教东传日本之后，也形成了七宗：华严宗、天台宗、律宗、三论宗、成实宗、法相宗、俱舍宗。

中国道教文献中也有“七报”“七伤”等名目。至于把神秘数字“七”的功能表现在创世神话中的例子，也绝不仅限于《圣经·创世记》和巴比伦创世史诗等出于西亚的作品。在地处北欧的古芬兰人的创世歌中，讲到原始处女伊里马达尔在海中因风受孕，怀胎七百年后生下七个蛋，从中化出宇宙的情节。[1]

这自然使我们联想到中国古代的神圣女女娲“七十化”而生成世界的神话，可知“七十”“七百”不过是圣数“七”的夸张变体形式，有如《圣经》中为了夸张长寿，说拉麦活了七百七十七岁，[2]或《逸周书·世俘》为夸张人数众多，说“馘磿亿有七万七千七百七十九人”之类。在我国拉祜族的民间史诗《牡帕密帕》第一章“造天造地”中，圣数“七”的夸张变体采取了更为成熟的形式：

（创造神）厄莎搓下脚手汗，
揉成很多很多的泥巴团。
七万七千个做天网，
七万七千个做地网，

[1] 雅罗斯拉夫斯基：《圣经是怎样一部书》，中译本，三联书店1962年版，第45—47页的引文。
[2]《旧约·创世记》，第五章，31节。

从此天像个罩子，
地像一块木板。[1]

很明显，这个神话的作者（们）已经拥有了非常发达的数概念，据此可知该神话是较为晚出的创世故事。在这类晚出的创世故事中，圣数“七”还常常同较为后起的其他圣数（如九、十二等）对应出现。如苗族古歌《金银歌》中造天地一段：

很古很古的时候，
用五棓木支撑天地。
撑天天摇晃。
支地地摇晃，
一天要塌下来六回，
要有七次收拾锅瓢，扛起甑子，
往外面逃奔。
……
有个九昌昂公公，
身子有七个桶箍粗，
他吃了九槽子粑粑，
又吃了七笆篓生鱼，
把身子吃得梆梆硬，
就来把天往上撑，
把天撑得远远的。

[1]《牡帕密帕》，云南人民出版社 1979 年版，第 4 页。

……[1]

又如纳西族《创世记》：

恩余恩曼生下九对白蛋，
一对白蛋变天神，
一对白蛋变地神，
一对白蛋变成开天的九兄弟，
一对白蛋变成辟地的七姊妹。[2]

还有些与较为古朴的数概念相关的创世故事，将“七”与“七”以下的某些神秘数字结合在同一叙述中，常见的是不解其意的“七”同明确表示空间观念的“四”。如彝族的《开天辟地的故事》：

从前，天是黑的，地是黑的，七天不黑，七天不亮。这时候，出现了天才的八哥、点尼、支格阿鲁和结直嘎鲁。他们四人在宇宙间商量开天辟地的大事。八哥说：“开天辟地这件事，好不好开呢？怎么开呢？”聪明的点尼说：“必须开天辟地。宇宙里必须有动物和植物。”又说，“开天辟地必须用四根铜柱把东南西北四方顶上天；另外还需要四把铜扫把。谁来造铜柱和铜扫把呢？”（以下出现了结直嘎鲁八天造成铜柱与铜扫把的情节。）点尼来接铜柱。第一天，他用铜柱撬开了天，把东方的天顶了上去，太阳一闪亮就照到地上来了。第二天，他用第二根铜柱把西方的天和地撬开，太阳从这里落了下去，天就黑了。第三天，他用一根铜柱撬开了北方，顶住了北方的天和地，

[1]《金银歌》，见《民间文学》1956年第8期。
[2]《创世记》，云南人民出版社1978年版，第4页。

造成了白天。第四天，他又用第四根铜柱顶上南边的天和地，造成了黑夜。[1]

这个创世故事之所以值得注意，因为它不仅突出了“七”和“四”的数字母题，而且充分体现着创世神话的哲学本质与构思的逻辑。故事把创世的过程即宇宙从无到有的过程，表现为以黑暗/光明的二元对立为背景的空间方位（东西与南北）和时间周期（白天与夜晚）的有序生成，又将时空有序生成的直接原因描绘为太阳的运动，这就又一次证实了我们在讨论黄帝神话的实质时所提出的假说：神话思维在构思世界创始的神话时往往将太阳从黑暗中升起这一自然现象作为叙述的基础、故事的深层结构。由于太阳出现的方位是东方，所以最先成立的宇宙空间方位总是东方。此外，我们在讨论人类空间方位意识的发生过程时指出的一个普遍规则，即先认识日出与日落两个方位——东与西，然后才认识另外两个方位——北与南，在这里的彝族创世故事中也得到了形象化的具体体现。因此，严格地说，这个神话仍然属于以“1→2→4”的圣数展开模式为其本质特征的太阳创世神话类型，只不过在表层叙述中出现了“七天不黑，七天不亮”的说法，透露出神秘数字“七”的存在。

从上引材料中不难看出，“七”作为宇宙数字，同前一章讨论的四一样，并不局限在个别的地域文化中，而是具有人类普遍性的原型。

围绕着礼拜日制的由来和“七”的神秘性的跨文化发生，我们已看到了两种不同的文化趋同现象。

前一种，从以第七日为圣日的创世神话到全球性“公历”的星期日休息制度，正是所谓“文化传播”的最佳例证。它显示了人类文明发展中的某种“趋同”现象。

[1] 陶立璠、李耀宗编：《中国少数民族神话传说选》，四川民族出版社1985年版，第31—32页。

后一种，从宏观历史角度判断，人类在文明发生之际以前，本来就是“趋同”发展的——从旧石器文化到新石器文化，再到青铜文化，只是在文明建立之后才演变为彼此差异很大的区域性文化圈，产生了许多不同的思想体系、礼仪制度和风俗习惯。而到了近代，各文化圈之间的封闭阻隔状态被打破，文化再度走向了趋同。所不同的是，人类文化的第一次“趋同”主要出于原始文化心理结构的共同性，是一种平行发生的“趋同”；第二次“趋同”则主要由于不同文化心理结构的相互渗透和影响，是一种接受和同化的“趋同”。

若将公历的礼拜日制作为传播影响的趋同的实例，那么，七作为与创世神话相关的神圣数字（或神秘数字）出现在时空不同的文化圈中，便可看作是平行发生的趋同现象的确证了。

相对而言，传播影响性趋同的研究属于文化交流史的范畴，而平行发生性趋同的研究则是人类学或文化哲学的课题。后者比前者具有更大的难度，但也更有趣，更有深意。

从下一节开始，我们的讨论便将从前一领域转入到后一领域，继续求索礼拜日制的终极根源，解决神秘数字“七”的心理发生问题。

三、人日之谜：创世神话与新年礼仪

中国古代虽无七天一安息的圣日，却有着另一种确定在每年第七天的节日——人日。探讨人日的由来及相关的礼仪活动，不仅有助于找到理解神圣数字“七”的重要线索，还将把我们引向一个新的发现——重构出另一种久已失传了的上古创世神话，并从对比之中更深入地理解神话与文化的内在关联，把握中国神话与中国文化的某些特质。

南朝梁人宗懔记述古代南方地区时俗风物的《荆楚岁时记》中写道：

正月七日为人日，以七种菜为羹。剪彩为人，或镂金箔为人，以贴屏风，亦戴之头鬓。又造华胜以相遗。登高赋诗。[1]

如此景象，简直是庆祝人类诞生的纪念节日了。不过这个节日是正月的“第七天”，而不像《圣经》所说的创世的第六天。为什么会有这种“人日”风俗呢？《荆楚岁时记》注曰：

按董勋《问礼俗》曰：“正月一日为鸡，二日为狗，三日为羊，四日为猪，五日为牛，六日为马，七日为人。正旦画鸡于门，七日贴人于帐。”今一日不杀鸡，二日不杀狗，三日不杀羊，四日不杀猪，五日不杀牛，六日不杀马，七日不行刑，亦此义也。[2]

照此判断，从正月初一至初七，分别为鸡、狗、羊、猪、牛、马和人的“圣日”。那么，潜藏在这七个圣日的礼俗和禁忌背后的原因究竟是什么呢？人类学提示我们，礼仪活动不能靠它自身来说明自身，它是前逻辑的，前语言的，甚至是前人类的，因为人类学家在动物那里也发现了类似仪式的行为程式。用语言来说明仪式，便产生了仪式性神话。因此，我们可以在仪式与神话二者互为因果的密切关系中寻找失传了的东西，或依据尚存的礼仪活动去发现或重构已失传的相关神话；或依据尚存的神话去复原已失传或残缺的仪式模式。

既然犹太教的安息日制已经在《圣经》创世神话中找到了直接的原因，那么，人日等礼俗的起源是否也同创世神话的法规作用相关呢？

在研究黄帝创世神话时我们已经说到，创世神话是其他神话的基型和范

[1] 宗懔：《荆楚岁时记》，岳麓书社 1986 年版，第 9 页。
[2] 宗懔：《荆楚岁时记》，岳麓书社 1986 年版，第 9 页。

本，它的作用是确认人类在宇宙时空中的地位。创世神话确定一种结构秩序的基调，并因此而规定某一文化共同体成员其他方面的态度、行为和礼仪。后代的礼仪活动常常可以是创世神话内容的戏剧性表演，“这种戏剧性表演的目的在于强调神话的中心主题的功效和永久性，正是这种中心主题强化和完善着该文化中意义和价值的结构。”[1]基于这种认识，我们是否可以把《荆楚岁时记》中所记载的迄今尚未有发生学解释的正月初一至初七的民间礼仪活动以及相关的禁忌规定（如“一日不杀鸡”等），看成是远古创世神话的“重演”呢？

问题的提出似乎有些突然，然而这个问题的答案应当是肯定的，理由将从以下三方面加以阐明。

第一，在各大文明的早期宗教历法中，新年礼仪往往正是创世神话的重演，因为新的一年的开始必须象征性地依照创世神话所规定的宇宙时空的发生秩序，而旧的一年的终结则被看成是世界重返创世前的混沌状态。这样，就有了所谓“年年创世神话”及相关的礼仪活动。罗马尼亚哲学家泰纳谢指出：“古代的人们认为，世界应当是每年再生的。这在神话中得到了反映。关于年年创世的神话，在古代人一套综合性的文化活动——春节中表演出来。这是迎接新年的神话性和礼仪性的戏剧，悲痛失去的天堂和最初的理想。”[2]

这种新年礼仪庆典的标本见于古巴比伦王朝时期。“在巴比伦尼亚的新年礼仪中；吟诵《创世史诗》标志着混沌的旧的一年的终结。……在新年节庆十二天中的第五天，巴比伦人举行一个表演创造主神马杜克与人间国王相认同的戏剧性典礼。大祭司从国王那里拿走王权的标志，打他的脸，迫使他跪在马杜克神像前。然后国王向神表示他的统治是公正的。大祭司把王权标

[1]《新大英百科全书》，1973—1974年版，第5卷，第239页，《创世神话与教义》。

[2]亚·泰纳谢：《文化与宗教》，张伟达等译，中国社会科学出版社1984年版，第12页。参见胡克：《中东神话学》，第12页。艾利亚德《神话与现实》，第三章“世界更新的神话和礼仪”。

志还给国王，作为得到神的恩准的象征，并再一次打国王的脸。如果这次打击使国王流下了眼泪，那就会被解释为一个吉兆。接着，人们把马杜克神像放在众神之王的位置上，在国王的侍奉之下，举行一个模拟这位创造主对混沌海怪提阿马特的胜利讨伐的盛大游行活动。新年礼仪以众神对马杜克创世之战的胜利的纪念而结束。国王回到他的权力宝座则标志着人类同宇宙之间的关系已重新建立起来。于是，这位国王——事实上是这个世界——便获得了新的开端。”[1] 从这段记述中不难看出，在世界上第一个中央集权国家巴比伦，创世神话是如何借新年的官方礼仪活动强化该文化的核心价值结构——神圣王权的。

伦敦大学的中东考古学家西德尼·史密斯还曾指出，巴比伦的新年庆典集中庆祝的是马杜克打败混沌，开辟宇宙后在天上建造的神殿。“在巴比伦新年礼仪中有两次要朗诵《创世史诗》，其中最后一个事件是晚辈神在天空上造神殿。史诗的主体是先于这个事件的马杜克故事。作为故事它是连贯的，在礼仪中演唱它，这说明对混沌的胜利被视为每年发生一次的事件，即发生在新年礼期间以前的事件。史诗中没有提到马杜克的结婚。在一个仪式历谱中有条记载说‘马杜克催办婚礼（名为哈达苏图）’，时间在元月十一日之后，恰为新年礼之后。”[2] 创造之神在完成世界的创造之后结婚，这又是一个由神话所提供的法规，由此可以解释巴比伦新年礼仪活动为什么伴随有公开的集体性交行为（参看本书第三章第一节）；后来的希伯来人新年礼为什么也以神圣婚礼为其组成部分（详下）。就在中国境内的许多少数民族中，新春礼仪也总是伴随着非同一般的男女欢会活动。

学者们在希伯来人的新年风俗中发现了基于巴比伦的同样的礼仪模式。

---

[1] 尼尔森等编：《世界上的宗教》，纽约 1983 年版，第 52 页。

[2] 史密斯（S.Smith）：《早期闪族王国中的王权礼》，载胡克编《神话、仪式和王权》，牛津大学出版社 1958 年版，第 40 页。

其通俗名称在希伯来文中叫“萨考特”，意义是收藏节。《圣经》中提到收藏节的时间在每年终结之际，[1]或在“年关”。[2]《旧约·耶利米书》中记叙了收藏节庆典上的舞蹈和音乐。在礼仪之中，国王作为神的代表而出现，用死后复活的象征表演体现新旧年度、新旧世界的更替。战胜敌人后胜利地回返神殿，创造宇宙，使大地重获生产能力，最后庆祝神圣的婚礼。[3]还有的学者认为，希伯来的新年礼仪同样象征着耶和华对原始混沌的胜利，并表演对世界的重新创造。胡克在广泛比较的基础上，重新构拟出曾流行于整个西亚的新年礼仪的原始形态的基本模式：

（一）戏剧性表演神的死与复活。

（二）朗诵或象征表现创世神话。

（三）仪式性的战斗，象征神战胜敌人。

（四）神圣婚姻。

（五）胜利游行：由国王扮演创造神，后面列队跟着次要的神或外来的神。[4]

上述材料足以说明，创世神话的重演构成了新年礼仪的基本内容，限于篇幅，类似的新年礼仪在非洲、澳洲和美洲等其他文化区域中的表现，[5]这里就不列举了。需要特别指出的是，在现代中国的少数民族地区，新年礼仪与创世神话的互为表里的关系仍然清晰可见。云南纳西族的春节礼仪是该民族宗教中最隆重的节庆，其核心内容为祭天仪式。在纳西人的俗语中就有“纳西祭天大”的说法，可见该仪式在本族成员心目中的重要地位。关于祭天仪式的详情，有报告说：

---

[1] 参看《旧约·出埃及记》，第二十三章，16 节。

[2] 参看《旧约·出埃及记》，第三十五章，22 节。

[3] 威登格林（G.Widengren）：《早期希伯来神话及阐释》，载胡克编《神话、仪式和王权》，第 149—203 页。

[4] 约翰逊（A.R.Johnson）：《希伯来的王权观念》，载胡克编《神话、仪式和王权》，第 226 页。

[5] 分别参看坎贝尔：《原始神话学》，第 166—168 页；艾利亚德：《神话与现实》，第 43、48 页。

……正月十一日杀猪大祭中有生祭和熟祭。熟祭用猪头……等，在族长念诵人类创世的奇迹，包括开天辟地、祭天的由来、祖先的迁徙、斗争和发展等等之后，助手把祭品各切一些，送到外场北方中央献食台上，并在近旁燎燃松柏枝熏烟，指引神鸟来领食。……[1]

在祭天仪式中由族长念诵的创世神话就是用象形文字记载在东巴教经书上的《崇般图》（汉译名为《创世记》或《人类迁徙记》），它在上万册东巴教经书中的地位正相当于希伯来人的《创世记》在《圣经》中的地位。[2]其中除了讲述开天辟地、人类起源、洪水之灾等神话之外，还着重追溯了纳西族的男女始祖崇忍利恩和衬红褒白命自天而降，战胜恶魔，艰苦创业的事迹。这也同《圣经·创世记》的叙述脉络大致吻合。

在云南基诺族的新年礼仪中，最重要的一项活动是敲大木鼓。大木鼓被视为该民族最神圣的器物，平时高悬在"卓巴"（寨父）"卓生"（寨母）家中，严禁动用，只有在新年礼仪中才能敲击。这种特殊用途的鼓显然同神话时代的事件有关。果然，在该族神话传说中，讲到远古时洪水滔天，人类只剩下一对善良的兄妹因钻入大木鼓而逃生。木鼓在水上漂流了七天七夜（和巴比伦洪水神话正相吻合），在一个叫节苴的地方停了下来，兄妹二人走出木鼓，这便是基诺族的祖先。[3]由于洪水神话常常是象征性地回返创世前的混沌状态（详见第八章第三节），所以洪水浩劫后的人类新生也是创世的重新表现（在《圣经》挪亚方舟神话中，洪水退去的日子恰在正月初一，挪亚的再生被象征为新世纪的开端）。基诺人只在新年礼仪

[1] 李近春：《纳西族祭天初探》，载《民族学研究》第 3 辑，民族出版社 1982 年版，第 160—172 页。

[2] 李近春：《浅谈纳西族史诗〈创世记〉》，载《民族学研究》第 6 辑，民族出版社 1985 年版，第 245—259 页。

[3] 宋恩常：《基诺族原始宗教试析》，载宋恩常编《中国少数民族宗教初编》，云南人民出版社 1985 年版，第 228—238 页；李竹青：《中国少数民族节日与传说》，北京旅游出版社 1985 年版，第 161 页。

中敲击大木鼓，是对由本族祖先扮演的世界再创造的神圣业绩的纪念。这里虽然没有直接表现创世神话，但大木鼓的传说本身即可理解为创世神话基型的变体表现。二者的中心主题都是突出一个“新”的时空的诞生，一个新世界的出现。这种“新”的神话主题也唯有在新的一年开始之际，才更能发挥它的法术性力量。

实际上，从神话、礼仪和社会统治权（即王权）三者的关系看，中国古代历朝皇帝在换代登基之际都免不了要“改元”，要易制度、变服色，竭力突出自己新统治的神圣开端意义和创造性，这也无非是变相的新年礼仪而已，不同的只是把时间循环的自然周期改为人为周期了。“改元”的实质仍为创世神话的遥远回声：人间社会秩序的重建是以宇宙自然秩序的创生为基础和范本的。《礼记·大传》云：

圣人南面而治天下，必自人道始矣。立权度量，考文章，改正朔，易服色，殊徽号，异器械，别衣服。此其所得与民变革者也。

孔疏：“正谓年始，朔为月初……周子、殷丑、夏寅，是改正也；周夜半、殷鸡鸣、夏平旦，是易朔也。”帝王们就是这样按照神话逻辑，通过对时间尺度的改换来体现自己创造新世界的功绩。

第二，从神话与仪式活动的特殊关系着眼，以上述理论为基点，重新看待《问礼俗》中“正月一日为鸡，二日为狗……七日为人”的记载，可以断定这段文字反映了流行于中国民间的“年年创世”的神话，而从正月初一到初七的春节礼俗正是泰纳谢等学者所说的对年年创世的神话的一种综合性表演。关键在于对“为”字的理解。“为”的本义是做或制、造。如《易·系辞下》：“作结绳而为网罟，以佃以渔。”故“正月一日为鸡”便说的是造鸡，“七日为人”说的是在正月初七这一天造人。由于年年创世的神话就是年年春节重演的创世神话，所以正月前七日的创造实际上是象征性的“再造”，也就是对原初的创世工作的一种模拟性的纪念。其哲学意义如艾利亚德所说，可以给全社会成员带来一种“重返神圣开端”的神话体验，产生和强化那种宇宙自我更新的感觉和观念：

对于我们的研究来说至为重要的事实是：除开在社会经济结构和文化背景方面的差异，远古民族都确信世界必须年年更新，而且只有效法某种模式进行活动才能带来这种更新，这种模式或为创世神话，或为在创世神话中起着重要作用的一种起源神话。

显而易见，“年”在原始人中有多种理解，“新年”的日期也因气候、地理环境和文化类型等方面的因素而有所不同。但是一种循环的周期，即一段有开端有终结的时间则总是存在的。人们用一系列的礼仪活动来标志此一周期的终结和下一周期的开端，目的就是使世界更新。如我们所述，这种更新是按照创世模式而进行的一种重新创造（recreation）。[1]

神话如何成为文化的模式，又如何反过来铸塑和规定人类的行为，在相沿至今的新年礼仪中确实可以得到深刻而又通俗的说明。

每当我们张灯结彩、欢庆新春佳节的时候，能否清醒地意识到，我们的活动依然遵循着原始祖先们为了更新世界而创制的神话—礼仪模式？

“对于远古社会中的人来说，（神话中）已经发生过的事情可以通过仪式的力量重复发生。因此，最重要的是知道那个神话。”[2] 看来，早自宗懔所生活的六朝时代，人们就已经不知道新年礼仪所表演的是什么性质的节目了。对鸡狗羊猪牛马人的纪念成了盲目因袭前代遗制的无意识行为。

[1] 艾利亚德：《神话与现实》，1963 年英文版，第 42 页。
[2] 艾利亚德：《神话与现实》，1963 年英文版，第 13 页。

对于知道创世神话的法术力量的远古初民来说，之所以要在新年礼仪中用行动来追忆神话，正是为了“重复神、英雄或先祖们在开天辟地时所做的圣事。”[1]

第三，承认“人日”礼俗为创世神话的遗留象征活动，也就意味着中国古代确实有以第七日造人为母题的创世神话存在。换言之，以正月为时间背景的年年创世的神话自然应当有它所效法、所模仿的原型——即以世界创始时为时间背景的原生创世神话。值得庆幸的是，这种原生创世神话虽因未见于经传和正史而失去了本来的面目，但浩如烟海的中国古代文献中却依然残留着它的片段遗痕。这一点已由袁珂先生所证实。他引述的材料是《太平御览》卷三十引《谈薮》注中一句：

一说，天地初开，以一日作鸡，七日作人。

袁先生认为这片段记载关系到原始开辟神话，“这个没有主名的造物主，他的行事和功绩很有点类似《旧约·创世记》所说的耶和华。可惜古书的记叙过于简略，其详已不可知。”[2]

现在参照我们已经复原出来的年年创世的神话及其表演活动的模式，就不难使“其详不可知”的这个创世神话变为“其详可知”了。鉴于这个神话把创造活动同“天地初开”相联系，可以确信它就是新年礼仪所效法的神话原型。

孔子曾说，礼失而求诸野。这一说法倒与现代人类学重构远古文化礼仪结构的重要途径之一——民族学与民俗学的旁证完全吻合。按照这条途径，我们可以用荆楚民俗所遵循的从一到七的圣数生成秩序去补足以“一日作鸡”

[1] 艾利亚德：《神话与现实》，1963 年英文版，第 13 页。
[2] 袁珂：《中国神话传说》，中国民间文艺出版社 1984 年版，第 69 页。

为始，以“七日作人”为终的创世神话的中间缺失部分。

不过，如仅从表层叙述上看，虽然可以复原这个神话的全貌：

（创造主）第一天造鸡，第二天造狗，第三天造羊，第四天造猪，第五天造牛，第六天造马，第七天造人。

但这与其说是以开天辟地、宇宙由来为主题的创世神话（或称开辟神话），倒不如说更接近那种以动物或事物的由来为主题的所谓“推源神话（etiological myth）或“起源神话”。[1]理由很简单，这个故事中似乎根本没有讲到世界本体的原始构成，没有说明空间秩序的发生，它充其量只能起到给人类在动物世界中“定位”的作用，却不能体现出创世神话所特有的给人类在宇宙空间中“定位”的作用。尽管这个故事发生的背景在“天地初开”即创世之时，我们至多只能把它看作是一种“准创世神话”或“伪创世神话”了。

这样一来，我们的研究似已陷入了困境：我们依据新年礼仪与创世神话的对应关系理论，试图从已知的人日礼俗出发，挖掘出已失传的鸡人创世神话，但挖掘的结果，发现它不是创世神话而是动物起源故事！这未免令人遗憾！究竟是我们的推理过程失误，“画虎不成反类犬”呢，还是我们自负过高，到头来“燕婉之求，得此戚施”呢？

要打消以上疑虑，可以告慰我们的假设只有一个：这件“古董”因年代久远，又没有同类的参照物，我们尚无法鉴定其真伪。明白地讲，已经重构出的鸡人创世神话，我们还没有读懂。要想真正读懂它，还有待于寻求新的更为有效的方法。

[1] 关于创世神话与推源神话的区分，请参考高木敏雄《比较神话学》，东京博文馆明治三十七年版，第一章第三节；第二章第三节。黄石：《神话研究》，开明书店 1927 年版，第二章。

四、混沌开窍：鸡人创世神话的读解

美国人类学家哈维兰教授在其人类学教科书中写道：

对神话的分析和解释已进行很长时间了。神话学研究事实上本身已成为一门科学了。可以肯定，神话的创作是人类一种极为重要的创造活动，而对神话创作过程及其成果的研究则可以为我们了解人类如何观察、领悟世界提供一些有价值的线索。但解释神话存在很大的危险和问题，即：人们是确确实实相信神话呢？还是把它作为一种不同真理象征性地或从感情上接受呢？神话实际上决定或反映人类行为的程度如何？……新的神话产生，旧的神话消失，那么是神话的内容重要还是结构重要？所有这些问题都值得研究，现在，这些问题已受到了很大重视。[1]

这段话概括了解释神话的重大意义和当代学者解释神话时所面对的主要难题。其中后一个难题“神话的内容重要还是结构重要”具有划时代的意义，它实际上表达了当代神话学在方法论上的重大分歧。要言之，20 世纪 40 年代以前的神话学家们大都热衷于神话内容的解释，而自 20 世纪 50 年代以来新兴的结构主义神话学家们却将注意的中心转向了神话的结构，他们认为正是非经验的神话深层结构决定着可经验的神话表层故事。

笔者曾指出，“结构主义神话学同传统神话学的根本差异，可以从下述事例中得到说明。自千百年前流传至今的、人们早以为读懂了的神话故事，在结构主义者看来，其实并没有真正读懂。之所以如此，是因为前人手中没

[1] 哈维兰（W.A.Haviland）：《当代人类学》，王铭铭等译，上海人民出版社 1987 年版，第 531—532 页。

有掌握破解神话密码的系统性的科学方法，而这种系统性的科学方法恰恰是结构主义的方法，其终极目的并不在于对单个的神话本文做出这样或那样的解释，而在于发现使单个的神话本文所以然的普遍结构规则和意指模式，进而探索人类神话思维的普遍逻辑。”[1] 本书的写作宗旨，如导言中所说，就是要借鉴这种异中求同的结构主义方法，在中国神话的跨文化研究中寻求这种普遍的神话结构规则和意指模式。这里，针对用传统方法无法读解的鸡人创世神话的具体实例，再次强调结构方法的应用功效，或许能使我们窥见这个千古之谜的谜底。

列维 - 斯特劳斯一再申明，一个神话的真正内涵不能从字面上去解释，必须把它放到它所从属的神话系列（可以是同一文化区内的，也可以是不同文化区的）中去加以比较，方可找到字面背后的意义。在《生食与熟食——神话科学导论》第一卷第一章的一个脚注中，他写下了这样一句话：

一个神话不是从它所反映的当代或古代的制度中取得意义，而是从它在一个转换群（a transformational group）里与其他神话的关系中取得意义。[2]

这种从结构关系入手研究个别对象的方法，正体现了系统科学方法向神话学领域中的渗透，对我们有启示意义。尽管列维 - 斯特劳斯运用这种结构主义方法所得出的具体结论有时叫人难以信服，但这种方法本身仍不失为一种现代神话研究的 X 光透视法，它能使我们透过神话故事的表层肌肤看到内在的骨骼结构，进而窥见人类神话思维的普遍逻辑。

下面，笔者拟从结构关系入手，对已经复原的中国的七日创世神话本文

[1] 叶舒宪编：《结构主义神话学》编者序，陕西师范大学出版社 1988 年版。

[2] 列维 - 斯特劳斯：《生食与熟食》，约翰 · 韦特曼和多伦 · 韦特曼（John and Doreen Weightman）英译本，纽约 1979 年版，第 51 页注 5。

做一深层透视，其步骤是：

首先，在中国上古文献中找出与该神话相关的另一个创世神话，发现在同一文化区之内的同构神话系列；其次，参照其他文化区内的同构神话，重构出该神话所从属的转换群；其三，按照神话思维的象征类比逻辑对这一神话群的共同深层结构做出阐释。

在中国古籍中，与该神话同属一个结构系列的创世神话可以在《庄子·应帝王》中所述混沌开七窃的故事中找到原型：

南海之帝为儵，北海之帝为忽，中央之帝为浑沌。儵与忽时相与遇于浑沌之地，浑沌待之甚善。儵与忽谋报浑沌之德，曰："人皆有七窍，以视听食息，此独无有。"尝试凿之。日凿一窍，七日而浑沌死。

袁珂先生说："这个有点滑稽意味的寓言，包含着开天辟地的神话的概念。混沌被儵、忽——代表迅疾的时间——凿开了七窃，混沌本身虽然是死了，但是继混沌之后的整个宇宙、世界也因之而诞生了。"[1] 这里，需要补充并加以强调的是：圣数"七"是混沌创世神话所突出的宇宙生成秩序，世界从无到有的转化过程恰恰也是"七日"。与《谈薮》注引创世神话相参照，可知二者的表层故事虽相差甚远，却具有共同的圣数顺序结构：

表二

鸡人神话	造鸡	造犬	造羊	造猪	造牛	造马	造人
开窍神话	开左眼	开右眼	开左鼻	开右鼻	开左耳	开右耳	开口
圣数结构	第一日	第二日	第三日	第四日	第五日	第六日	第七日

很显然，这两个神话同属于以圣数"七"为结构素的创世神话系列，而

[1] 袁珂：《中国神话传说》，第66页。

女娲“一日七十化”（《天问》王逸注）或“一日中七十变”（《山海经·大荒西经》郭璞注）的故事，当属同一系列的夸张变体形式。用列维－斯特劳斯的话说，对于同构神话系列的考察“使我们超出对个别神话的研究，转而考虑沿着某一单一轴线而构成的主导性模式”[1]。在我们的创世神话系列中，这种主导性模式便是从一到七的圣数展开模式。究其原因，可以在《易经》中找到初步的解答。《易·复卦》云：“反复其道，七日来复。”可知七是“道”循环往复运行的周期数。至于“七日”，有解释为七天的，如《辞海》：

坤卦六爻皆阴；复卦六爻，其第一爻为阳，二至六皆为阴。坤卦表示纯阴，复卦则已有一阳，表示阳气由剥尽而复，所以说“来复”。

后亦称一星期为“一来复”，星期日为“来复日”。

也有解释为七个月的，如《近思录·道体》“七日来复”注：

日即月也，以卦配月，则五月阳始消而为姤，至十一月阳生而为复，凡七月也。

不论计日还是计月，阳气的循环以“七”为极数则是一致的。换言之，宇宙之道的运行是以圣数“七”为循环界点的。从这一意义上看，“七”并非实指数目，而是一种神秘的象征，造成这种象征语义的，正是作为文化结构范型的创世神话。

创世神话为什么要以“七”为结构素？在回答这个问题之前，有必要把中国的七日创世神话系列放到跨文化的神话转换群中去，从而有利于说明圣

[1] 列维－斯特劳斯：《生食与熟食》，英译本，第2页。

数“七”在人类神话思维中的共同的象征语义发生根源。鉴于本文开篇已经引述了分别出自古代西亚文化和北欧文化的创世神话，对于世界性以“七”为结构素的创世神话转换群的描述也就容易进行了。在这个转换群中，可变的是表层故事：创造主可以为男性，也可以为女性；可以是单个神，也可以是两个神。创世的方式可以是同混沌海怪的战斗，给混沌开窍，或是凭口说、凭动手、凭化生……在这个转换群中，不变的是沿着圣数这一单一轴线所构成的主导模式：1，2，3，4，5，6，7。虽然这个基本模式表现为各种不同的表象：七天，七个蛋，七种物体，七窍，七类生物，七十化，七百年……如果借用语言学家乔姆斯基的术语，可以把从“一”到“七”的圣数模式看作是这一神话转换群的“深层结构”，而属于该转换群的所有单个神话本文都是由此一深层结构所“转换生成”的表层故事，就像有限的语汇按照基本结构模式可以组合生成无限多样的话语一样。只要我们稍加留心，就不难在各不同文化区中再找出更多地以圣数“七”为结构原型的创世故事，以及各种非创世故事。由此可以断定，那种认为圣数“七”的观念在世界上只有单一的发源地的看法是很不牢靠的。揭开圣数“七”在人类神话思维中的象征意义，我们便会清楚地看到上述神话群在世界各地普遍发生的文化心理根源。

将鸡人创世神话同混沌开窍神话做进一步的比较，我们发现，二者的一个重要差异是创造主体的或隐或现。鸡人创世神话中的创造主体是隐而未现的，我们无从追索他的本来面目究竟如何。但可以肯定有这样一位先天地生的超自然的神灵，否则鸡狗羊猪等不可能“自我创造”。而在混沌开窍神话中，创造主体以两个人格化的“帝”的身份出现，他们虽说出于友善的动机给混沌君开窍，好让他能够像人那样“视、听、食、息”，但历时七日的工程却将混沌置于死地。换言之，宇宙的诞生是以混沌的牺牲为代价的，正如巴比伦创世神话中混沌海怪提阿马特之死带来了天地人的创造。

两位人格化的“帝”在一场历时七天的整形手术中无意识地治死了混沌，创造了宇宙——一个可供人类生存的世界，这便是庄子用开玩笑的形式讲给后人的创世神话。庄子的智慧是善于将深沉的哲思寄寓在玩笑和游戏之中，在不言或不直言中道出“大智”的内容。就混沌故事而言，庄子的哲思实际上隐藏在两位帝的神秘命名之中。袁珂先生已指出，儵忽“代表迅疾的时间”，这等于道出了真相的一半，其实他们也代表着空间。庄子让儵充当南海之帝，让忽充当北海之帝，这看似漫不经心的命名，谁说不是作者的精心安排呢？笔者已经指出，在《庄子》一书中，大凡涉及空间方位时，多言南北而罕言东西。这也就是说，神话宇宙模式中的垂直系统在庄子的思路中占据着主导地位（详见第二章第四节）。由此可知，南北二帝又叫儵、忽，这正是庄子将抽象的空间范畴和时间范畴按照神话思维方式加以人格化、具体化的认同表现。

根据这一重要提示，能否在时空人格化的两位创造主体同他们所进行的七日工程之间找到内在联系？根据我们研究黄帝四张脸孔的经验，神秘数字的发生与原始人空间意识的发生有密切关联。“七”大概也同“四”一样，代表着原始人的某种空间意识吧。

卡西尔在20世纪20年代对这个问题已做了解答：“同对数字四的崇拜一样，对数字五和七的崇拜也会发生于对基本方位的崇拜：与东西南北四方一起，世界之中被认作是部落或民族所当居处的地方；而上与下，天顶和天底，也被赋予了特殊的神话—宗教的区别。正是这样的空间与数目的结合，产生了——比如说在祖尼人中——决定着他们理论上和实践上、智力的和社会的世界观的七重统治形式。另外在别的地区，数字七的法术的、神话的意义也显示出某些基本的空间现象同观念之间的联系。不过在此，最清楚不过的是，神话的空间感同时间感是不可分割的，二者共同构成了神话的数观念的出发点。”[1]这一段话终于使我们在漫长的结构分析中所归纳出的构成这一神话转换群的共同深层数序结构 1、2、3、4、5、6、7，具有了生成性的解释。“七”作为周期数和宇宙数的神秘象征意义来源于七方位的立体空间观念。

五、鸡的隐喻：神话思维的具体空间与因果逻辑

神话思维具有其自身特有的、不同于科学或哲学思维的时空范畴，这一神话思维的特点在以上的有关讨论中曾一再涉及。这里，有必要结合鸡人创世神话的隐喻内涵，在理论上阐明这一问题。

卡西尔指出，神话中的空间有别于科学抽象的知觉空间和几何学空间的根本特性在于它是一种直观形式的有限的感觉空间，更确切地说，是一种具体的空间。神话思维在处理空间问题时必然要把非空间的事物统合于自身。换句话说，像前后左右上下等非等质性的个别空间位置中总是充填着具体的直观内容。卡西尔的学生、美国哲学家威尔赖特对此有如下解释：原始人对空间的概念没有受过尺子、两脚规、铅垂线和测量仪器的精密规定，因此他们的空间概念里也就不具有欧几里得和牛顿的恒定性和同一性的特征。他们所意识到的与其说是空间概念，不如说是相互联系的部位，他们根据位置和质、能来区别甲部位和乙部位。空间是存在于假定中的思维抽象，部位却是从经验和直感中认识的。以非洲的乔鲁巴族土著来说，在他们的思想和谈论他们已知世界中的地区时，他们总是用一个特别的颜色来代表每一个地区。这些土著人好像就不能对一个地区或部位形成一个抽象概念似的，而必须带着一种颜色。祖尼印第安人的空间方位系统有如一套万用的分类符号体系，一切存在物、一切社会事件都分别被纳入某一空间区域，

[1] 卡西尔：《象征形式哲学》第 2 卷，英译本，第 148 页。

与该区域所标示的具体部位认同为同类事物。大致说来，祖尼人的具体空间成了整理、归纳宇宙万物的一套分类代码，其所指代的可以是抽象的颜色观念（四方与四色认同），可以是抽象的时间观念（四方与四季认同），还可以是抽象的物质元素（四方与气火土水认同），这三点与中国上古神话宇宙观的特征完全吻合。值得注意的是，四方部位作为具体符号还可以对社会生活方面的抽象事物加以分类编码，如祖尼人认为武士和战争属于北方，狩猎属于西方，医术和农业属于南方，巫术和宗教属于东方。[1]

神话思维中的鸡人组合。鸡头人身生肖陶俑，唐代

从空间方位与各类具体或抽象事物相联系这一神话思维的隐喻特性出发，重新思考鸡人创世神话的表层叙述，我们会觉得不仅数字"七"的用法在整体上有象征空间（包括时间）全方位的可能，而且每一日所造之动物亦可能是某一空间部位的隐喻表达。

带着这一假说，让我们在本节内先集中考察一下创世第一天所造的鸡是否具有隐喻性质。既然祖尼人已将东方即创世之始的方位与巫术和宗教相联系，那就自然把我们的思路引回到《荆楚岁时记》所载新春正月一日（鸡日）中国民间的宗教礼俗：

鸡鸣而起，先于庭前爆竹、燃草，以辟山臊恶鬼。

同书注引周处《风土记》：

[1] 卡西尔：《象征形式哲学》第二卷，第二部，第二章。威尔赖特：《燃烧的源泉》1954年英文版，第8章。

正旦（即正月初一日出东方之时），当生吞鸡子一枚，谓之炼形。

这些说法似乎在提示我们：正月一日太阳东升之际（所谓三元）所进行的这些巫术、辟邪活动已经透露出了鸡的特殊功用，以及鸡同东方、同新春的潜在联系。如果说这一推测还需要进一步落实的话，那么《荆楚岁时记》的下述说明无异于正面揭示了鸡作为驱鬼辟邪之阳物的巫术功能："帖画鸡，或斫镂五采及土鸡于户上，悬苇索于其上，插桃符其傍，百鬼畏之。"同书注又引《括地图》曰："桃都山有大桃树，盘屈三千里，上有金鸡，日照则鸣；下有二神，一名郁，一名垒，并执苇索以伺不祥之鬼，得则杀之。"后代文献中把桃都山上的金鸡说成是主管日出的"天鸡"：

日初出照此木，天鸡即鸣，天下鸡皆随之。[1]

学者们据此将桃都山大桃树认同为东方日出处的扶桑树，[2] 这就间接说明了"日照则鸣"的鸡同太阳东升之间的隐喻关系。实际上，神话思维在"日出而作"和"鸡鸣而起"这两种由来已久的作息活动模式中早已找到了将鸡同太阳相类比的逻辑根据：一种是诉诸视觉的时间信号，一种是诉诸听觉的时间信号，传递信息的方式虽异，所传达的时间信息却是一致的。因而鸡与日被归为同类事物：

……阳出鸡鸣，以类感也。日将出预喜于类，见而鸣也。[3]

[1]《艺文类聚》卷九十一引《玄中记》。
[2] 郭沫若：《桃都·女娲·加陵》，载《文物》1973 年第 1 期。
[3]《艺文类聚》卷九十一引《春秋说题辞》及注。

经过类比认同后的鸡又有了新的定义：

> 鸡，阳鸟也；以为人候四时，使人得以翘首结带正衣裳也。[1]

梁朝的刘孝威写出了《正旦春鸡赞》，这标题便将新年、新的季节、新的一天，共三重开端同鸡联系在一起了。

可见，鸡作为象征性的表象符号，是同东方日出、光明取代黑暗、阳气战胜阴邪、新春脱胎于寒冬等现象相联系的。鸡有幸充当创世第一日所造之物，固其宜也。鸡在神话中实际表达的是时间与空间的双重开始，正是这种潜在的隐喻蕴含将表层叙述中的动物起源故事真正转化成了标准的创世神话。

这样重新理解之后，"天地初开，以一日造鸡"一句的字面背后潜藏着的言外之意可以破译、读解如下：

太初之时，只有一团混沌。太阳从混沌黑暗中出现，标示出光明世界的第一个空间方位——东方，划分出第一个时间尺度——昼夜。

许多少数民族的神话故事可以为我们对鸡人创世神话的上述读解提供旁证。如苗族、哈尼族神话中都有七个或九个太阳的母题，被某英雄射落了六或八个，剩下的一个躲而不出，由公鸡的叫声召出了东方地平线。[2] 彝族史诗《古侯》和《勒俄特衣》中也有类似的情节：太初时有六日七月，古神人支格阿龙"站立在东方，射六个太阳和七个月亮。大地之上啊，太阳黑沉沉，云彩昏沉沉，六个太阳和七个月亮，拿来又拿来，压在大地的上边，大石板底下，剩下个没死的太阳与月亮，要日出来不肯出，要月出来不肯出。拿白的来祭，拿白的阉绵羊祭……喊也不肯出。拿白牯牛来祭……喊也不肯出。

[1]《荆楚岁时记》注引《周易纬·通卦验》。

[2] 参看《公鸡叫太阳》，载《苗族民间故事选》，上海文艺出版社 1981 年版，第 16—19 页。《为什么鸡叫太阳才出来》，载《中国民间故事选》（贾芝、孙剑冰编），人民文学出版社 1958 年版，第 458 页。

拿白公鸡来祭，鸡冠上刻上九个缺口，刚过午夜时，叫就一定出，亮明未亮明，叫就一定出……日出亮煌煌……”[1] 神话思维的逻辑就是这样在日出东方和鸡叫这两种并无必然联系的自然现象之间建立了因果关系。按照原始神话特有的隐喻表达方式，只要叙述出原因，字面背后没有叙述的结果也就不言自明了。[2] 由此看来，中国鸡人创世神话的开端“一日造鸡”同《圣经》创世神话中上帝第一日的创造——“要有光”，也就不谋而合，在哲学时空观方面异曲同工了。

神话思维把鸡同太阳东出、光明到来解释为必然的因果关系，这种关系最明确地体现在“阳鸟”这一名称上。鸡这种普普通通的家禽能在各地民俗中成为辟邪的神鸟，成为黑暗和鬼魅的克星，同它在创世神话中的时空象征蕴含是分不开的。十分有趣的是，在神话中扮演“阳鸟”角色的并不仅限于公鸡，也可以是其他会鸣叫的飞禽类动物。下面这个美洲印第安神话将告诉我们，公鸡的职能是怎样置换到它的同类——野鸭身上的：

印第安人聚集在一起议论黑夜，谁也无法使太阳升起来。他们请野鸭古大帮忙，古大说只要他们做一串白色的宝珠给它，它就能让太阳出来。人们为它做了正好可以围绕脖子一圈的宝珠，并挂在了它的脖子上（这种野鸭的脖子上现在可以看到一圈白色）。野鸭说：“如果要让天亮，我就得唱歌。”天快亮时，它就开始唱了。天渐渐地亮了，东方发红了，太阳出来了。[3]

从这个例子中可以看出，实际上充当了光明创造主的既可以是公鸡，也

[1]《古侯》，汉译文，转引自何耀华《彝族的自然崇拜》，载宋恩常编《中国少数民族宗教初编》，第 74 页。

[2] 俞建章、叶舒宪：《符号：语言与艺术》第四章第 5 节“从神话思维到艺术思维”，上海人民出版社 1988 年版，第 157—167 页。

[3] 拉姆齐（Jarold Ramsey）：《美国俄勒冈州印第安神话传说》，史昆等译，中国民间文艺出版社 1983 年版，第 295 页。

可以是野鸭，正如耶和华的创世工作是以永久纪念的安息日为报偿的，野鸭造世主的唱歌是获得脖子上的一圈白色羽毛项链的代价。在这个神话中，实际上完成了双重的因果推埋，解释了两种不同的自然现象的起源：日出与鸭的毛色特征。鉴于神话在这两种现象的推源性解释中给它们彼此之间建立了莫须有的因果关系，因此不妨将神话思维的这种逻辑特征称之为连锁式的虚构因果关系。

神话的因果关系还有另外一个不同于科学因果关系的重要特征：可逆性。在科学因果逻辑中，假如 A 是 B 的原因，那么 B 只能是 A 的结果。而在神话思维中， B 也可以反过来成为 A 的原因。这也就是说，原因和结果是能够相互逆反替换的。举例来说，在一个神话中，鸡叫被解释成日出的原因，而在另一个神话中，太阳也被解释成公鸡叫鸣的原因。台湾高山族支系布嫩部落便保留着这样一个神话：原来天空中有两个太阳，是一对亲兄弟，世间一位英雄将性情凶暴的太阳哥哥射落，弟弟也躲在地下不出，后因鹿叫受了惊吓，才复出照临大地。一天当他落山时，看到东方天际出现了一个明亮的东西，原来就是他那被射伤的哥哥。英雄正要再射时，只听太阳哥哥保证说："我愿以后与弟弟一起，为大家做好事，不再为害人类。"说完将一公鸡送给英雄，说："只要公鸡啼叫，天就快亮了。由太阳弟弟出来照耀大地；天黑后由我出来，给人们照路，免得你们迷失方向。"英雄听罢大受感动，撕下自己的一块衣襟，为太阳哥哥拭泪——这衣襟便是后人在月中看到的黑影。[1] 在这个奇妙的故事中，至少完成了神话思维的四重因果推理，分别解释日、月由来，鸡叫的由来，以及月中阴影的由来。然而除了前面已讨论过的连锁式因果关系外，这个神话还表现了一种循环式的因果关系：太阳为鸡叫之因，鸡叫又为日出之因。造成这种循环因果的原因是一个太阳分解成了两个人格化的兄

[1]《太阳和月亮的故事》，载《中国少数民族神话传说选》，四川民族出版社 1985 年版，第 206—209 页。

弟，太阳哥哥让公鸡啼鸣，而公鸡啼鸣成了呼唤太阳弟弟的信号。太阳哥哥牺牲了自己的“阳”性使公鸡具有了“阳”性，成为阳鸟，而自己却化成了阴性的月亮，这一有趣的情节实际上暗示说明了公鸡何以具有“阳”性特征。

张华《博物志》中说：“祝鸡公养鸡法，今世人呼鸡云祝祝，此起也。”虽试图解释鸡为什么叫“祝祝”，但我们还是莫名其妙。倒是《风俗通义》中保留了鸡的起源神话的线索：

呼鸡曰朱朱。俗云，相传鸡本朱氏翁化为之，今呼鸡皆朱朱也。[1]

这个化为鸡的“朱氏翁”究竟何许人也，早已无人知晓了，但参照上述太阳哥哥送给人类公鸡的神话母题，朱氏翁岂不是南天太阳神朱明吗？我们已经讨论过朱明与祝融的音转关系，看来后人称鸡为“朱朱”或“祝祝”，正是因为阳鸟本为太阳所化的缘故。至此，再读到这样的说法：“鸡为积阳，南方之象”[2]，就不至为其所惑了。鸡究竟是东方青阳之象还是南方朱明之象呢？保存神话思维古意的《长鸣鸡赋》点明了鸡的隐喻之源：“嘉鸣鸡之令美，智穷神而入灵。审琁玑之迴遽，定昏明之至精。应青阳于将旦，忽鹄立而凤停。”[3]

六、从“四”到“七”：三维空间意识的发生

破解了神话思维中鸡的隐喻意义，我们无须再怀疑已发掘出的“古董”的真伪问题了，但要使我们对鸡人创世神话的读解成为令人信服的确凿定论，那还必须证实神话中第二日造狗至第七日造人的六天创造过程均有时空定位

[1]《初学记》卷三十引。
[2]《艺文类聚》卷九十一引《春秋说题辞》。
[3] 同上书同卷引晋习嘏《长鸣鸡赋》。

的隐喻性质。可以确信的是，在中国上古社会的动物象征谱系中，有足够的证据能够说明鸡、狗、羊、猪分别象征着四方与四时，牛和马则象征着地与天，也就是上方与下方。这样，鸡人创世神话中讲的前六天所造的六种动物合在一起，恰恰是三维度的立体空间宇宙的构成的一种隐喻。

证据之一是《墨子・迎敌祠》所记载的一种古老的祭祀仪式活动：

敌以东方来，迎之东坛。坛高八尺，堂深八。年八十者八人主祭。青旗青神，长八尺者八。弩八，八发而止。将服必青，其牲以鸡。

敌以南方来，迎之南坛。坛高七尺，堂深七。年七十者七人主祭。赤旗赤神，长七尺者七。弩七，七发而止。将服必赤，其牲以狗。

敌以西方来，迎之西坛。坛高九尺，堂深九。年九十者九人主祭。白旗素神，长九尺者九。弩九，九发而止。将服必白，其牲以羊。

敌以北方来，迎之北坛。坛高六尺，堂深六。年六十者六人主祭。黑旗黑神，长六尺者六，弩六，六发而止。将服必黑，其牲以彘。

这里与东西南北四方相配的四种动物与创世神话前四天所造的动物合若符契，其象征等值意义已不言自明。尚可注意的是，这里还用了青赤白黑四种颜色与四方相配，这又同许多原始民族的神话宇宙观及宗教仪式结构相仿佛。

证据之二是《易・说卦》所述天地象征："乾为天，为父，为良马，为老马。坤为地，为母，为子母牛。"据此可知，创世神话中第五日所造之牛与第六日所造之马分别是下地上天两个方位构成的象征。而《荆楚岁时记》注中说到的新年礼俗："荆人于此日（指正月一日）向辰门前呼牛马杂畜，令来。乃置粟豆于灰，散之宅内，云以招牛马。未知所出。"大概是象征地表演创世时的"天地初开"或"天地交合"吧。

至此，我们不但完全读解了以象征密码形式记载在《谈薮》注中的创世神话本文的残片，也同时找到了创世神话以圣数“七”为深层结构的原始文化心理根源，那就是史前人类借神话思维所获得的全方位空间意识的具体数字化：

一　二　三　四　五　六　七

东　西　南　北　下　上　中

原始空间意识最初只有四方位之分，因而用圣数“四”来象征，后来又逐渐发展出了其余的三个方位，这才有了圣数“七”的观念。人类学材料表明：

印第安人永远认为4是主要的神圣的数，还有一个稍许次于它的数也是神圣的。契洛基人的两个神圣的数是4和7。……4这个神圣的数是与四个方位直接有关的，而7除了4个方位以外，还包括“在下”，“在上”和“这里”，在中间。[1]

由于现实的空间只有前后左右上下六个维度，加上中间为七，已经到了极限，无法再增加了，所以七就成了宇宙数字、循环极限数字，在象征中间方位之外又有了魔法的，乃至禁忌的意义。在欧洲人成语中有“大善有四”和“七恶不赦”之说；在日本，“七”和包含“七”的数都是不吉之数；在藏族历法的新年中，“好的日子可以重，如初四是‘吉’日，就接连两个初四，相反，不吉利的日子可以缺，如初七是‘凶’日，便取消，过了初六就是初八”。[2]以上三例都视宇宙数为禁忌，大概是担心跨过极限之故吧。更多的情形是突出圣数七的魔法力量。如马来亚人认为有七个灵魂，从身体里召出

[1] 列维－布留尔：《原始思维》，中译本，商务印书馆1981年版，第205、207页。

[2] 李竹青：《中国少数民族节日与传说》，北京旅游出版社1985年版，第24页。

七个灵魂的巫术要用七根桦树枝，念七次咒语。[1]我国维吾尔族婴儿出生七日命名；塔塔尔族婴儿出生七日举行摇篮礼；维吾尔族、哈萨克族要求子女熟记七代祖先之名；哈萨克族同部落内联姻，血缘关系必须超过七代；维吾尔族有“水翻七个滚儿自洁”的说法，意为“流水不腐”，可以饮用或用以净身；哈萨克族以数字占卜，得“七”为大吉；人死停尸期间，哈萨克族在尸体脚下燃起七盏油灯；维吾尔、哈萨克、柯尔克孜和乌孜别克等族均于第七日祭奠死者。[2]汉族亦有人死后“祭七”的礼俗：死后第七天曰“一七”，七天一祭，祭七个七天，曰“断七”，丧祭结束。古印度经典中说太阳为“七重三曼”[3]。印度的灯节之夜，从七口井里打水来给不孕的妇女洗澡，被认为是治不妊症的方法；印度神话中有七个母亲、七大洋、七个利西、七个阿地蒂亚和达纳瓦、太阳的七匹马。[4]在巴比伦神话中，地狱有七重大门及七个判官，[5]把创世史诗刻在七块泥板上，把象征宇宙的通天塔建造为七层……“塔的结构是和七星、七大神祇、幽界七门、七风和一星期的七天相互应合的。宇宙的观念，在苏美尔的语言中，是用代表‘七’这个数字的符号来表示的。”[6]对此，英国学者汤姆逊也曾为自己提出过这样的疑问：“七”数的神圣性究竟何来？什么才是我们通过犹太教而从巴比伦那儿得来的七天星期的起源？

这位学者把问题追溯到苏美尔人的咒语“靠着七风，靠着四方……”由于七风中每一风各配一个专日，因而创设了七天星期制。但为什么要有七风呢？原来四风较为古老，另外的三风是为了凑足极限数“七”而附加的。追踪以“四”到“七”的进化，他又举出南美阿兹忒克人的宇宙观为证：上层是天神世界，中层是人类世界，下层是幽灵世界，因此神话想象中世界在横

[1] 列维 - 布留尔：《原始思维》，第 213 页。
[2] 王柯：《突厥语民族神秘数字“七”“四十”探源》，载《民间文学论坛》1987 年第 4 期，第 57 页。
[3]《五十奥义书》，中译本，中国社会科学出版社 1984 年版，第 105 页。
[4] 列维 - 布留尔：《原始思维》，第 213—214 页。
[5] 尼尔森（Nielson）等编：《世界上的宗教》，第 52—54 页。
[6] 汤姆逊：《古代哲学家》，中译本，三联书店 1963 年版，第 81 页。

的方面从中心向四方展开，在纵的方面向上下展开，纵横相合恰为数七。[1]在这里，我们又联想到商代甲骨卜辞中的四方神名和四方风的专名，以及显然是由标志四方的十字形符号演化而来的“七”字（图15）。

数字“七”的这种神秘造型，曾引起古文字学家们的种种猜测。许慎在写《说文解字》时似乎还不知道该字原初的写法，只按照小篆中字字形加以“望形生义”的附会解释：“阳之正也，从一微阴从中衺出也。”段注云：“《易》用九不用七，亦用变不用正也。然则筮阳不变者当为七，但《左传》《国语》未见之。”可见清代以前小学家不知“七”的造字本来面貌，只能一味按照汉以后流行的阴阳数论加以发挥。自从甲骨文中的“七”字问世以来，人们发现金文中的“七”字原是沿用商人的写法，其本义为何，又有各种解说。丁山先生以为十字交叉形表示拦腰切断，“七”被解为切字的初文。[2]这一看法为许多人所认可。

日本汉学家白川静先生说，甲骨文中的数字常常通过假借表达抽象数概念：“数，自一至四是算筹之数，自五以上，除十外，其他全是假借字。五是器物的盖子，七是如从‘切’字之所知，象骨节之形。……假借，可说是文字的抽象法。”[3]这里的假借表抽象之说是很精辟的见解，但对“七”字的解说似未能破的：“七”的抽象数概念与“切”或“骨节之形”有什么必然联系呢？台湾学者张秉权便针对丁山解“七”为“切”之初文之说提出了有力反驳：“在甲骨文中，‘七’‘甲’二字，形体相同，均作‘十’，如果说‘七’本象当中切断之形，那么作‘十’形的‘甲’字，又当作何解呢？‘七’字的发生，时代甚早，在西安半坡出土的陶片上，就有这样形状的符刻，其后在二里头的陶片上，以及殷墟的陶片和甲骨上，都有同样的发现，可见这个字的形体，在

[1] 汤姆逊：《古代哲学家》，中译本，三联书店1963年版，第83—84页。
[2] 丁山：《数名古谊》，载“中央研究院”《历史语言研究所集刊》第一本一分。
[3] 白川静：《中国古代文化》，中译本，台北文津出版社1983年版，第227页。

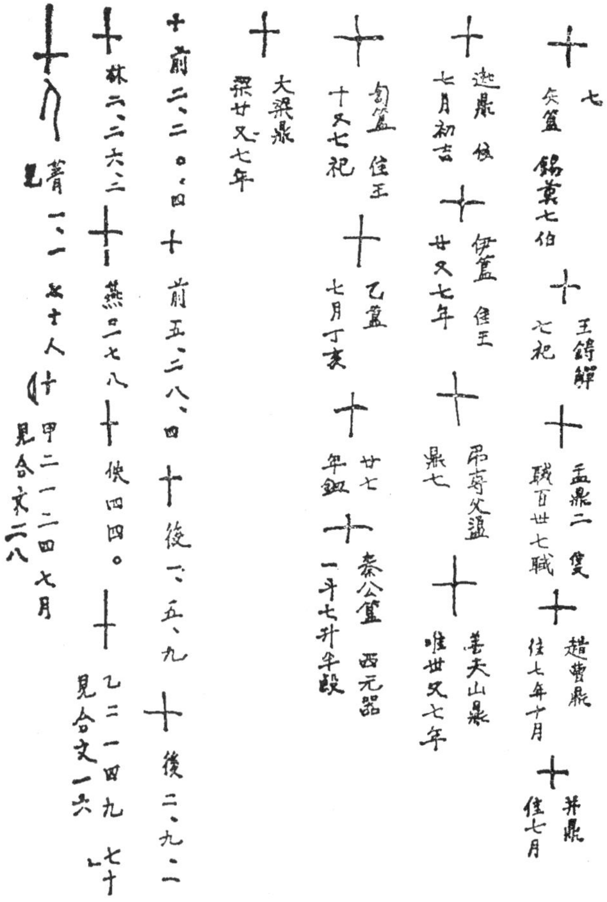

甲骨文中的“七”字
（《甲骨文编》第541页）

金文中的“七”字
（《金文编》第949页）

图15

殷代以前的一段时期中，并没有什么变化。即使在殷代以后，也要到秦汉之际，才开始发生了变化。”[1] 关于“七”字的演变过程，于省吾先生说：

按契文金文七字均作+，与甲字同形而商及两周均无若何之变化，至晚周之秦公既作十，汉代金文同，横画长而竖画短，已与甲形分化。古化文作

[1] 张秉权：《甲骨文中所见的“数”》，载《历史语言研究所集刊》第四十六本，第三分。

或，又横之作 ，中画皆直，而小篆在汉代金文之前反作，此文字孳化之变例也。[1]

至于为什么会有“七”字构形上的这种变化，张秉权先生有如下推测：“记数的‘七’字，变成现在的那个样子，完全受了‘丨（十）’字变化的影响，因为‘丨’渐渐地变成了‘十’，就与古代的‘七’字没有分别了，所以‘七’字也不得不跟着变形。‘七’字的起源，大概也是出于手势，它可能是像两手各伸一指纵横相交之形。”[2]这种对“七”字变形原因的看法或许可以成立，但对“七”字起源的解释仍不够有力，试问，两手各伸一指相交与数字“七”的概念何干？

在以上引述中可以看出，汉字“七”字的起源问题，甲骨文中“七”字与“甲”字同形的问题，都还是未有确解的符号之谜。借助于前代学者的某些提示，我们可以尝试从神秘数字与空间意识发生的角度提出新的谜底。

在讨论神秘数字“四”的时候，笔者已经说明，十字符号的发生同四面神的出现一样，具有跨文化的普遍性，其意义在于象征四方位宇宙空间。甲骨文中的“七”字之所以写成十字形，正像列维-布留尔所说的，是采用了已有的非数字符号来承担了表达数概念的功能，这种用具体表象符号表达抽象意义的用法，也就是白川静先生所说的“假借—抽象”造字法（严格说是用字法）。那么，为什么古人偏偏选中了十字符号来代表序数“甲”和数字“七”呢？

我们已知“甲”作为序数列在十干的第一位，但十干在汉代以前并不叫十干，而叫十日，这一点郭沫若、管东贵等均有论证。[3]十日是商人给十个

[1] 于省吾：《殷契骈枝》三编，第 31 页；参看于省吾《甲骨文字释林》，第 99 页。
[2] 张秉权：《甲骨文中所见的“数”》，载《历史语言研究所集刊》第四十六本，第三分。
[3] 管东贵：《中国古代十日神话之研究》，载古添洪、陈慧桦编《从比较神话到文学》，台北东大图书公司 1983 年版。

太阳起的名字，而“甲”无疑是最先产生的太阳名字，也就是最原始的太阳符号了。“甲”字在早期甲骨文中写作“十”，这不正是采用了在世界各地新石器时代文化遗物中普遍发现的太阳崇拜符号十字形吗？

在我国仰韶文化陶器符号中，西安半坡发现的二十七种刻画符号中就有一个写作“+”，[1]临潼姜寨发现的三十八种陶符中，又有一个“+”，铜川李家沟发现的八种陶符中，也有一个“+”，在我国江浙地区的新石器文化良渚文化陶符中，照例可以看到一个“+”，龙山文化遗物中的马家窑陶器符号中仍有一个“+”。

虽然目前还不能断定史前的陶符就是中国文字的前身，但这么多的十字符号出现在甲骨文产生以前的时代，如果说创制甲骨文的人对于前代流行已久的这个符号一无所知，显然是不可能的。他们无疑不是创造而是沿用了这个古老的太阳符号或四方空间符号，一方面标志太阳，用作“甲”，又由此太阳专名假借为序数标号。另一方面标志三维度空间观念——七方，又由此空间符号假借用作抽象数概念符号——七。这便是甲骨文中“甲”“七”二字同形的逻辑原因。可见，不论是用十字符号来表示“甲”的意义，还是用它来表示“七”的意义，都不是偶然的假借，而是十字符号原始意义的自然引申，这种引申完全符合神话思维借具体表达抽象的普遍规则。

如上所论，在“七”这个字的造字结构背后，潜藏着远古祖先空间意识发生和发展的漫长历程，在甲骨文“七”字的形与义的表面矛盾（十字形四端指向四方，而该字意义却是七）之中，分明可以看到从原始的四方平面空间观念到发达的七方立体空间观念的飞跃。当神话思维终于完成这场空间意识的飞跃之际，绝不会有一个现成的表象符号能够准确有效地承当表达三维空间这一高度抽象的观念的任务，而原有的二维空间观念的直观表象符

[1] 以下所引陶符，均据高明《论陶符兼谈汉字的起源》，《北京大学学报》1984年第6期。

号——十字形，因长期使用而深入人心，早已具有了神圣的和神秘的宇宙蕴含。这样，由于人们既无法用一个新创的符号来取代和超越原有宇宙符号，表达新的宇宙空间意义，又实际上不可能在一个平面之中画出标示立体空间的符号，因此，假借原有的表达平面空间的十字符号来表达立体空间的意蕴就成了唯一可行的选择。

又由于在具体使用中，同形异义的“甲”字和“七”难免会发生混淆，造成很大的不方便，所以首先是“甲”字得到了改造，在晚期甲骨文和金文中写作  ，或  ，或  ；而“七”字依然不变地写成十字形。在这两个字的发展过程中，之所以“甲”字先变形而“七”字后变形，大概是因为甲字在借为序数使用以后，逐渐远离了十字符号的原始意义，而七字则由于标志着宇宙空间而依然具有着保留已久的神圣和神秘的性质。即使在假借为纯数字概念而使用之后，十字符号本有的神秘性非但没有失去，反而使“七”这个数字也成了最为神秘的数字，化为集体无意识深处积存的原型，派生出不可胜举的以七为结构素的文学和文化现象。

假如有好事者面对枚乘、傅毅、张衡、曹植、陆机、谢灵运、颜延之、萧统等人发问：“你们为什么要写出这么多以七题名的作品——《七发》《七激》《七辩》《七启》《七征》《七济》《七绎》《七契》《七华》《七兴》《七依》《七释》《七喻》《七训》《七诱》《七观》、《七讽》《七唱》《七诲》《七命》《七励》《七要》……”“你们所用的七到底有什么意义？”大概这些有名的才子们不会说出所以然来，因为“七”的宇宙意义对他们来说已成了无意识的东西。倒是博古通今的班孟坚在《汉书·律历志上》中，保留了最接近于“七”的神话思维蕴含的古训：“七者，天地人四时之始也。”只需把“天地人”三个表象还原为神话思维中“上下中”三个方位的符号，把春夏秋冬四时认同于东南西北四方，“七”的全方位空间的本义也就昭然若揭了。

倘若班固能活到南北朝时，北齐著名才子魏收在《魏书·自序》中“露才扬己”的一段记载也就成了“小巫见大巫”了：

帝宴百僚，问：“何故名人日？”皆莫能知。收对曰：“晋议郎董勋答问曰：‘俗云，正月一日为鸡……七日为人。’”

魏收在皇帝询问人日之谜而无人能答的情况下，援引了董勋的说法，与《荆楚岁时记》注中的说法相同。魏收的这段记述表明，七日造人的神话在当时已罕为人知了，更何况在这个神话的深层结构之下所潜藏的宇宙时空意义呢？

总结有关圣数七的起源的讨论，可以用图 16 表示出十字符号在中国古文化中的意义演变史：

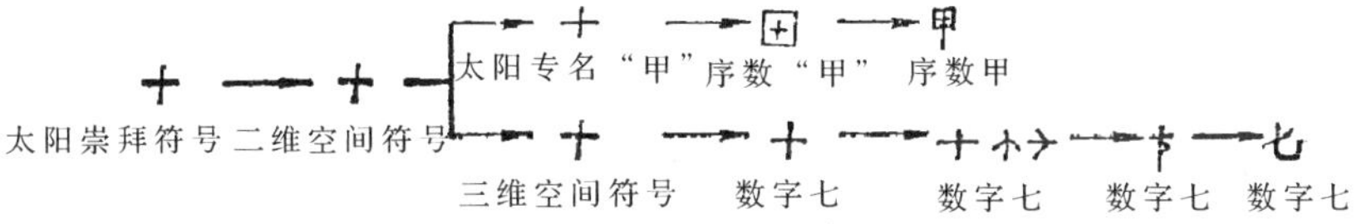

图 16

从图中所示十字符号的语义发展过程中，我们不仅看到了人类空间意识在太阳的启示之下逐步发生、发展的历史，而且可以看到空间意识的发展和神秘数概念从“四”到“七”的发生是怎样与神话思维的逐步抽象、符号的依次“假借”相对应的。可以说，语言文字发展中的每一次假借（如图 16 中每一个箭头所示）也就是思维发展中的一次抽象。正因为经历了一次次的抽象，今天所用的甲字与七字才远离了它们共同的原始表象，成为纯概念性的符号了。随着直观表象蒸发抽象为概念的过程，它们各自的原始隐喻蕴含也就荡然无存了。

空间观念从平面到立体的抽象过程足以启示我们：以一至七为深层结构

的创世神话的发生必然晚于以一至四为深层结构的创世神话。同太阳神创世模式的黄帝神话相比，鸡人创世神话和混沌神话是更为成熟、更为哲学化了的创世神话。对于那些较原始的、其数概念尚不能多于二三的史前民族来说，这种类型的创世神话是不可想象的。因此，可以把创世神话看成是一种原始哲学，它试图解决的是宇宙时空的由来问题。它用有规则的符号系统对人类生存于其中的时间和空间进行编码定位，这同后世哲学的宇宙论具有同样的性质。所不同的是编码定位所使用的符号形式：哲学用的是抽象的概念语言，神话用的是具体的象征语言。之所以如此，是因为神话思维尚未将时空方位从具体物象或颜色中抽象分离开来。这样，宇宙空间的“六合”结构就分别被从鸡到牛六种物象的秩序生成所描述出来，宇宙时间的创始就由两个人格化的神“儵”与“忽”的开创性活动所表示出来。

又由于神话思维尚不能把较为抽象的时间观念从较为具体的空间方位中抽象出来，所以神话叙述中空间的顺序展开也就是时间顺序的展开。这种时空的象征等值性质，在《庄子》创世神话中表现为时间神“儵”与“忽”分别同空间方位的认同——“南海之帝”与“北海之帝”，在已失传的《谈薮》注引创世神话中表现为春夏秋冬同东南西北在具体物象中的认同不分。由此可见，从思维的抽象化程度上看，《庄子》神话已多少有了将时空相分离的倾向，因此比鸡人创世神话更富于哲学性，它充分显示了从象征的神话思维向推理的哲学思维过渡的特点。

七、商代人的图腾编码空间结构
——鸡犬羊猪的隐喻起源

鸡人创世神话经过以上的发掘、重构和读解，在散佚了几千年之后重新呈现在我们面前了。它那用动物起源的表层叙述隐喻表达抽象的时空秩序生成过程的独特风格，足以同任何一首现代的象征主义诗歌媲美，其密码式的双重结构形态又足可让研究艺术思维的当代专家们拍手叫绝。

然而，我们还不能夸口说已经完全了解了这部重见天日的奇特作品，还有更深一层的问题有待于求证：古人是怎样构思出这样一部具有隐喻性双重结构的神话的？用某种动物来充当某个空间方位的隐喻符号，这种神话思维的类比是任意的联想的结果呢，抑或还有我们尚未知晓的必然原因？

问题的提法已暗示出进一步求索的思路，顺着这条思路继续探查，鸡人神话“所以然”的奥秘又将大白于天下。原来，是殷商时代的先民们所特有的以周围方国的图腾为具体的空间象征的世界观，为鸡人创世神话的隐喻编码提供了既定的符号语言。

为读解鸡人神话的动物隐喻，我们已从《墨子》一书中看到了分别以鸡、狗、羊、猪四种动物对应东、南、西、北四方的献牲仪式实况。我们在当时没有来得及提出而现在又必须解决的问题是：这种以动物与四方相配的做法是怎样产生的，又是在何时产生的？奇怪的是，除了《墨子》以外，在其他的各种先秦文献之中竟然难以找到类似的明确记载。那么，墨子书中记述的迎敌祠古礼就不能说是上古中国通用的了。假如说那独特的仪式程式及相关的各种规定不是墨子想当然编造出来的话，那就一定有所本，一定有其渊源。

班固在《汉书·艺文志》中追溯各家学说的渊源时曾写道：“墨家者流，盖出于清庙之守。”据此可知墨子对于古代宗教礼仪方面的知识很可能非同一般，他在自己的著述中专篇记述的迎敌仪式大概保留着某种更早的古制。《吕氏春秋·当染篇》说：“鲁惠公使宰让请郊庙之礼于天子。恒公使史角往，惠公止之。其后在于鲁，墨子学焉。”《淮南子·要略》也说墨子不满儒家宗周的礼乐制度，“故背周道而用夏政”。看来在后人心目中，墨子是力主恢复先周古礼的人。冯友兰先生指出：“墨子反贵族而因及贵族所依之周制。故其学说，多系主张周制之反面，盖对于周制之反动也。因儒家以法周相号召，故墨子自以其学说为法夏以抵制之。”[1]

这样看来，墨子记述的迎敌祠古礼在两周文献中找不到对应物，也就不足为奇了。这位竭力用周代以前的文化因素抵抗周文化的人，很可能是一位前朝遗民的后裔，他虽然打出尊夏的旗帜以对抗儒家的宗周，但其学说的精神却更接近被周人所推翻的商代文化。在先秦诸子之中，墨子以宗教意识之浓厚强烈为突出特征。他身处在天命观念日益衰微、鬼神信仰日趋淡薄的时代，却不合时宜地大力提倡敬天明鬼之说，其与商代宗教意识形态的相通之处显而易见。

《礼记·表记》有一段常为学者们引用的话，明确比较了夏、商、周三代对鬼神的不同态度：

夏道尊命，事鬼敬神而远之，近人而忠焉。……殷人尊神，率民以事神，先鬼而后礼。……周人尊礼尚施，事鬼敬神而远之，近人而忠焉。

本此，商人的先鬼后礼同夏、周的尊礼近人形成了鲜明对比，而墨子的明鬼之说只能是商代精神的遗响，不可能是尊夏的结果。王治心先生说：“夏与周皆远鬼神而近人，唯殷人则先鬼而后礼，什么叫先鬼而后礼呢？郑玄解释这句话，说是‘内宗庙，外朝廷。’什么叫内宗庙？重在鬼治；什么叫外朝廷？重在人治。夏与周都是内朝廷而外宗庙的，唯殷人则内宗庙而外朝廷，可见殷人的政治，是依据鬼神做标准的。”[2] 由此看来，源出于“清庙之守”的墨家学说更多地保存了殷人内宗庙而外朝廷的文化传统，也是自然而然的了。墨子著《天志》篇，谓天有意志，能赏罚善恶，此乃殷商天帝观的发挥；又著《明鬼》篇，求证鬼的存在及其对生人的干预作用，此又与商人重鬼传

[1] 冯友兰：《中国哲学史》上册，1961 年版，第 110 页。
[2] 王治心：《中国宗教思想史大纲》，香港崇正出版社出版，第 35 页。

统息息相通。

墨子为什么偏偏要发扬已覆灭的商王朝意识形态，以之对抗周代文化呢？他的这种泥古不化的态度正是商代遗民的表现。《史记·孟子荀卿列传》记载墨子为宋国人，曾当宋之大夫。而周灭商后将殷商氏族迁于宋，准许他们保存旧俗以自治，这便是宋国文化的特异之处。“宋是殷之末裔，其地依然保持殷朝的古老传统。这些残遗之民与四境的周系诸国显得格格不入，被视为离异的集团，因为他们还想固守古老的传统。战国初年，宋国遭遇大旱，宋景公竟然遵照始祖汤王行过的老方法，坐于积薪之上燃火自焚，意图证实巫祝王的传统。”“宋人被视为异端。如孟子‘揠苗助长’的故事、韩非子‘守株待兔’以及为酒甚美，升概甚平，因饲养猛犬，以致客人不敢上门的酤酒人的故事，等等；载籍里，宋人总是扮演着愚蠢可笑，行径古怪的男性角色。不独世人这样看待他们，就是他们自己也不愿与外界妥协。殷周革命之际，当时的成周（今之洛阳）迁入许多殷系诸族，所谓‘庶殷’；但是他们的子孙直至六朝时代，仍极其闭锁地过着与外隔绝的生活。此事尚见于北魏时的《洛阳伽蓝记》；其顽固之程度，直令人作愕。”[1]白川静先生这一大段关于殷之遗民的论述，为我们求索墨子记下的迎敌祠仪式的由来问题提供了可靠的线索。作为宋国大夫的墨子在著作中专篇追记的这种巫术性的战争仪式，不见于周系诸国，很可能为宋人所独有，其渊源若不是出于隔代祖先殷商人的话，便无从追溯了。

至于殷人后裔宋国人的宗教仪式中将四种动物分配四方的规定同魏晋以后长江流域的荆楚新年礼俗之间的关系如何，我们仍可从白川静先生的如下见解中得到间接的启示：

[1] 白川静：《甲骨文的世界》，温天河译，台北巨流图书公司 1977 年版，第 194—195 页。

宋人既有如此顽固的保守性，我们认为宋国之地到后世也许还遗存着浓厚的古代信仰形态与习俗；而且外界也必因此感染了宋人的意识。巫祝之风盖亦宋人之遗，《仪礼》诸篇所见之商祝，在丧礼中担任最卑下的职务。陈、楚两国毗接宋之南疆，早受古殷系文化之波及；《诗经》时代，陈地盛行巫风，几乎全是男女期会之诗；楚地亦有《九歌》等祭祀歌谣，其中的东皇太一、云中君、河伯等，可能是属于殷系的神祇。[1]

殷系文化所影响之下的陈、楚两国疆域正大致相当于后世所谓荆楚之地，这里也是周系文化势力较弱的地区。人日礼俗不见于周代正典却流行于这一地区的民间文化之中，亦不难理解了。进一步推测，鸡人创世神话是殷系文化的产物，除了受殷系文化影响的荆楚民间新年礼仪可以为证之外，殷之末裔来人的迎敌祠仪式亦是明证。这一失传的神话当年流行的区域盖即自商朝所处的河南至宋、陈、楚诸国所处的毗邻中原的长江中游一带。不过，这一神话的发生当在中原地区，因为其隐喻编码所依据的动物定位的四方空间象征系统本出于远古中原居民所特有的世界观，更确切地说，是出于殷商人的世界观。

下面让我们分四个步骤来考察一下在商人的神话思维中，四种动物是怎样成为四方位空间的编码符号的。

在做这种考察之前，有必要重申以研究宗教和礼仪的象征系统而著称的人类学家特纳（Victor Turner）所倡导的“田野作业”原则：符号研究应采用实证的方法；实证者不能以局外人的观点去收集资料，而以“族内人观点”来描述和分析符号。[2] 那就让我们暂且站到中原人的位置上，体验一下商代人特有的象征空间感吧。

---

[1] 白川静：《甲骨文的世界》，中译本，台北巨流图书公司 1977 年版，第 195 页。

[2] 郑金德：《人类学理论发展史》，台湾“商务印书馆”1978 年版，第 179 页。

先看鸡与东方的认同。已知商人祖先为东夷人，东夷人拜日崇鸟之风甚盛，商人亦崇拜玄鸟，有“玄鸟生商”之神话。甲骨文学家们早已考定商人即以鸟为本族之图腾。[1]而鸟与鸡同属雉类，从造字结构上便可一目了然。又玄鸟生商神话本质为太阳感生神话，[2]作为阳鸟的玄鸟在神话思维中置换为作为阳鸟的鸡、凤凰、三足乌，等等，乃是顺理成章之事。可见《墨子》所记鸡配东方的象征传统源出于东夷人及商人拜日崇鸟的传统。自东夷部落西迁中原一带建立商王朝之后，商民历史意识中祖先由来的方位——东方，和商民神话意识中的图腾动物祖先——鸟类，便自然而然地统合为一体，形成“太阳 / 阳鸟 / 东方”的三联象征了，这也就是《说文》将“出于东方君子之国”的神鸟凤描绘成“燕（即玄鸟）颔鸡喙”的象征基础。

迁居河南的商人以鸟为图腾，但留在东方的东夷人各支系亦以鸟为图腾。自中原人的观点看去，东方各地便是鸟图腾的区域了，鸟在神话思维中成了表达抽象的空间方位——东方的一种专有的具象符号，表现在语言名称方面，东夷人又可叫“鸟夷”“隹夷”或“淮夷”。童书业先生考证说：“与殷人极有关系者为淮夷，‘淮’字从水从隹，甲骨卜辞有‘隹夷’，当即‘淮夷’。‘隹夷’之‘隹’，《说文》云：‘鸟之短尾总名也。’”又说：

《禹贡》冀州：“鸟夷皮服”，扬州“鸟夷卉服”，盖北自渤海湾，南至东海沿海一带，皆居有所谓“鸟夷”。郑玄释冀州者云：“东方之民搏食鸟兽者。”颜师古释冀州者云：“一说居在海曲，被服容止皆象鸟也。”释扬州者云：“东南之夷善捕鸟者。”盖“鸟夷”本指以鸟为图腾之部族。广言之，古代中国东部居民多以鸟为图腾，亦可称为“广义之鸟夷”，甚

[1] 胡厚宣：《甲骨文商族鸟图腾的遗迹》，载《历史论丛》第1辑，中华书局1964年版；胡厚宣：《甲骨文所见商族鸟图腾的新证据》，载《文物》1977年第2期。

[2] 叶舒宪：《帝王与太阳：夔一足与玄鸟生商神话今释》，《晋阳学刊》1989年第4期。

至东北部族亦有以鸟为图腾之遗迹（参见《论衡·吉验》篇，《魏书·高句丽传》等）。[1]

尤可注意者，殷人后裔宋人同样继承了东夷先祖的崇拜鸟的习俗。《左传·襄公三十年》记载：“或叫于宋大庙曰：‘嘻嘻！出出！’鸟鸣于亳社，如曰‘嘻嘻’。甲午，宋大灾。”我以为“出出”者即前文所考定之“祝祝”或“朱朱”，即鸡也，其发音似模仿公鸡之叫鸣。有人在宋大庙圣地发出如此叫声，其咒术意义在于引发了同类的叫声——“鸟鸣于亳社”，这显然是不吉利的，结果便招来了“大灾”。此传闻虽出迷信，却真实反映了鸡和鸟在宋人心目中的神秘性交感，也间接说明了以鸡配东方的编码同以鸟象东方的编码是一而二，二而一的象征模式。

其次当考察犬（狗）这种动物为何成了南方的编码符号。以中原人的立场观之，南方民族向来被蔑称为“南蛮”，但这是周以后的事情，在商人眼中，南方是犬图腾氏族的天下，那里聚居着苗黎等族，普遍流行着犬图腾崇拜。袁珂先生说：“我国西南少数民族如苗、瑶、侗、黎……中，就还流传着关于盘古或盘瓠的传说。”[2]他们传说中的氏族祖先盘古或盘瓠又叫瓠犬，分明具有狗的形貌。对此，杨宽先生曾在《中国上古史导论》第三篇“盘古槃瓠与犬戎犬封”中做了详细考证，认为南方民族的狗祖先传说是从中土传过去的：“古代之中原文化较高，渐次不容神怪传说之存在，而南方文化较低，中土固有之传说，往往由其保存。由犬戎而生犬封（国）之说，以犬为犬戎之祖，再传而为槃瓠之说，三变而为南蛮之祖。南方苗瑶畲族皆信以为真，于是自认为犬之后裔，竟相传述，且从而礼拜之。且苗瑶所戴之笠，下装高耸之布耳，谓乃像其祖先槃瓠犬之两耳。彼苗瑶者，诚不料其祖之传说

[1] 童书业：《春秋左传研究》，上海人民出版社 1980 年版，第 248—249 页。
[2] 袁珂：《古神话选释》，人民文学出版社 1979 年版，第 5 页。

乃出于犬戎传说之讹变也！”[1] 杨先生列举了大量资料，试图说明《玄中记》等书中说的狗民国，以及《逸周书》《淮南子》《五代史》等书中记载的狗国，都是《山海经》中记述的犬戎祖先为白犬的故事在后世推演繁化的结果。笔者认为，杨文以确凿的论据说明了上古南方少数民族以狗为先祖，但未能从图腾崇拜角度解释问题，轻易论断苗、瑶、畲等族以狗为祖先是轻信并接受了北方民族编造的传说，这未免有失稳妥。从当代民族学研究的高度看，古代南方少数民族文化与西北地区少数民族文化有着明显的渊源关系，存在着历史大迁徙的迹象。[2] 因此，后来居处在西北一带的犬戎族同南迁荆楚的苗瑶等族很可能属于同一图腾集团的分化，他们所共有的狗祖先神话只有从共同的图腾信仰的角度才能得到合理的解释。闻一多先生便是这样解释瑶族狗祖先说的：

图腾有动物，有植物，也有无生物，但最习见的还是动物。同一图腾的分子都自认为是这图腾的子孙。……在中国的落后民族中，曾奉狗为图腾的瑶族，如今还很鲜明的保存着这种意识。陆次云《峒溪纤志》说他们“岁首祭盘瓠，揉鱼肉于木槽，扣槽群号以为礼。”刘锡蕃《岭表纪蛮》也说“狗王唯狗傜祀之。每值正朔，家人负狗环行炉灶三匝，然后举家男女向狗膜拜。是日就餐，必扣槽蹲地而食，以为尽礼。”这种风俗与现代世界各处的图腾团族举行舞会，装扮并摹仿其图腾的特性与动作，是同样性质的。[3]

前辈人类学家、曾任“中央研究院”民族学研究所所长的凌纯声先生则

[1] 杨宽：《中国上古史导论》，载《古史辨》第七册上卷，第 169 页。
[2] 陈梦家说，在甲骨文和《诗经》等早期文献中，“蛮”有在北的，也有在南的。参看《殷墟卜辞综述》第八章“方国地理”。
[3] 闻一多：《伏羲考》，《闻一多全集》第一卷，第 27 页。

写有《畲民图腾文化的研究》，[1]从图腾信仰的角度考察了畲族从古到今有关龙犬盘瓠的传说、崇拜仪式和风俗习惯，并考察了畲族狗图腾文化在我国南方的福建、浙江、广东、江西和安徽等地的流布情况。如福建畲民在大除夕必悬狗头神像，家中成员依次衔猪骨一枚作狗状绕桌匐行，继而向狗头祖像叩拜而歌。根据本章第三节所述创世神话与新年礼仪的对应关系，瑶族的“岁首祭盘瓠”和畲族的除夕祭仪，都是对其图腾先祖为犬的神话的变相表演，对犬祖先开辟创业事迹的永久纪念。

其实，由于民族的迁徙和混杂融合，上古时期自西北至东南均有以犬为图腾的部落遗民之分布，商人在祭祀仪式中除了牛羊豕以外，大量用犬为牲，若能从对周围犬图腾异族的威胁加以咒术性缓解的角度来理解，似乎有一定道理。商人用动物为牲，正如用羌人和南人为牲一样，不是没有对敌人的咒术意义的。至于远古犬图腾文化的分化可举出几方面的证据。古文字方面，杨树达先生《释犬方》一文考定，甲骨文中的犬方、犬侯，即后代文献中的昆夷、混夷、畎夷、犬戎的由来。[2]畎夷和犬戎分化至西北边鄙，为后匈奴人之一部分，其族名中尚保留着图腾祖先犬的痕迹，自不待言；昆夷、混夷亦为犬方之后，从其命名曰“昆”这一点判断，正是古人对南方少数民族的地理标记（详见第二章第一节有关昆字及昆明、昆阳等地名的讨论），而昆夷中的“夷”，同“蛮”一样，并非实指，只是对异族的蔑称。

由于古中原人视四周各族均为异类，故于东方之夷称“鸟夷”，于西方之夷称“畎夷”，此皆以图腾动物称之，以示区别；于南方之夷称“昆夷”者，乃以象征方位字称之也。而昆夷既为犬方之后，不正是苗、瑶、畲等以犬为图腾的西南少数民族的上古通称吗！从古文献记载方面看，犬图腾文化的分化流徙亦有线索可循。大约在商代以前不久，犬图腾文化与华夏文化有过一

[1] 何联奎：《畲民的图腾崇拜》，载《民族学研究集刊》第一期，1936 年。

[2] 杨树达：《积微居甲文说》，上海古籍出版社 1986 年版，第 62—63 页。

次大冲突，其结果是犬图腾文化战败并流徙各地。这便是《史记·五帝本纪》所记“窜三苗于三危，以变西戎”“放驩兜于崇山，以变南蛮”的历史本事吧。苗族龙海清先生在今湖南民间调查后撰文说：

湘西大庸、慈利一带之所以相传有驩兜的遗迹，至少可以证明三苗或驩兜的后裔确到达了此地。现在湘西一带的部分石姓苗族，苗语呼为“代驩”，并且有禁吃狗肉的习俗。究其根源，当是古时驩兜部落中犬图腾崇拜的遗存。[1]

即使在与中原文化毗邻的“淮夷”地区，也不难看到犬图腾文化的遗迹。典型的例证可举出周穆王时的徐偃王故事。据《述征记》说：

彭城东岸有一丘，俗谓之狗葬，或云斯则徐偃王葬后仓者也，未详。古徐国宫人，娠而生卄（当作卵），弃之水滨。有狗名后仓，衔而归，咈而成人，遂为徐之嗣君。纯筋无骨，曰偃王。偃王躬行仁义，众附之，得朱弓朱矢之瑞。周穆王命楚灭之。后仓将死，生角尾，实黄龙也。[2]

这个看似荒诞不经的故事，实质正是所谓“图腾弃子”神话的表现，其内核正如古罗马皇帝罗慕洛出生时被弃水中由狼养大一样，是图腾氏族为解释本族的图腾动物祖先而创造的故事。[3]

关于此类弃儿型（Exposed Child type）神话的生成“语法”，笔者另有专文讨论。[4] 这里要点明的是，古彭城之东的狗葬之丘，同当今意大利首都

[1] 龙海清：《盘瓠神话的始作者》，载中国少数民族文学学会编《神话新探》，贵州人民出版社 1986 年版，第 323 页。

[2] 引自《艺文类聚》卷九十四。

[3] 有关罗马人及古拉丁民族有狼图腾信仰的材料，参看倍松（M·Besson）《图腾主义》，中译本，开明书店 1932 年版，第七章。

[4] 叶舒宪：《原型、类型、文学整体》，《批评家》1988 年第 5 期。

罗马广场上的“国兽”纪念铜像（母狼哺乳婴儿）一样，均为图腾崇拜及神话的物化遗存形式，据此可推知早已失传了的远古文化真相。徐偃王故事中的狗在死前化龙，似可说明古徐国国民同崇拜龙犬的苗瑶族有亲缘关系，此为犬图腾文化分布之广的又一证据。徐偃王虽以仁义著称，但因孤处于远离本族聚落区的江淮之地，最终为以虎为图腾的周人和以熊及鸟为图腾的楚族所灭，似正应验了“非我族类，其心必异”的古训。

综上所论，鉴于上古中原周围，自西北至东南皆有犬图腾文化的分布，商人以犬这种动物表象充当神话思维中南方空间的符号，便是一种很自然的象征类比了。在商人的后裔宋国人的迎敌军礼中还保留着用杀犬的咒术行为对付从南方来的敌人的传统做法。

其三当论羊与西方的象征类比之起源。这方面的求证过程要比以上更加简单，因为我获益于形象化的汉字，在甲骨文中直接看到了某些足以充当“语言古生物学”活化石的确凿证据。商朝的西部曾居住着游牧的犬戎部落，但是犬的表象没有成为商人意识中西方的编码，却成了南方的编码，这不光是由于有大部分的犬图腾氏族迁往了南方，更由于在西方还居住着对商王朝威胁更大的敌对民族——羌人。从早期的武丁卜辞中即可看到，羌人是当时最大的对手，攻伐羌方所投入的兵员数多达一万三千人，这要比攻打其他方国所用的兵力大几倍。[1]到了商武乙时代，仍有联合五族共同伐羌之事。可见羌人实为商人的大敌。羌人的地望很明确，因为卜辞中便有“有来羌自西”[2]的说法。白川静先生认为：“河南西部的山陵地带，当时为羌人盘踞之所。羌是卜辞中记载最多的异族，所以有关羌人的动态也值得注意。羌人当时似出没于河洛至郑州附近之地，卜辞所谓的‘岳’原本是他们信仰的祖神；而建于河南西部的姜姓诸国，照《诗·大雅·崧高》的内容，他们也同是岳神

[1] 陈梦家：《殷墟卜辞综述》，科学出版社 1956 年版，第 276 页。
[2] 郭沫若：《甲骨文合集》6596。

的子孙。不过羌族大部分还保持旧俗，继续他们的牧羊生活而未与别的种族融合。……卜辞中有关羌人的辞例，大部分记载他们被供作牺牲之用的事……羌人被用为人牲，有时竟达百数。”[1] 武丁卜辞中有这样的记载：

戊子卜，穷，贞亩今夕用三百羌于丁。用。（《契》245）

学者解释说，这里记的是对祖丁的一次隆重祭典：“辞未缀验辞‘用’，表明占卜后三百羌一次被杀祭了，这是甲骨文中能确知的一次实际杀祭的最高数字。”[2] 看来，羌人在商王朝的刀斧之下，真是“被杀不异犬与鸡”了。“在此待遇中，所杀的羌实同于作为牺牲的牛羊豕。”[3] 其命运之悲惨，可想而知了。

羌人在以鸟为图腾的商人眼中之所以被视若犬羊，一个重要原因便是他们有着独特的图腾信仰和逐水草而居的生活方式。“羌”字在甲骨文中写作，《说文》解为“从人从羊，羊亦声。”造字者用这种半羊半人的字形来标记羌人，似乎已透露了该族以羊为图腾先祖的情况。以考释甲文著称的于省吾先生对此做出了“所以然”的论证，他指出，《说文》把羌作为会意兼形声字是不准确的，因为甲文“羌”字的上部不是羊而是羊角形状。溯其来源，因为羌族有戴羊角的礼俗，反映在商人造字结构上，便是（人）上戴（角）的羌字。后期甲骨文和金文中将羊角错写为羊字，小篆因之，许慎依此变了形的羌字加以解说，故有“从羊从人”之说。[4] 美中不足的是，于先生在论述羌人为什么戴羊角的问题时，未能从图腾信仰角度做进一步的挖掘。

已知图腾信仰的重要表现便是将图腾形象刻、画在自己的住处或自己的身上，相信图腾祖先的神力将通过自己的模仿行为而交感传播到自己身上，

[1] 白川静：《甲骨文的世界》，中译本，第 144—145 页。
[2] 罗琨：《商代人祭及相关问题》，载《甲骨探史录》，三联书店 1982 年版，第 127 页。
[3] 陈梦家：《殷墟卜辞综述》，第 280 页。
[4] 于省吾：《释羌、苟、敬、美》，《吉林大学社会科学学报》1963 年第 1 期。

从而对己获得安全感，对敌发挥威慑作用。同信仰狗图腾的瑶人在仪式上模仿狗的动作和叫声，为自己戴的笠装上像狗耳的装饰一样，羌人戴羊角的习俗当出于该族对羊图腾祖先的信仰，是对其动物祖先形象的象征性模仿。

同“羌”字非常接近的“姜”字，作为姓氏名称，从字形到读音也都与羊有关，很可能是同一图腾文化的不同分支吧。这自然使我们想起了中华二大先祖“炎黄”中姜姓的炎帝族，该族是否和羌属于同一图腾文化呢？从地望上看，姜与羌的活动区域非常接近，甚至是重合交错在一起的……他们同处在商王朝的西边。《帝王世纪》说：“炎帝神农氏，姜姓。母女登，游华阳，感神而生炎帝于姜水，是其地也。”这里说的姜水是姜姓的炎帝诞生之处，大概同淮水得名于出没于该流域的鸟（隹）图腾氏族一样，也是得名于羊图腾的姜姓氏族吧。那么这个姜水究竟在哪里呢？北魏时古地理学的权威郦道元为我们提供了宝贵的线索，据他著的《水经注》“渭水”条记载：“岐水又东，迳姜氏城南，为姜水。”原来姜水就是周原上岐水的支流。徐旭生先生曾亲临实地按此线索进行追寻，又有了新的发现：“岐水在岐山的南面，当在今陕西岐山县城的东面，——此水南面隔着渭水，就离秦岭不远。秦岭古代通称华山，秦岭南面就叫作华阳，区域很广……现在宝鸡县城南门外就临着渭水，过渭水南一二里，在黄土原边上有一村，叫作姜城堡。堡西有一小水，从秦岭中流出，叫作清姜河。堡的东面约一里地的光景有一个很大的神农庙，庙前面有一个泉，叫作九圣泉，俗传为神农皇帝洗三的地方。这一个姜城堡，《宝鸡县志》说它就是《水经注》所说的姜氏城。实则，宝鸡与岐山虽属邻县，而宝鸡在西，岐山在东……可是两地相距并不太远，全是姜姓所居旧地，可能性也很大。并且，周弃的母亲，姜原（或作姜嫄）明白为姜姓的女儿。周弃所居的邰就在今武功县境内，西离岐山也不过几十里。因为地近婚姻相通，理也近似。”[1]

近年来，考古工作者在宝鸡姜氏城一带发现了面积达四十九万平方米的新石器时代遗存，它同隔河相望的北首岭遗址形成了独特的风貌，不同于同时期的中原、甘青、巴蜀文化，因而有人称之为“姜炎文化”。在姜氏城西周墓中也出土了标明“姜”字的器物。这一切均表明位于关中西部的姜炎文化早在殷商文明开始之前便已存在，其源远流长，实为中华文化又一大源头。

那么，同处在商王朝西方的姜与羌又是怎样的关系呢？陈梦家、白川静等均认为是同族关系。理由是，夏以禹为始祖，而史书中说“禹兴于西羌”；《后汉书·西羌传》则曰：“西羌之本，出自三苗，姜姓之别也”；《左传》中还将羌戎称作姜戎，等等。陈梦家说：据《后汉书·西羌传》记载，羌人以父名母姓为种号，且披发左衽，说明汉代的羌尚有停滞于较原始状态的，过着游牧生活。而与羌同族的夏，其种姓为姜为姒等，在夏、周时代已进入较高级的生产和生活形态。在卜辞中，不加区分地对此西部民族统称“羌方”或“羌”，而在春秋战国以降，才将姜姓等高级形式的羌人称为夏或戎，以别于尚停留在游牧的低级形式中的羌人。“若此推测为可能，则羌为与夏同族之人，商革夏命，因此俘虏其子民为奴隶并作为主要的人牲来源，乃近乎理。”[2]罗琨先生则从人牲的角度考察问题，提出了不尽相同的看法：

联系当时对邛方、土方等战争虽多却极少见关于能否擒获到俘虏的占卜，更不见以邛方人、土方人献祭的内容，这就启示我们商代用人为牲的羌的含义并非仅限于羌方的臣民而是对西北游牧民族的统称；“隻羌”卜辞不是卜对羌方的战争，而反映了对西北各方国边民有组织的劫掠行径。[3]

[1] 徐旭生：《中国古史的传说时代》，文物出版社 1985 年版，第 41—42 页。
[2]《殷墟卜辞综述》，第 282 页。
[3] 罗琨：《商代人祭及相关问题》，载《甲骨探史录》，三联书店 1982 年版，第 145 页。

这两种见解之间的微妙差别，已无须再去追究，因为它们不约而同地证明了我们所关心的问题，即在商人的空间意识中，西方这个抽象方位是同居处在这个方向上的主要敌对异族——羌人的具体表象联结为一体的。该族人形象上的最大特征便是模仿羊图腾，头戴羊角，这种亦人亦羊的表象给商人的印象毕竟是太深刻了，乃至透过羌、姜等象征性的文字表象一直传给了数千年后的我们。

最后一个有待求证的象征编码在猪与北方之间。根据以上的研究经验，图腾崇拜往往直接体现在氏族的命名方式上。据此不难找到，在商代或商代以前曾存在过的猪图腾文化的痕迹。

猪在古代有许多别名。《方言》说："豬，燕、朝鲜之间谓之豭，关东西谓之彘，或谓之豕，南楚谓之豨。"在上古传说中有三代之五霸，其中之一叫豕韦氏，其时恰在商代。《白虎通义·号篇》说："五霸者，何谓也？昆吾氏，大彭氏，豕韦氏，齐桓公，晋文公，是也。昔昆吾氏，霸于夏者也，大彭、豕韦，霸于殷者也，齐桓、晋文，霸于周者也。"这虽是汉代人的说法，其根据却可上溯到先秦时代。《国语·郑语》中有这样的说法："佐制物于前代者，昆吾为夏伯矣，大彭，豕韦为商伯矣。"这里说的"伯"正与汉人说的"霸"同义，可见商代时有一个重要的敌对部族，是以"豕"这种动物来命名的。这个豕韦氏后来的结局怎样呢？《国语·郑语》又有如下交代："彭姓，彭祖，豕韦，诸稽，则商灭之矣。"

这个为商所灭掉的豕韦氏当时所处地望如何呢？豕韦在春秋时期属于卫国，地在今河南省北部的滑县境内，相对于商都亳——黄河南岸的商文化中心而言，恰在北方的方位上。陈梦家先生推测，豕韦氏的后代唐杜氏可能相当于卜辞中的“土方”，[1] 其地亦在商的北方。在 1987 年 9 月召开的殷商文化国际讨论会上，有的学者提出，土方就是夏民族。甲骨文中所记土方活动区域为晋南，正是夏人故地，而土与杜通，杜与雅通，雅与夏通，故“土方”即夏方。[2] 准此，姜与豕（韦）似乎都是先商时期存在的夏族之分支，以羊为图腾的姜处在中原的西方，以猪为图腾的豕韦则处在中原的北方。近年来的考古发现证实，史前期中国北方一带确实存在着势力极广的猪图腾文化，而这一北方猪图腾文化很可能就是后来的以龙为图腾的夏文化之一源。

1986 年 7 月 25 日《光明日报》以整版的篇幅报道了辽西红山文化遗址——牛河梁女神庙、积石冢群等的新发现，在这些五千年前的文化遗物中，我们看到了肥头大耳的白玉猪龙形象，[3] 随后又有报告说在附近石匣中发现了造型逼真的红舌猪雕像，这便以无可辩驳的实物确证了史前北方猪图腾文化的存在。1987 年 12 月 14 日《光明日报》又报道了内蒙古敖汉旗发现的兴隆洼文化陶器，其中一件龙纹陶器，矮腹罐形，表面黑色压光，其主题纹饰为猪首蛇体龙纹图案。据测定，该陶器所属的文化距今已有七千至八千年了，可见猪图腾崇拜产生的年代之早，是鸡、犬、羊等图腾文化所无法比拟的。处在中原地区的商人用北方异族的主要图腾动物猪来作为北方这个抽象空间范围的代表，其现实根据显然是由来已久的。值得注意的还有，在金文符号中，猪的形象总是出现在复合构图的下方，有时与在上方的“天马”相对应，表示地下空间。我们已知神话宇宙模式的垂直系统把下方同北方相认同，也就是同地下黄泉大水世界相认同。所以猪这种象征性动物符号也同阴间、北方水神有了关联，所谓“豕祸”，便是水灾的别称。《汉书·五行志》：“时则有豕祸。谓火沴水，水受害。豕属水，故有豕祸也。”

[1]《殷墟卜辞综述》，第 272 页。
[2] 参看《光明日报》1987 年 11 月 25 日关于殷商文化国际讨论会的报道。
[3] 参看《文物》1986 年第 8 期，《牛河梁红山文化“女神庙”与积石冢群发掘简报》。

至此，鸡、犬、羊、猪四种动物与东、南、西、北四方的象征等值性质都已一一落实到商代的中原文化所特有的具象空间的结构之中了。诚如卡西尔等人所言：神话思维在尚未形成抽象的、概念化的空间范畴以前，总是以具体物象来充当空间方位划分之符号的。在商代人的神话意识中，周围异族文化的四种主要图腾动物充当了平面空间四方位分割的具象符号，四种符号

卣 父甲　　簋文

金文中的鸟图腾族徽（引自《金文编》中华书局版，第1074页）

作父辛尊

金文中犬图腾族徽（引自《金文编》，第1083页）

己觚

金文中的羊图腾族徽（引自《金文编》，第1078页）

爵文　　鼎文

金文中的猪图腾族徽与“豕”符号（引自《金文编》，第1079页，第1024页）

金文中的牛图腾族徽（引自《金文编》，第1079页）

金文中的“天马”与地下“豕”符号（引自《金文编》，第1083页）

图 16

联结起来构成了独特的图腾编码式的空间结构。在这种神话的空间结构意识中，具体与抽象，自然与社会，生物的与文化的，时空因素与非时空因素等，均表现为尚未分化的浑然一体状态。根据商代人已经拥有初步抽象的四方位名称——即东南西北四个字这一情况来判断，图腾分类的空间概念显然是对更早的神话思维传统及其产物的承继与发展。我们在上述考察中已经看到，《墨子》中所记载的鸡犬羊猪的隐喻起源甚至早在商代以前的夏代或新石器时代文化中已经萌芽了。可以说，对鸡人创世神话的构思基础的研究，引导我们找到了中华多民族文化的史前之根。

现在，谁还能说，鸡人创世神话的动物类比只是后人的任意联想的结果呢？

八、语言古生物学的召唤
——神话思维与古文字研究

英国功能派人类学的著名代表拉德克利夫 - 布朗（Radcliffe Brown）在

《社会学的图腾制理论》一文中指出，在以狩猎和采集为主要生产方式的民族中，较为重要的狩猎对象——动物和采集对象——植物等，被当作“神圣的”东西来对待，它们以各种不同的方式成为礼仪活动的对象。[1]按照这种认识，图腾崇拜的对象取决于与社会生产和生活方式密切相关的动植物。在作为商代四周方国图腾的四种动物中，竟然没有一种属于野生的狩猎对象。鸡犬羊猪，连同作为天地上下之编码符号的马和牛，全都是家养动物，总合起来又恰恰是中国古代农业文明中最普遍的饲养动物——“六畜”，这又是十分有趣且值得深思的现象。

这一现象首先说明，以家畜为图腾崇拜的对象的社会群团，显然已经脱离了狩猎采集的原始生产方式，发展到了游牧和农耕的生产阶段。考古学材料表明，中国新石器时代文化遗址中开始出现家畜遗骨，最早出现的家畜是猪、狗和鸡三种，见于仰韶文化；较晚出现的是牛、羊，见于龙山文化；马是六畜之中最后出现的一种：“龙山文化遗存中马的材料仍较零星，仅历城城子崖，汤阴白营等遗址有较正式的鉴定报告。其他一些发现，往往因标本所在层位不清楚，或者只鉴定到马属，不能肯定是家马。西北地区马家湾的马只鉴定到属；在齐家文化的永靖秦魏家也有马的遗存出土，但是年代较晚。中原地区目前仍以殷墟出土的家马是肯定无疑的记录。或许可以推测与殷文化联系密切的龙山文化的人们已经饲养了马，但是还缺乏发掘的实证。”[2]结合《世本·作篇》中关于殷人先公王亥和相土“服牛乘马”的传说，可以推测家养牛和马要比其他四畜的出现晚一些，这似乎也说明了鸡人创世神话前四日所造动物与五六日两日所造的牛马是有着先后的发生顺序的。六畜中第六日所造的马又恰恰是最晚家养的动物。无怪乎鸡人创世神话没有按照先

[1] 拉德克利夫－布朗：《社会学的图腾制理论》，载《原始社会的结构与功能》，科恩与韦斯特出版公司 1952 年版，第 117—132 页。

[2] 中国社会科学院考古研究所：《新中国的考古发现和研究》，文物出版社 1984 年版，第 195—196 页。

天后地或先上后下的惯常顺序来表现天和地两个方位的成立，却让地出现在天的前面，下的方位出现在上的方位之前，原来是由于地与下方的象征——牛是比天与上方的象征——马更早成为家养动物。

这样看来，鸡人创世神话的构思基础不仅与商人的图腾分类空间结构有关，而且也同古生物学的六畜发生顺序有关。列维－斯特劳斯认为，“图腾制实际上只是一般分类问题的一种特殊情况，是在进行社会分类时往往赋予特定项目的作用的一个例子。”[1] 在他所列举出的合皮印第安人的图腾分类系统中，我们看到了与商代图腾分类空间十分相似的情形，宇宙空间的六个方位——西北、西南、东南、东北、上（天顶）、下（天底），依次对应六种动物：美洲狮、熊、野猫、狼、秃鹫、蛇；六种颜色：黄色、蓝或绿色、红色、白色、黑色、斑杂色；六种鸟类：黄鹂、蓝色鸣鸟、鹦鹉、鹊、燕子、莺；等等。列维－斯特劳斯认为这种对生物和自然现象加以分类组合的“野蛮人”的智力在本质上与文明人的思维并无区别，可以称之为一种“自然哲学”。“土著人的分类法不仅是有条有理的，而且还以精心建立的理论知识为根据。从一种形式的观点来看，有时它们满可以与动植物学中尚在运用的分类法相比。”[2] 神话思维的这种具体直观的分类方式到了文明社会中并未完全消失，它依然保留在各种宗教礼仪的象征系统中。“根据这一观点，‘图腾’分类或许更接近于希腊和罗马人的植物象征系统，这些植物象征系统是用橄榄、橡树、月桂、野芹等枝叶编的花环来表示的；或者更接近于中世纪教堂使用的象征方法，在教堂里，唱诗班的席位上所撒的干草、灯芯草、常春藤或沙粒，随节日的不同而变换。”[3] 从这一事实出发，我们就不难理解，六朝时期荆楚民间盛行的新年礼仪活动和《墨子》中记载的迎敌祠仪式，是怎样保留着

[1] 列维－斯特劳斯：《野性的思维》，中译本，商务印书馆 1987 年版，第 73 页。
[2] 列维－斯特劳斯：《野性的思维》，中译本，商务印书馆 1987 年版，第 53 页。
[3] 列维－斯特劳斯：《野性的思维》，中译本，商务印书馆 1987 年版，第 54 页。

自中华文明萌芽时就已产生的象征系统的。而中国古典哲学中的五行说与《易经》八卦系统的渊源也可以作如是观。当然，做出这种追溯一定会碰到很大的困难，如列维－斯特劳斯从他的研究经验中所体会到的：

准确的辨识神话和仪式中提到的每种动植物、石头、天体或自然现象这样复杂的工作，远非人种志学者力所能及。我们还必须知道每一文化在其自己的指意系统中赋予每种东西什么作用。……然而在数世纪间耐心积累起来的、一代一代忠实地延传下来的这些万千琐细的知识中，只有一部分被用来赋予动植物以该系统中的某种指意作用。所以必须知道是哪一部分知识，因为就同一种类的动植物而言，其意义在不同社会中是不同的。[1]

在这里，笔者拟参照当代人类学家关于图腾式分类系统的理论，根据中国文明的特点，尤其是汉字的独特的象形特征，重新提出一个重要的课题：语言古生物学研究。

之所以说“重新提出”，因为这个课题过去早有人提出，但后来被某些权威学者否定了。这里指的是号称“现代语言学之父”的瑞士语言学家、现代符号学的奠基人之一索绪尔。他的讲稿《普通语言学教程》第四章“人类学和史前史中的语言证据”中有一节题为“语言古生物学”，在这一节中，索绪尔针对19世纪学者阿·皮克特在《印欧语的起源》一书中提出的语言古生物学课题，提出了反对意见。皮克特试图借鉴古生物学的研究思路，把语言当作一种自远古保留下来的活化石，从这些活化石中去考察早已绝迹了的上古人类的社会、生活和思想。“皮克特想从各种印欧语所提供的证据中找出‘阿利安人’文化的基本特征，相信可以确定它的各个纷繁的方面，实物（工

[1] 列维－斯特劳斯：《野性的思维》，中译本，商务印书馆1987年版，第64页。

具、武器、家畜）、社会生活（它是一个游牧民族还是农业民族）、家庭制度、政治形态。他想找出阿利安人的摇篮，认为那是在巴克特里安纳；他还研究阿利安人居留地的植物和动物。”[1]索绪尔虽然称赞了皮克特的著作“引人入胜”，但却认为他的研究是不确切、不可靠的，因为词源的追溯无法落实，词义会随着民族的迁徙而发生变化，“借词”现象也普遍存在。索绪尔就这样委婉地给一门尚处在摇篮中的学科判了死刑：我们不能向语言索取“古生物学”情报。

根据我们自己的研究经验，语言中的古生物学情报不仅是可以索取的，而且是意义重大的。就欧洲语言的实际情况来看，从表音文字的发音特征和拼写规则中寻找这类情报虽不是完全不可行的，但毕竟有很大的偶然性，索绪尔的怀疑不是毫无理由的。但中国的汉字却完全例外，一个字往往就是一个存留在造字先民意识中的原始表象，该字（词）的意义又往往取决于它在神话思维的原始表象系统中的关系和位置，如本书中提到的“昔”“昆”“旦”“昏”等等的形义关系便是明证。汉字的这种直观再现性特征甚至直到今天的简化字中依然清晰可辨，这就为我们从神话思维角度重提语言古生物学课题，提供了极有力的支持和极大的方便，这对于使用表音文字的文化传统来说，简直是令人望洋兴叹，望尘莫及的。

由于文字的产生，即文明史的开端，正逢神话思维向哲学抽象思维过渡之际，所以，在汉字的形体结构中保存下了大量的神话思维的表象及分类编码规则，就不是偶然的了。遗憾的是，这份世界上几乎独一无二的珍贵遗产迄今尚未得到足够的重视，其“古生物化石”的价值也远远没有得到充分的估计。研究古文字，特别是甲骨文的学者们，虽然早就尝试从文字中索取上古社会生活方面的情报，出现了像郭沫若先生的《卜辞中的古代社会》、陈梦家先生的《殷

[1] 索绪尔：《普通语言学教程》，中译本，商务印书馆 1980 年版，第 312—313 页。

墟卜辞综述》这样的力作，但是如何从汉字的直观特征入手，发掘和重构几千年前的古人的意识模式、思维模式和分类模式，可以说还是一片几乎空白的领域，而在这一领域中的开拓，很可能将取得重要的突破性成果。

下面仅以前面所讨论到的商代人的图腾分类编码空间为例，对神话思维与古文字发生的关系问题做一窥斑见豹式的说明。先看一下汉字中的“岛”字，其古写法为“島”，像鸟在山上形。问题是，“岛”字从山还有道理，海水中的山便是岛嘛；但岛字从鸟，却似乎没有什么道理可讲了。我们看看《说文》的解释：“島，海中往往有山可依止，曰島，从山鸟声。”照此说，“岛”是个形声字，它之所以从鸟，是取鸟字的发音的结果。《释名·释水》对“岛”字做了另一种解说：“海中有可居曰島，島，到也，人所奔到也，亦言鸟也，人物所趣如鸟之下也。”这真是别出心裁的见解，但在望文生训的附会背后却透露了一点信息：岛字从鸟，不在于它是形声字，而是与鸟有某种意义上的关系。可惜没有猜中这个关系。既然我们已经搞清了在上古中原人的世界观中，东方是鸟图腾文化的所在地，而大海对于中原人来说也只是在东方大陆的边缘才存在，也就是属于鸟图腾文化的存在，所以，那些在大海之中可居处的“山”，按照图腾分类的编码逻辑，自然被造字者归入鸟图腾的类属关系中去了。这才是“岛”字从鸟的本质原因吧。东夷人即鸟图腾崇拜者又有鸟夷之称，鸟夷又与岛夷相通，大概也不是没有道理可讲的。前述童书业先生所引《书·禹贡》中“鸟夷皮服”一句，原文中多写为“岛夷皮服”，孔传对此解释说：“海曲谓之岛，居岛之夷，还服其皮。”我们说，“岛”字得名于居岛之夷，因为这些居岛之夷人正是以鸟为图腾的鸟夷，所以作为海中可居之山这一抽象概念的“岛”便是从东方海曲夷人所居之地这一具体表象中抽绎出来的。在这里，我们不仅看到了汉字意义随着思维的发展从具体到抽象的演变轨迹，更发现了汉字的部首在神话思维中的分类编码功能：

既然东方是鸟图腾文化区域，那么属于该区域的自然现象也可用以鸟为傍旁的字来命名。

除了“鸟”字本身，还有上古与鸟相通用的“隹”字，也是用来为东方鸟图腾文化区内的事物归类命名的重要偏旁。《说文》中“隹”字作，像鸟之形，甲骨文、金文中的“隹”字显然是一侧立的鸟的再现：、、。中原以东最大的河流之一淮河，便是用表示水的“氵”旁，加上表示东方鸟图腾文化区的“隹”旁，合体而成的。“淮”字一旦产生，又可以用来区别与东方鸟图腾文化区中的其他部分不同的淮水流域，故居处该流域的东夷人又称“淮夷”，而淮夷迁徙所到之地又皆可依次归入“淮”这个子类，于是我们在中原以东地区或东偏南地区看到了一大批以“淮”命名的地方：淮上、淮北、淮安、淮汭、淮西、淮南、淮甸、淮服、淮浦、淮海、淮陵、淮阴、淮阳、淮扬，等等。《说文》解“淮”字说“从水佳声”，显然是犯了解“岛”时的同类错误。许慎已经不知道商代人特有的图腾分类法则了，所以对那些失去本义的偏旁一概归入形声一类中去了。其实在甲骨文中已有了“淮”字，该字右半边的“隹”一看即知是鸟的表象。

在甲骨文中还有“洋”字，写作或，或许是对某条位于西方羊图腾文化区域中的水流的归类和命名。《说文》释洋为洋水，即今陕西省西乡县境内的洋水河。与此同归一类的还有洋川、洋州、洋县等地名。

在北方猪图腾文化区，我们照例看到了由图腾分类所决定的编码用字“涿”。由于该字后起的引申义（《说文》：“涿，流下滴也，从水豖声。”）已经湮没了本义，所以后人又造了“涿水”这样一个合成词。涿水在哪儿呢？原来在今河北省涿鹿县，正是中原以北的猪图腾地区，与此相类的还有涿鹿、涿州、涿郡、涿县等地方名称，均在河北境内；此外还有山名涿邪者，位于外蒙古一带，见于《史记·匈奴传》。看来后人为极北地区的山峰命名时依然遵循着北方为豖这一图腾编码规则。

也许会有这样的疑问：图腾作为姓氏，可以成为给本族后代命名的固定编码，如淮夷便作为复姓而传于后（见《万姓统谱》）；但是山河、地点等与图腾并无必然联系，为什么也会用图腾分类编码来命名呢？这个问题的初步答案可以在维柯那里找到。维柯提出过一个与神话哲学非常相近的概念“诗性的玄学”，根据诗性的玄学的逻辑，最初的诗人们（即神话思维者）给事物命名必须用具体的感性意象，这种感性意象就是替换（synecdoche，局部代全体或全体代部分）和转喻（metonymy）的来源。“转喻用行动主体代替行动，原因在于行动主体的名称比起行动的名称较常用。还有用主体代替形状或偶然属性的转喻，原因在于还没有把抽象的形式和属性从主体上面抽出来的能力。”[1]“把个别事例提升成共相，或把某些部分和形成总体的其他部分相结合在一起时，替换就发展成为隐喻（metaphor）。”[2]当远古中原人用四方的主要图腾来给各图腾文化区域中的事物命名时，正是按照全体指代部分的替换原则和主体代替属性的转喻原则，这正是神话思维的意指系统所具有的特殊性所在。替换发展成隐喻，说明了神话在后人心目中成为隐喻性密码的原因。

问题的进一步解答还可求助于现代图腾分类的研究成果。对当今的人类学家来说，图腾信仰已不仅仅是一种信仰了，它同时也是原始信仰者的一种分类科学，一种信息处理系统。“由图腾—英雄（祖先）所神圣化了的仪式，不仅仅是为了促进图腾物种的繁衍，同时也意味着确保大自然按其正常秩序运行。每种图腾都与某些自然现象相联系，同鸡鸣、闪电、雷、雨、云、雹和寒冬，同鹦鹉、月亮和星星联系起来。每一集团必须通过仪式活动来确证它自己的那一部分宇宙的秩序，以使整体的宇宙保持和谐。一个图腾系统就这样形成了一种分类图式（Classification Scheme），在该图式中每一实体都

[1] 维柯《新科学》，朱光潜译，人民文学出版社 1987 年版，第 181 页。

[2] 维柯《新科学》，朱光潜译，人民文学出版社 1987 年版，第 182 页。

有其位置。宇宙被想象为一系列的类目，其中的每一类都由某种特殊的动物、植物和天体部分构成一个群集，并同某一特殊的集团及其领地相联系。”[1]不言而喻，图腾分类并不像科学分类那样考虑事物质的差异，因为它所遵循的是神话思维的类比逻辑。“如有新的事物出现，便会被简单地插入到原有的类目中的某一类中去。当欧洲航海者来到澳洲时，土著人便将新来者归类到某一图腾群集。新因素的出现并不需要重新安排已有的图腾分类图式，这个图式是松散开放的，足以使任何新的对象组合到自身中来。”[2]也许只有从这种松散开放的图腾分类图式的角度，语言古生物学的活化石材料才能得到系统的整理和彻底的认识。至此，我们可以不再疑惑，像海岛这样一种自然事物为什么会被纳入鸟图腾的范畴中去，为什么在中原以北的猪图腾文化区域中产生了以“豕”为部首字的河名与地名。可以确信，借鉴现代人类学关于图腾分类和神话思维的理论，针对汉字的直观特点，重新建立语言古生物学，对于古文字学、考古学、历史学、文化学乃至整个人文科学的研究，都将产生积极的作用。

应当注意的是，神话思维的图腾分类模式往往是非常复杂的，如列维-斯特劳斯所说，相同的特性可能被赋予不同的意义，而同一种动物也可以选用其不同的特征，成为某一方面的类比象征。这就要求研究者从整个的分类系统出发去识别辨析单个的象征，因为其意义不是僵固不变的，而是取决于其在整个系统中的位置的。

九、神话哲学与文化心理

在本章以上各节的跨文化研究中，我们从礼拜日制的由来问题出发，沿

[1] 皮科尔（J.Peacock）、基尔希（A.T.Kirssch）：《人类的方向》，普伦提斯出版会 1980 年版，第 142 页。
[2] 皮科尔（J.Peacock）、基尔希（A.T.Kirssch）：《人类的方向》，普伦提斯出版会 1980 年版，第 142 页。

着神秘数字“七”的启示性线索，解答了中国古代的人日礼俗起源问题，并且沿波讨源，意外地发掘出一个失传已久的中国上古创世神话。从该神话密码的破译过程中，终于找到了数字“七”的神圣意蕴的发生之谜——人类神话思维中三维空间结构的全部方位为七方。这样，全世界各地不约而同出现的以“七”为深层结构的创世神话和文化母题，便可以从人类空间意识发生的普遍规律方面得到合理的解释了。换言之，人类各种族、各文化虽然千差万别，但都同样生活在一个地球上，由同一个太阳和同一个月亮所照临，同样受到万有引力规律的制约，又都同样经历了从具体到抽象、从二维到三维的空间意识发展过程。所以，他们对三维空间的数字概括也自然是同样的，尽管这种前科学的概括分别采取了各种不同的形式。当处在相似的智力发展水平的人们，试图用神话故事来解释宇宙时空的起源时，“七”便作为三维空间的极限数字、作为宇宙总体的象征数字而无意识地发挥作用，生成各种以“七”为结构素的创世神话。其中最引人注目的乃是以七日为母题的创世神话，如《圣经》中的创世神话，中国的七日造人创世神话和混沌七日而死的创世神话。宇宙万有，包括人类在内，都是在七日内创造而成的，我们说这正是神话思维藉空间范畴来表示时间的又一结果。三维空间的全方位数“七”经过神话的无意识转换，又成了时间循环变化的一个新尺度，一个时间周期的基数，七日象征着时间的极限，正像七方象征着空间的极限一样。在这里，犹太教和基督教以七日为一礼拜的人为历制，中国古代关于“七日来复”的玄理，便都得到了同构发生的说明。不仅如此，对同构发生的神话母题的研究，亦可反过来解释人类共同的心理结构特征。

美国心理语言学家密勒（G.A.Miller）在一篇著名论文《神奇的数字七，加上或者减去二》中提供了如下实验数据：人类大脑的瞬时记忆广度是 7±2 个符号。他在广泛地分析了瞬时记忆的实验报告后发现，人类瞬时记忆的容量限度无法用信息量单位“比特”来表示，只能以“模块”（chunk）为单位来表示。而用模块为单位的测试结果表明，人脑一下子所能记住的模块总数限定在七个左右。密勒的模块理论自 20 世纪 50 年代提出以来影响甚巨，成为新兴的认知科学的基本理论之一。美国认知科学方面的专家西蒙（H.A.Simon）在 20 世纪 80 年代的新著中补充说："关于短时记忆的晚近一些实验所揭示的结果是这样的。如果要求受试者读一串数字或字母，然后背诵出来，那么他一般能正确背出串长达七件甚至十件的字串。如果让受试者听和背的当中插入不管什么任务，能背出的件数就下降到两件。我们可以称这些数字为'电话号码簿常数'，因为人们在日常生活中，对它们很熟悉。如果看了电话号码簿后不被打搅立刻拨电话，我们一般能记住七个数字。"[1]国内也有学者借助于密勒的组块理论研究语句的结构，提出任何句子均可明确切分成限度为七左右的有限多项式，即由七个左右的模块构成的结构体。进而提出了语句发生的组块模式，即由小到大，由左到右，边接受边组块的"同步组块模式"。组块过程中，大脑所需记住的块数也总是七个左右，这是人脑对语句结构难度的一种奇妙的自运控制能力。[2]

从发生认识论的角度说，文明人大脑的记忆参数为七块，这不能说是偶然的现象，更不会是猿类祖先遗传下来的特殊机制。它深刻地铭刻着人类认知能力发展过程中三维空间意识的建构所留下的标记。由前后左右上下中七个基本方位及其时间转换物——七日、数字抽象形式"七"等所构成的认知对象反过来作用于认知主体，经过一代又一代的反馈作用内化为文明人的心理结构要素，表现为信息存储的组块限度以及语句结构难度的控制能力。其实，人脑的这种以七个模块为单位的瞬时记忆广度又何尝没有外化为新的客体对象呢？试看那些关于必须记住自己的七代祖先的民俗规定，以及神话传说中的对应母题，如日本神话中的"神世七代"、希腊神话中宙斯的七个妻子、

[1] 西蒙：《人工科学》，中译本，商务印书馆 1987 年版，第 72 页。
[2] 陆丙甫：《组块理论的完善化及其在自然语言理解中的应用》，载《思维科学》1986 年第 2 期，第 77—85 页。

阿特拉斯的七个女儿、中国古代相传的“七贤”[1]和黄帝的“七辅”、舜帝的“七友”，文学方面的建安七子、前后七子，等等，乃至国家礼制方面关于“天子七庙”的规定，《尔雅·释亲》所记中国古代亲属称谓，在“孙”的一级竟有七代名目，[2]凡此种种需要记忆的信息组合形式，谁说只是偶然同人脑的七块记忆参数不谋而合的呢?

也许，只有从认知主体和认知对象的相互作用关系中，从内化与外化的思维建构机制中，“七”的文化之谜才能得到彻底的冰释吧。

以上所论的中心课题都是围绕神秘数字“七”的人类文化与心理的同构发生，作为本章的总结，最后有必要涉及一下围绕神秘数字“七”而展开的中西文化的不同方面。

中国鸡人创世神话和《圣经》创世神话均以七日为母题，这只是二者基于人类认识的共同性而出现的相通之处，它并不意味着两个神话的价值指向是相等的。恰恰相反，由于人的位置在两个创世神话的叙述结构中有所不同，因此而派生出了差异极大的价值指向。在《圣经》神话中，“七”的神圣位置是留给耶和华作为休息日的，是神的纪念日；在中国神话中，“七”的神圣位置是留给人类自身的，是人的纪念日。切莫小看了这一微妙的细节差别，它关系到人在两大不同文化传统中的不同价值和地位，因而也关系到中西文化的根本精神上的差异。

前文中一再提到，给人类在宇宙时空中确定位置，规定人与自然、人与神之间的关系，是一切创世神话的内在本质。“世界的开辟也就是人类生存条件的开辟”，“植物、动物或地点的命名乃是确定人的空间坐标位置的一

[1]《论语·微子》所列逸民“七贤”为：伯夷、叔齐、虞仲、夷逸、朱张、柳下惠、少连；《世说新语·任诞篇》则记有“竹林七贤”；唐代有以七位盛唐诗人为题材的《七贤过关图》；明代天顺年间李贤奉敕作《明一统志》，收录各地方的七贤堂、七贤祠等不同名目已多不胜举。

[2] 孙之七代为：孙、曾孙、玄孙、来孙、晜孙、仍孙、云孙。

个组成部分”。[1]在《圣经》神话中，继天地、动植物的创造之后，在第六天造出了人类，这一程序本身固然突出了人为宇宙万物之灵的思想，这种思想又通过上帝之口得到了更进一步的明确和强调：

你们要生养众多，遍满地面，治理这地，也要管理海里的鱼、空中的鸟和地上的各样行动的活物。[2]

不难看到，文艺复兴时期的莎士比亚借哈姆雷特之口表达出的“人为宇宙灵长”的价值观念，实际上早已在古希伯来人的神话中就得到了神圣的钦定。然而，由于先于宇宙而存在的创造主同被造的人类之间存在着根本性的对立，人类祖先亚当、夏娃违反神的意志偷吃禁果，人类和蛇一样成了宇宙万物之中的罪恶负载者，其至高地位也就一落千丈了。出自犹太教的基督教更加强调人类的原罪本性，无限抬高神的权威和荣耀，导致了整个西方中世纪文化中的神权统治和反人道倾向。相形之下，中国传统文化中一以贯之的人本主义精神十分鲜明，在历史上没有发展出一种像犹太教、基督教、伊斯兰教那样的全民性的一神教信仰。究其根源，实可跨越儒道诸家思想，上溯到创世神话的深层结构中去，在神话所预示的神人关系模型中得到某种解释。

关于中国传统文化异于西方文化的基本特征，学者们已有大量论述和各种归纳。郑德坤先生特别标出“人本”与“神本”“物本”的差别。他认为，外来文化有两类，一类是以神为本的神本主义文化，如基督教文化、近东的伊斯兰教文化和印度的宗教文化。其基本精神在于，相信人是神所造，凡事都要服从神的意旨。人生而有罪，需要神来拯救，人是为神而生。另一类是以物为本的物本主义文化，如新近欧美传来的物质文明，他们相信神是人造

[1] 前引《新大英百科全书》“创世神话与教义”一文。
[2]《旧约·创世记》第一章 28 节。

的，根本就没有神，人是进化的猿类动物，物质的享受要高于一切。“我们的传统文化和这两种文化实在有基本的分别。我们的文化是以人为中心，所以可以超脱神、物而自行发展。神与物不过是供人需要的原素，及促人进化的工具而已。”“中国人最基本的活动是为生活而生活。他不唱高调，或无条件地赞颂所谓高尚抽象的理想，如牺牲、博爱、探险之类。他不以神的意旨为意旨，因为人意就是天意，顺天命基本是顺民意。……他更不为上帝而生，因为天是为人而立。他的生活目的是为人的，上则孝顺父母，下则慈爱子女，子子孙孙，永享安乐。”[1]正因为中国文化以人为本，讲述神之事迹的神话才大量散佚失传，这倒使人本精神的由来变得模糊不清了。现根据重构出来的鸡人创世神话，似乎可以找到人本文化精神的最初的神话表达。首先，一个引人注目的特征是，在中国创世观念中看不到像西方人的耶和华那样一位超然于宇宙之外的、先于时间空间而存在的全知全能的神。神话只叙述了六畜与人的依次被造过程，象征宇宙时空的开辟生成，但没有突出创造主的能力和威严，甚至没有神的主体性表现。可以肯定，神的模糊化反过来为人的主题的突出表现提供了先决条件。

鸡人创世神话把宇宙的圣数“七”这个象征着发展极限、完美状态的神圣符号留给了人，并特意将人的地位安排在宇宙时空展开的中心——即六合之“中”的最佳方位上，这就鲜明地体现了人类在整个自然界的主体性位置。又因为宇宙的“六合”结构分别由六种被人类所驯服、所役使的家养动物来象征编码，这就更加突出表现了人为万物之灵的至高价值。值得庆幸的还有，中国神话中的人类始祖虽为不知名的创造神所造，但并未表现被造者与造物者的对立关系，人祖亦没有犯下任何冒犯神威的“原罪”，这样，人的主体性价值便从神话延续至哲学，在后世思想传统中得到始终如一的强调：

[1] 郑德坤：《中国的传统文化》，台北伟文图书公司1978年版，第78—79页。

唯人万物之灵。[1]

人者，天地之德，阴阳之交，鬼神之会，五行之秀气也。[2]

物之所尊曰人。[3]

人，天地之性最贵者也。[4]

即使在以神为对象的祭祀活动中，也早自先秦时代便有了人本主义的解释。冯友兰先生曾举出《国语·楚语》中观射父论祭祀的一段话来说明这一点：

“肃肃济济，如或临之，”是不必有临之者也。知不必有神临之，而犹祭祀者，盖欲藉此机会，使乡党亲族，得一聚会，并训练其虔敬之心。故祭祀之用，在“民所以摄固者也”。[5]

这就说明了宗教仪式行为在中西文化中形同而实异的一面：在中国创世神话中隐而不见的神到了祭礼行为中自然也退隐或消失了。[6]试想，假如神话中的造物主权威得到突出强调，并因此而渗透到民族集体意识之中的话，谁能确信正月七日不会像西方的礼拜日那样，成为对神恩的纪念日呢？果真如此，又怎么会有历代相延于民间的“剪彩为人，登高赋诗”的人日庆典呢？

假如说我们通过对中国创世神话的发掘和比较研究，多少探触到了中国文化传统的深层根基的话，也许不算过分夸张吧。至此，我们已经看到，神

[1]《尚书·泰誓》。
[2]《礼记·礼运》。
[3]《太玄经·玄文》。
[4]《说文解字》。
[5] 冯友兰：《中国哲学史》，中华书局1961年版，第63页。
[6] 金谷治：《中国古代人类观的觉醒》，载《日本学者论中国哲学史》，中华书局1986年版，第26—44页；吴康：《孔子之宗教思想——鬼神与祭祀》，载中国台湾《宗教世界》1985年六卷2期，第3—6页。

话哲学的发生是怎样遵循着人类思维发展的共同规律，又是怎样规定和铸塑着不同的文化传统的（图 17）。

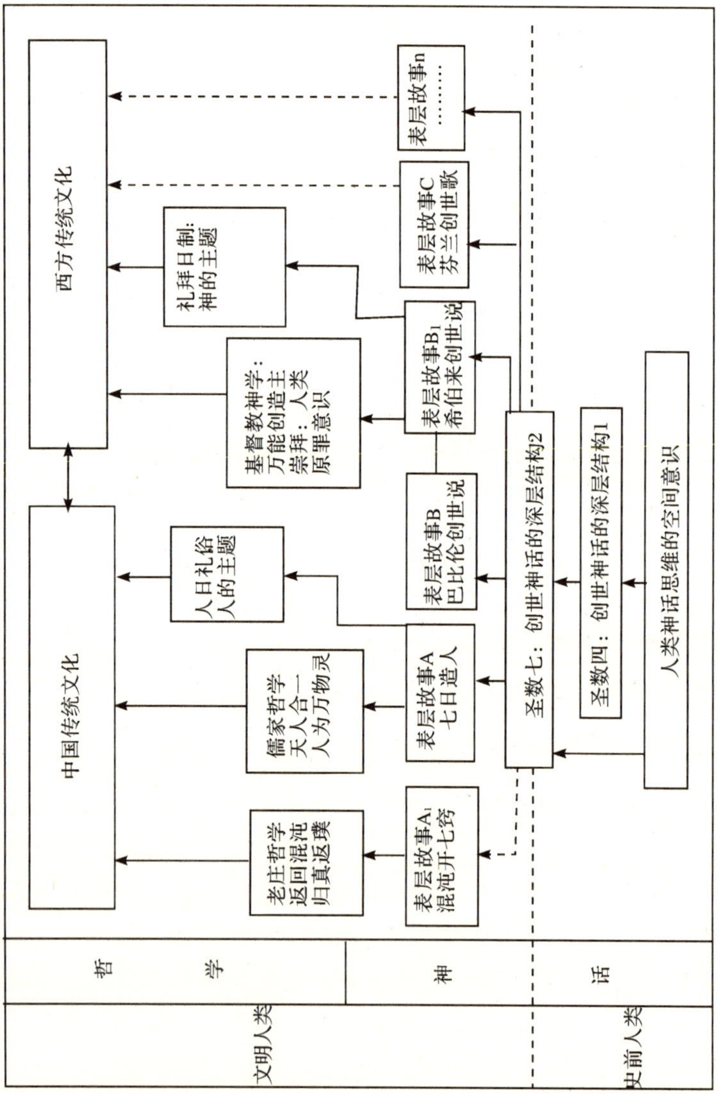

图 17

THE EIGHTH PART

第八章

息壤九州

洪水滔天，鲧窃帝之息壤以堙洪水，不待帝命。帝令祝融杀鲧于羽郊。鲧复生禹，帝乃命禹卒布土以定九州。

——《山海经·海内经》

中国的洪水神话与流行于西方的同类神话不同，淹没陆地的大水是一种原始状态的水，它首先阻碍了农业生产。由于洪水不退，需要一位英雄的工作来改变这种状态。大禹治水的故事成为有关中国社会的创造的神话，它既非关于惩罚罪恶的神话，也不是（神）试图毁灭人类的神话。

——《新大英百科全书·中国神话》

一、中国上古创世神话问题

（一）华夏创世神话的再思考

本节所讨论的中国上古创世神话问题，实际指的是汉族的创世神话问题。之所以特别提出这个问题，因为本书以前某些章节的研究结果已经足以使我们对汉族的创世神话有一个全新的判断和理解了。在这里，为了便于总结前章中的研究和展开本章的新论题，有必要回顾一下中外学者对此问题的看法，并借鉴有关创世神话类型划分的具有国际权威性的当代论点，得出系统性的新认识。

在中国上古创世神话问题上，有两种流行很广的观点：

第一，汉民族祖先对创世问题不大关心，所以没有给后人留下创世神话。

第二，汉民族创世神话发生较晚，其标本为盘古化生类型神话。

现在看来，这两种观点，都已经难以成立了。

先看第一种观点。美国的杜维明先生曾标出“存有的连续”作为中国古代意识形态和哲学上的基调，并以此说明中国哲学与以创世神话为基础的西方思想的不同特征：

中国哲学的基调之一，是把无生物、植物、动物、人类和灵魂统统视为在宇宙巨流中息息相关乃至相互交融的实体。这种可以用奔流不息的长江大河来譬喻的“存有连续”的本体观，和以“上帝创造万物”的信仰，把“存有界”割裂为神凡二分的形而上学绝然不同。美国学者牟复礼指出，在先秦诸子的显学中，没有出现“创世神话”，这是中国哲学最突出的特征。这个提法虽在西方汉学界引起一些争议，但它在真切地反映中国文化的基本方向上，有一定的价值。[1]

这种在西方汉学界颇有代表性的看法在研究中国神话的美国学者杰克·波德那里发展到了极端：

非常引人注意的是，除了这一个神话（指盘古神话——引者）之外，中国在世界几大古文明之中可能是唯一没有创世故事的。这种情况在中国哲学中也有类似的表现。中国哲学从一开始就热衷于探讨人际关系和人对物质世界的适应，而对宇宙起源问题则相对没有多少兴趣。[2]

国外汉学家的这种看法在国内学术界也有相当反响。谢选骏先生的新著《神话与民族精神》便认可了杰克·波德的论断，并做了进一步发挥。他认为，中国古代神话之所以不注重创世故事，中国哲学之所以对宇宙起源不感兴趣，是因为这类题目与古代中原人的现世务实精神有一定距离，对于阐述古代中国意识形态所最为关心的社会、伦理问题用途不大。这样，有关宇宙起源的神话和论述很容易散失，以至得不到充分的发育。[3] 冯天瑜先生从地域划分方面解说同一问题，认为上古中原地区即黄河流域的创世神话没有得到流传，并不等于说中国没有此类神话，因为南方少数民族关于盘古的神话填补了这一空缺。[4] 这一观点可以直接上溯到茅盾先生在 20 世纪 20 年代所著《中国神话研究 ABC》一书中去，该书已指出，在两汉以前的中国古籍中没有关于开天辟地的神话的影踪，大概是北部中国神话失传的结果；从三国时始见诸记载的盘古神话是完整的开辟神话，而记载者徐整是吴人，这说明该神话原

[1] 杜维明：《试谈中国哲学中的三个基调》，《中国哲学史研究》1981 年第 1 期。
[2] 杰克·波德：《中国古代神话》，载《中国文明论集》，普林斯顿大学出版社 1981 年版，第 81 页。
[3]《神话与民族精神》，山东文艺出版社 1987 年版，第 204—205 页。
[4] 冯天瑜：《上古神话纵横谈》，上海文艺出版社 1983 年版，第 62 页。

产生在南方，而后渐渐北行。[1]

以上中外学者的见解不约而同地指向一点：上古中原地区的汉族人没有留下创世神话。这一论断的失当之处，在我们前两章的研究基础上，可以看得较为分明。黄帝创世神话虽没有保存原始记载的故事形式，但其哲学化和历史化的变体形式却奠定了上古华夏民族意识形态的核心，转化出中国特有的帝王系谱和《易经》哲学的宇宙发生论；而鸡人创世神话虽记载较晚，但其所运用的象征编码系统源于商代或先商时代的中原世界观，因此可以确定该神话同黄帝创世神话一样，正是失传已久的中国上古创世神话，其哲学化的变体，一为《易经》中“七日来复”之说，一为《庄子》中混沌开七窍的哲理寓言，其历史化的变体，或许可以上溯到殷商先公自契至王亥七代系谱中去，对此，白川静已做出大胆的推测：“神话是神治时代的世界，与人治时代的祖王系谱性质不同，所谓神人有隔。但是以殷王朝的系谱言，神话性的祖神—先公，与人世之间就不能有过大的距离。神与人一定在某处有个接点；就如日本上古神代七世的众神，在殷代的世系里也必须有相同性格的神祇。”[2]前面曾提到，王国维等早期甲骨学家在卜辞中求证出了《史记·殷本纪》中记载的殷商世系中自上甲以后的先王系谱，但对上甲以前的七世“先公”尚未从甲骨文中找出充分的对应材料。王氏尝以时间象征性来解释这些先公的名称，将契以后的昭明、昌若、冥释为朝暮明晦之意。[3]吴其昌先生进而将昭明、昌若、冥三位先公加上上甲微，释为晨、午、晚、夜的象征。[4]我们已知太阳的日周期在原型象征系统中与年周期相互认同，即晨午晚夜的循环等于春夏秋冬的循环，而时间的循环又可认同于东南西北四方位的空间位置的变换，所以在具有时空象征蕴含的殷商七代祖神背后潜隐着

[1] 茅盾：《神话研究》，百花文艺出版社 1981 年版，第 137—139 页。
[2] 白川静：《甲骨文的世界》，中译本，台北巨流图书公司 1977 年版，第 50—51 页。
[3] 王国维：《殷卜辞中所见先公先王考》，《观堂集林》卷九。
[4] 吴其昌：《卜辞所见殷先公先王三续考》，《燕京学报》第 14 期；收入《古史辨》第七卷。

表现开天辟地和时空秩序构成的创世神话，确实是完全可能的。白川静又推测说，《殷本纪》的系谱中，神话部分的祖神最后一位是振，在卜辞中写为亥。且王亥、王亘（恒）为兄弟神，至王亥以后，始见配妣之名，亦即王亥之前全为独身神。殷室祖神传说就是从这二王兄弟开始的，这正符合创世神话中讲述人类起源的双子形式的故事模式。[1]据此，七代祖神中的振（王亥兄弟）正相当于鸡人神话中第七日所造之人，在此之前的六代神或相当于三度空间的全方位“六合”之数。自上甲至示壬是所谓“六示”，白川静根据甲骨文字形，以为也是被祖灵化之后的空间方位神，象征着天地四方观念。经过这样理解之后，历来认为混乱难解的殷商祖系便可还原为以“七”为深层结构的创世神话的循环重演了。

殷的系谱，继夔（正是与黄帝神格相当的太阳神创世主）至王亥诸神之后完成代表观念性的六示系谱的调整，以之象征天地自然的原理；再把六示系谱和汤联系起来，于是完成了神与人的系谱。如果把汤以下的人王作为第一系，那么六示是第二系，而夔以下是第三系。王国维认为第三系神话性祖神的系谱，是象征朝暮晦朔之意，亦即一日的过程。可是我们却认为它恐怕含着表示从天地开辟，大地造成，以至人类初生过程的意义，而具有神话的性格。[2]

需加以补充说明的是，白川静先生尚未意识到殷系谱作为历史化的创世神话，与宇宙数字七的特别关联。从这种关联出发去考虑问题，可以对殷商史研究中的一个重要现象提供全新的解释。《国语·周语下》有这样一说：“玄王勤商十四世而兴。”这个玄王就是契，在创世神话结构中数序第一。其实

[1] 白川静：《甲骨文的世界》，第63页。
[2] 白川静：《甲骨文世界》，第66页。

“契”字本身就有开、开辟之意。开天辟地即是光明之始，故创世神话中数序第二者为“昭明”。早在东周时期，商人的这个创世神话便已丧失了本义，被改造成祖先世系了。《荀子·成相》云：

契玄王生昭明，居于砥石迁于商，十有四世乃有天乙是成汤。

值得注意的是“十四”这个数目，恰为“七”的二倍。所谓“十有四世”的祖神谱系不正是以“七”为结构数的创世神话历史化重复的结果吗？白川静已将第三系祖神谱解为创世神话，将第二系祖神谱解为“六合”之象征。其实，“六合”即宇宙空间的秩序生成正是创世神话的内容，所以第二系神话不妨看作第三系神话的重演，“六”之数目加上玄王成汤恰符合模式数字“七”。两系神话合为一体，便是历史化的“十四世”神祖之由来。

根据上述认识，我们可以肯定，中国上古创世神话完全可以追溯到周代以前，即华夏文明的发生时期。北方的中原人不是没有留下创世神话，恰恰相反，他们留下了丰富多彩的创世神话，只是在周代被变了形，改造成了帝王谱系。这是中国古神话以历史化的形式见诸记载、流传后世的又一显证。

内陆发生的中国上古创世神话有两类基本形态，分别以“四”“七”为结构数字。以“四”为结构数的创世神话是发生于夏代或更早的黄帝创世神话，此一类型与神话思维的平面空间意识相对应；以“七”为结构数的创世神话属于殷商文化传统，与神话思维对立体空间的抽象意识相对应，已开始有意识地突出人在宇宙时空中的独特地位。属于该文化系统的鸡人创世神话将“六合”之“中”的位置留给了人类，而殷系谱第三系神祖的第七位为王亥，正是传说中曾开创服牛乘马文化伟业的商人祖先。如果我们从象征的背面来理解服牛乘马传说，那不正是对顶天（马象征天）立地（牛象征地）、处于宇宙之中心位置的人类的又一赞歌吗？按照同样的思路来看殷系谱第二系神祖，那位立下“兴商”文化伟绩的成汤不是又一次被安排在“第七”的圣位，处于天地四方即“六合”之“中”了吗？在这里，我们又一次看到了创世神话对文化的铸塑作用。

还需说明的是，由于历史化的作用，夏代创世神话中的创世主黄帝，商代创世神话中的创世主帝喾，本来都是太阳神，后来都变成人祖，这就强化了中国上古帝王与太阳神之间的嫡传血统关系，但也同时湮没了创世主的原始观念。这样，同样是创世神话，在希伯来人那里发展出了以崇拜创世主为特征的一神教信仰，而在中国却置换为祖神谱系，引申出祖先崇拜，或置换为太极、道等哲学范畴，引申出天人合一论的思想。可见，中西哲学的差异根源，并不在于创世神话的有无，而在于创世神话的结构蕴含着不同的价值指向，在于后人对创世神话的不同改造和引申。

以上所论针对流行于中外学者之间的一种误解，即以为上古华夏人没有创世神话，与此相关的另一种误解将在下面加以讨论，即以为盘古神话为中国正宗的创世神话。如果说前一种误解主要发生在现代学者之间，那么后一种误解却已是由来久远，影响遍及朝野了。“自从盘古开天地”的观念在古代小说戏曲中早已成了代代相因袭的公理，具有不证自明的性质，因而代表着中国人关于宇宙起源问题的传统观念，其根深蒂固之程度可想而知。难怪近一个世纪以来，中外学者用了很大的努力去纠正这一误解，至今仍不能抹去它在民族集体意识中的深刻印记。

（二）盘古：已经不是“谜”

在近年来的神话研究中，学者们对于盘古神话表现出了特殊的兴趣。原因之一是 20 世纪 80 年代以来的民间文学搜集整理工作中发现了河南桐柏县盘古山神话群，有学者据此立论，对茅盾提出的盘古神话南源北传说加以反驳，试图证明北方中原地区是盘古创世神话的发源地。然而，据已发表的论述及材料来判断，河南民间流传的盘古神话虽然与徐整所记述的盘古神话十分接近，但是年代上的障碍是无法逾越的。我们尚没有一条确凿证据可以说明当代民间采风所得之神话早于三国时古籍中的记载。尽管民间有盘古山、盘古庙之类的文物，但其上溯的年代仍是有限的，因而很难将盘古神话群的发生落实到上古文化中去。合理的推测似乎只能是，民间新发现的盘古“文物”和盘古传说是古籍中记载的盘古神话在后代衍变出来的产物，就像民间常见的关帝庙、岳庙之类，其发生的时代距神话思维时代已经十分遥远了。

与盘古神话中原起源说相对立，何新先生在《盘古之谜的阐释》一文[1]中标出了截然不同的观点：盘古神话是一个历史之谜，谜底只有一个：盘古神本不是中国神话固有的角色，而是从印度输入的外来神，其原型为印度神话中的大梵神 Atman，

中国古代神话中关于盘古创造宇宙万物的故事，既决非如夏曾佑所说，源自《后汉书》所记盘瓠故事；亦非如杨宽、吕思勉等所说，演变自中国神话中的“烛龙”故事，其原型实是来自古印度创世神话中的梵摩神创生宇宙的故事。[2]

应当说，盘古神话源于印度的这个谜底是很有说服力的。不过，同样的谜底，在中外学者中都早已有人猜中了。换句话说，至今仍被误认为是“谜”的盘古来源问题其实早已经不是什么谜了。为了有助于中国上古创世神话问题的研究向纵深发展，澄清某些长期以来的误解，避免后人的重复劳动，笔者愿在此举出 20 世纪初的日本神话学家高木敏雄和已故中国著名历史学家吕思勉分别就盘古来源之谜所提供的谜底。

高木敏雄（1876—1922）是日本神话学的奠基者，他在明治三十七年（1904）

[1] 见《哲学研究》1986 年第 5 期。
[2] 见《哲学研究》1986 年第 5 期。

完成的《比较神话学》是日本最早的体系性神话学著作。该书第二章第三节“天地开辟神话”中就提出了中国古籍中的盘古神话起源于印度的观点，并从类型学的角度做了论证。高氏深受欧洲自然神话学派的影响，他把世界各民族的创世神话（即天地开辟神话）按照所反映的自然地理特征而划分为两大类别：海洋型与大陆型。在大陆型中又进一步细分出两个基本的亚型：尸体化生型和卵生（天地分离）型。最早记述盘古神话的三种文献材料（《五运历年记》《述异记》和《三五历纪》）所描绘的盘古创生宇宙的方式恰恰分别属于大陆型中的两个亚型，即《五运历年记》和《述异记》所载的尸体化生神话与《三五历纪》所载的卵生神话，兹引录如下：

（1）尸体化生型：

首生盘古，垂死化身。气成风云，声为雷霆，左眼为日，右眼为月，四肢五体为四极五岳，血液为江河，筋脉为地里，肌肤为田土，发髭为星辰，皮毛为草木，齿骨为金石，精髓为珠玉，汗流为雨泽，身之诸虫，因风所感，化为黎虻。（《绎史》卷一引《五运历年记》）

昔盘古氏之死也，头为四岳，目为日月，脂膏为江海，毛发为草木。秦汉间俗说，盘古氏头为东岳，腹为中岳，左臂为南岳，右臂为北岳，足为西岳。先儒说，盘古氏泣为江河，气为风，声为雷，目瞳为电。古说：盘古氏喜为晴，怒为阴。吴楚间说：盘古氏夫妻，阴阳之始也。（《述异记》卷上）

（2）卵生（天地分裂）型：

天地混沌如鸡子，盘古生其中。万八千岁，天地开辟，阳清为天，阴浊为地。盘古在其中，一日九变，神于天，圣于地。天日高一丈，地日厚一丈，盘古日长一丈，如此万八千岁。天数极高，地数极深。盘古极长。后乃有三皇。

数起于一，立于三，成于五，盛于七，处于九，故天去地九万里。（《艺文类聚》卷一引《三五历纪》）

即使撇开这三则记载的年代，仅从内容方面来判断，它们显然都不是原始形态的创世神话。《五运历年记》和《述异记》中的秦汉间俗说都提到盘古的肢体化为五岳，但我们知道五岳之名是后起的，在《尚书·尧典》等较早的文献中只提到东岳、南岳、西岳和北岳，合为四岳，即《左传·昭公四年》所言“四岳”，杜预注为岱（今之泰山）、华（今之华山）、衡（今之衡山）、恒（今之恒山）四山。后世所传五岳中的中岳嵩山，在《左传》中叫“大室”，疑其命名与象征宇宙的明堂建筑的中央部分有关。明堂结构四方伸出，“四达自中”，中间名称即叫大室。《礼记·月令》：“天子居大庙大室。”注云：“大庙大室，中央室也。”大概在五行说盛行以后，人们才在四岳之中央又加上了中岳（即大室），因而有了五岳之说。从四岳到五岳的发展过程也是从神秘数字“四”发展出神秘数字“五”的过程。再看《三五历纪》中的盘古故事，已经同从“一”至“九”的阳数系列附会到一起了，显系更为晚出的说法，比《老子》中有关“道生一，一生二，二生三，三生万物”的数字创生哲学，似乎还要复杂一些。高木敏雄即指出，相比之下，卵生型创世神话要比尸体化生型创世神话更富有哲学意味。它把天地之初设想为卵壳的两片，用卵之开启来象征天地的开辟，这不是太古的纯朴思想中可以见到的。早期的古希腊哲学家们也曾把宇宙比作卵。[1]卵生创世观念最早见于印度的《吠陀》诗中，因此欧洲神话学界流行一种看法，认为世界各地的“鸡子”创世故事均起源于古印度。至于尸体化生神话，除了中国的盘古之外，还可以在北欧的斯堪的那维亚、日耳曼和亚洲的日本神话中找到十分相似的记载，而最早的记载

[1] 高木敏雄：《比较神话学》，东京博文馆，明治三十七年版，第 159 页。

仍然出自三千年前的印度教圣典《梨俱吠陀》。其中著名的原始巨人布路沙尸体化生世界的神话可以视为中国盘古神话的原型：

唯布路沙，既被切割，
多少部分，如何划分？
其口为何？两手何用？
尚有两腿、两脚何名？

……

由其头脑，产生月亮；
由其眼睛，产生太阳；
由其嘴巴，雷雨和火；
由其呼吸，产生天风。

由其肚脐，是生大气；
头首为天，双足为地，
由其两耳，是生四方，
诸神制作，世界以成。[1]

从年代上判断，这位用自己的身体化生宇宙的原始巨人布路沙显然要比在印度宗教哲学中进一步抽象化了的梵神 Atman 要早得多，正可视为 Atman 的原型，其起源当追溯到史前时代的人祭礼仪。

[1] 中译文引自《世界通史资料选辑》上古部分，商务印书馆 1962 年版，第 196—197 页。英译文参看大卫·李明《神话学》，第 619 页。

高木敏雄还认为，印度是世界上神话传说的一个重要发源地。中国自古就同印度民族有过文化接触和文学交流，[1] 在中国文学中有许多由印度输入的成分，因此，盘古神话的两种类型在印度影响下产生是完全可能的。不仅如此，汉代以后的中国古籍如《淮南子》《列子》《灵宪》《浑天仪》《穹天论》等所表现出的宇宙观念（所谓天高、地厚、天柱、地维等观念）都可以在印度的《吠陀》中找到根源。“中国哲学的天地开辟说，乃是中国固有的阴阳说与印度思想调和而成的。”[2]

如果说高木敏雄是靠着比较神话学家特有的敏感猜到盘古之谜的答案，那么，吕思勉先生则以一个历史学家的考据方式用实证材料说明了盘古神话受印度影响的具体路径——汉译佛经。吕思勉于 1939 年撰《盘古考》一文，提出任昉和徐整最初记下的盘古神话源于佛经；[3] 两年后又著《先秦史》一书，其中第 5 章“开辟传说”再次重申了上述观点：“《述异记》首两说，与《五运历年记》之说，原本是一，此说与《三五历纪》之说，并已窃印度传说，加以附会。”[4] 吕先生看来并未读过高木敏雄的著作，他提出的观点却与高氏相近，可谓所见略同，不期而遇。吕先生为论证这一观点而举出了印度古书和佛经中的记载，这倒是高氏未曾做到的：

《厄泰梨雅优婆尼沙昙》云：“太古有何德摩(Atman)先造世界。世界既成，后造人。此人有口，始有言；有言，乃有火。此人有鼻，始有息；有息，乃有风。此人有目，始有视；有视，乃有日。此人有耳，始有听；有听，乃有空。此人有肤，始有毛发；有毛发，乃有植物。此人有心，始有念；有念，乃有月。

[1] 季羡林先生认为在春秋战国时代的文献中已反映出印度文学的影响。参看所著《印度文学在中国》，收入《中印文化关系史论集》，三联书店 1983 年版。

[2] 高木敏雄：《比较神话学》，第 160 页。

[3] 见《古史辨》第七卷中册，第14—20页。

[4] 吕思勉：《先秦史》，1941 年版，1982 年上海古籍出版社再版，第 43 页。

此人有脐，始有出气；有出气，乃有死。此人有阴阳，始有精；有精，乃有水。”

《外道小乘涅槃论》云：“本无日月星辰，虚空及地，唯有大水。时大安荼生。形如鸡子，周匝金色。时熟破为二段：一段在上作天，一段在下作地。”

《摩登伽经》云：“自在以头为天，足为地，目为日月，腹为虚空，发为草木，流泪为河，众骨为山，大小便利为海。”

吕先生认为，中国最早记载的盘古化生故事恰在佛经大量汉译之时，“其为窃此等说加以文饰而成，形迹显然，无待辞费。”[1]至于文饰者还依据了哪些素材，吕先生指出为《山海经》中的烛龙神话；而《述异记》所引吴楚间说盘古氏夫妻二人云云，盖出于南方民族对某一酋长或古帝的神话，并与“古说”“先儒说”不悖。

综上所述，中国典籍中最早出现的盘古神话的记载表现出两种不同类型的创世观念，它们均因印度佛经影响而产生，这个问题已由中外学者在几十年前做了结论：盘古神话的来源已经不是什么谜了。

（三）中国上古创世神话的再分类

自高木敏雄以来，神话学作为一门“显学”，在人类学、民俗学、宗教学、哲学和文艺学等多种学科的交叉领域获得了长足的发展。创世神话，这一最富于原始哲学色彩的神话类型也是神话学者最关心的对象。从现有材料看，对遍布世界各文化区域中的创世神话的整理、归纳和分类研究，已经远远超出了高木敏雄的二分法，这就使我们有可能站在一个新高度上重新审视中国上古创世神话问题，并借助于比较文化所提供的透视力，给上古各种创世神话做出现代分类学的说明。

既然在中国历史上作为正宗的创世神话而流传了一千多年的盘古神话其

[1] 吕思勉：《先秦史》，1941 年版，1982 年上海古籍出版社再版，第 43 页。

实不是华夏民族本来的神话，那么，真正属于华夏民族的原始创世神话又是怎样的呢？既然我们已经否认了那种认为华夏民族没有留下创世神话的偏颇之见，承认中国上古具有丰富多样的创世神话遗产，那么，能否从科学分类角度对这些已经失传或丧失本义的创世神话，对我们在前面的章节中重构出来的创世神话，做出进一步的论证呢？

在直接解答上述问题之前，有必要先对创世神话的文化功能和分布、类型做一个简明的描述。过去，学者们常把创世神话归入“万物起源”（或称推源型）神话，晚近的神话学家则强调：必须将描述宇宙起源的创世神话同其他事物起源的神话区分开来。理由正是我们一再强调的：创世神话是某一文化共同体的基本价值观的基础和象征性规定，它通过对时空世界发生过程的叙述，起着给人类在宇宙自然中定位的作用。创世神话及其相关的仪式活动为特定的文化集团奠定宗教教义和哲学思维的模式，也为该文化中其他类型的神话表达及非神话表达提供范型。19 世纪的学者曾试图按照进化的尺度对创世神话进行分类，揭示出所谓从简单到复杂的演进阶梯。20 世纪的学者则倾向于以结构关系来考察创世神话的不同类型。比如具有国际权威性的《新大英百科全书》中“创世神话与学说”一文的作者，便从结构关系入手将世界各地的创世神话划分为五种结构类型：

1. 由至高的创世主所主宰的创世。虽然至高无上的创世主的观念是因文化而异的，但这类神话的普遍结构特征却是可以确认的：第一，他是全知全能的，他的智慧和力量使世界得以产生、维持。第二，至高的神独自存在于创世之前，没有任何一种存在或物质先于他而存在。第三，创世的方式是自觉的、有意识的，并按照一定的秩序，创造的发生是由于造物主心中已有明确的计划，如《圣经·创世记》中上帝依次造出世界的各个部分，埃及的一个创世神话说创世主该伯（Kheper）声明自己有心中的计划。第四，世界的创造是造物主的自由和意志的表现，他创造的方式规定了所有造物的形态和目的，他同世界秩序的关系仍是他的自由的一个方面。第五，在有些神话中，创造主在完成世界创造之后便隐形或离去，只有当被造的秩序遇到危难或威胁时才再度出现。第六，创造主常常是一位天神，体现着关于天的象征的宗教价值观。

2. 通过生成的创世（creation through emergence）。在此类神话中，创世是从大地下面通过其自身的内部力量生成而成的。被造的秩序是通过持续的阶段而依次产生的，就好像世界从胚胎状态向成熟状态的诞生或变形。正如至高创世主类神话构成一种对天的相应关系，生成类神话构成对地的相应关系和对生育的女性的相应关系。在某些情形中，被造秩序的生成类似于婴儿在子宫中的发育及其出生（这种类比自然使我们联想到老子的玄牝哲学）。

3. 世界父母的创世（creation by world parents）。与上述类型的神话密切相关的是由世界父母所完成的创世：世界之创造被讲述为由一个原始的母亲和父亲所生出的子孙。原始父母乃是天空和大地的象征。他们在创世前常被描绘为彼此合一的拥抱状态、静寂状态，他们或许并未意识到他们的结合已经产生出了子孙。作为父母的对立面，子孙们不满于处在父母身体之间的状况，要求获得光明和更多的空间，于是导致了父母从拥抱状态彼此分离，即天和地的分开。有些神话把分离表现为实际的战争。

4. 宇宙蛋的创世（creation from the cosmic egg）。世界的创始被象征为宇宙蛋的破裂、分化；或从蛋中生出一对孪生子，由他们完成创世的工作。宇宙蛋是创世之前的整体合一的象征，一切创造由此而出，它又像一个蕴含着创造胚种的子宫。宇宙蛋除了作为生命的开始之外，还同样是生殖、再生和新生命的象征。有些神话中的孪生子之一还须回返蛋中，以使他人获得再生。

5. 陆地潜水者的创世（creation by earth divers）。此类神话有两个要素：宇宙起源以前是一片无差别的混沌大水；一个前人类的动物跳入水中以求得一块泥土，成为创世的开端，人类所赖以生息繁衍的大地便是由这块神土生成变化而来的。

在上述分类中并没有单独列出尸体化生型神话，只是将它看作宇宙蛋型神话中的一种特例。我们考虑到两者之间的先后之别和某些重要差异，不妨将它单列出来，作为创世神话的第六种普遍形态：尸体化生的创世。一个原始巨人或生物的肢解和毁灭带来了宇宙万物的诞生。原始整体的分解导致了丰富多样的世界，其数字抽象模式为从一到多。

以上六种类型，可以说是人类祖先试图解决宇宙发生的本体论课题所给出的六种基本答案。这些最初的神话答案对于后世的人类思想分化和发展，对于铸塑不同的文化心理和哲学思路，都有着潜在的制约作用。如最高造物主的创世神话在犹太教、基督教经典中得到极度的强化和广泛传播，成为西方文化的核心观念；再如由世界父母型创世神话中引申出来的二元对立思维模式，奠定了琐罗亚斯德教的基础教义和中国阴阳哲学的原型；而由布路沙或 Atman 化身创世的神话则是印度传统世界观中神（梵）与万物同在观念的源头。

用这六种结构类型的眼光重新审查中国古代的神话材料，包括那些已经或多或少地哲理化、历史化的创世观念，我们有理由说，上述六种答案中没有一种是我们中国初民未曾想到的。

在现存中国文献中没有至高创世主的神话，但这并不等于说这类神话与华夏文明无缘。我们已经在前章中构拟出的黄帝创世神话和鸡人创世神话，实际上均可归属到至高创世主型神话。在黄帝创世神话中，创世主仍保持着太阳神身份，尚未转变为天的象征。由于历史化的作用，太阳神在后代变成人间帝王，创世主的神格也就逐渐淡化了。倒是哲学化的创世主——“太一”或“道”仍在后人思维中发挥着至高无上的主宰作用。在鸡人创世神话中，突出的是被造物的秩序生成，创世主在完成创世功业后便隐没不见了，但以各种动物为象征系统的时空秩序的诞生却是隐形不见的创世主的自由意志和计划的体现。没有创世主，自然不会有被创造之物。

通过生成的创世神话，在上古文献中也没有直接的记载，但同样以哲理化的表述体现在老子的阴柔哲学中。在老子看来，宇宙万物有一个总的生殖根源，即可以为天下母的“道”。为了突出原生之“道”的阴性特征，老子用了一种比喻的说法，称之为“玄牝”，这个词直译当为黑色的女阴，这也就等于将宇宙万物的创生比作从一个母体中孕育出的婴孩。不仅如此，老子为了否定现世的颓败和不景气，要求回复原始母体即未创世之前的纯朴状态，对此，同样用了比喻性的措辞：

知其雄，守其雌，为天下蹊。为天下蹊，常德不离，复归于婴儿。

这正是弗洛伊德所说的无意识心理要求重返子宫中的生育状态的特别表现，我们说在老子的这种要求背后，必然存在着由原始母体生育婴孩为象征形式的创世神话，大概不会离实情太远。世界父母型创世神话在中国古书中亦有所反映。较完整的叙述见于《淮南子·精神训》：

古未有天地之时，唯象无形，窈窈冥冥……有二神混生，经营天地……于是别为阴阳，离为八极，刚柔相成，万物乃形。

这个记载虽已有哲学化色彩，但“混生”的二神作为拥抱成一体的世界父母，是天地阴阳的本源，万物形成的总原因，这一层蕴含只能出自世界父母型神话。类似的神话在东亚文化中有一定的普遍性。日本古代典籍《古事记》中所叙伊邪那岐与伊邪那美二神创生日本列岛的神话，琉球群岛流传的恋角与恋玉二神创造神话，均属这一类型。中国西南少数民族的许多兄妹创世神话或许同这类东亚神话有渊源关系。在先秦哲学中，原始父母已被抽象为阴阳两个范畴了，而在《易·系辞》中，该类型创世观念得到了最概括的强调：

男女媾精，万物化生。

张光直先生以为，商代安阳西北冈殷王大墓出土木雕中有一个交蛇的图案，似乎是东周楚墓交蛇雕像与汉武梁祠伏羲女娲交蛇像的前身。[1] 如果此推断不误，那么世界父母创世观念的发生可以追溯到殷商或更早的时代。

宇宙蛋型创世神话和尸体化生型创世神话在中国的出现以盘古神话为代表，已如上论。但进一步分析可以看出，宇宙蛋型的盘古神话在汉以前的典籍中无迹可考，不妨视之为在印度文化传播影响下的派生物。尸体化生型的盘古神话虽然也只是到了三国时才见诸文字记载，但还不能说它也是彻头彻尾的“舶来品”。不论《述异记》中转述的“古说”和“吴楚间说”中的盘古是否确实可信，由某个原始生物体化生出自然万物的宇宙观念在中国却是古已有之的。除了前面提及的《山海经》中的烛阴和烛龙以外，还有与化生观念相联系的一个重要的大神是女娲。在讨论以“七”为结构素的创世神话时，我们曾提到女娲“一日七十化”[2] 的神话，认为那是“七”的夸张变体表现。在此需补充的是，“七十化”的情节暗示出了化生创世的神话母题，女娲很可能是华夏初民所崇奉的女创世主神。张光直先生指出：

在《山海经》中女娲虽然未尝化生为自然现象，但由《天问》“女娲有体，孰制匠之？”看来，女娲对世界或人类的产生必曾有过相当重要的贡献。东汉应劭《风俗通义》说女娲抟黄土做人；许慎《说文》说“娲，古神圣女，化万物者也”，似乎都代表东周化生说宇宙神话的残留。三国时代所记盘古

[1] 张光直：《中国青铜时代》，第 267 页。
[2]《楚辞·天问》王逸注。

“垂死化身”的故事，便是这一系神话发展完全的形式。[1]

张先生完全忽略了印度化生神话对盘古神话发生的重要作用，固然是一个疏漏，但认为中国先秦时期便有自己的化生神话，确实是值得重视的观点。近年来在陕西临潼姜寨仰韶文化遗址发现了女娲大神在新石器时代的图腾原型——蛙图腾彩陶图案。有学者认为，蛙是生殖化育能力旺盛而被初民视为神圣的一种动物图腾，蛙与娃、娲等字相通，后世神话中的女娲可能就是史前女蛙图腾的讹传和变形。[2] 据此推测，化生变形创造万物的女造物主原来是以能自身变化为特征的蛙类动物为类比根源的。在这里，我们不仅可以为女娲大神的由来提供新的答案，而且也摸索到了化生型神话起源的思维逻辑。

至此，世界创世神话的六种类型已有五种都一一落实到上古中国文明中了，剩下来的一种“陆地潜水者”型创世神话是否也曾存在于华夏民族的原始意识之中呢？这个问题正是本章所要探讨的中心问题，其意义并不限于神话学和思想史的领域，它将引导我们重新追索被遗忘已久的文化之根脉，即在被喻为黄色文化的中国文化的深层去探求那先于黄色文化而存在的“蔚蓝色”文化因子。换言之，以上五种结构类型的创世神话均属于内陆发生的神话，而陆地潜水者型创世神话却是典型的海洋型神话。假若我们能在上古文化中找到这种创世神话，那么，那种认为华夏文明自古以来就是在封闭的内陆环境中发生发展的传统偏见将不攻自破。

二、息壤原型发隐

诚然，从直接的文献材料中看不到中国上古时期有陆地潜水者型创世神

[1] 张光直：《中国青铜时代》，第 267 页。
[2] 张自修：《骊山女娲风俗及其渊源》，见《陕西民俗学研究资料》第 1 辑（1982）。

话存留下来，因而我们在这里的研究同对黄帝创世神话、鸡人创世神话的研究一样，具有某种考古发掘的性质，要根据某些重要线索将已失传的中国神话重构出来。这样一种尝试要求我们首先具有跨文化比较的广阔视野，运用当代原型理论和结构模式分析方法，对于文献中残存的蛛丝马迹进行深入细致的开掘。

笔者确信，中国上古曾有潜水型创世神话流传。它虽然没有以完整的叙述保存到后世文献中，但却留下了两个基本的叙述结构要素——原始大水和动物取土造陆。根据它们在后代神话中反复出现的情况，我们可以把这两个结构素看成上古华夏文学的重要原型。[1]从这两个原型同世界神话中同类原型的比较中，似可追索出已失传的中国原始创世神话的结构模式。

潜水型创世神话无疑当属高木敏雄针对大陆类型而划分出的海洋类型的创世神话，因为这一类型的神话叙述鲜明地体现着海洋民族的世界观：世界之始是一片无边无际的茫茫大水，由某一漂在水上的动物（或人的图腾动物祖先，或某一神人）潜入水中，从水底衔出或抓出一块土，用这块土开始创造陆地的工作。这类创世神话在中欧地区演变为上帝与魔鬼从原始水中造出大陆的故事。值得我们特别关注的是，这类神话和故事同鲧窃帝之息壤以堙洪水的中国神话在结构上十分近似，有必要加以详细地比较研究。

中欧流行的潜水型创世神话是这样的：创世以前没有天地万物，只有大水。上帝派魔鬼造陆地，魔鬼潜入水中，造出了大地。神话学家艾利雅德曾指出这类神话中的一个罗马尼亚的母题：魔鬼奉上帝之命多次潜入原始大水，才成功地造出并保持住一小块水中陆地，整个世界的创造便从这一小块陆地开始。工作完成之后，上帝陷于昏睡状态，似乎象征着他的智穷力竭。只有魔鬼和一只蜜蜂才知道创世工程的细部奥秘。

[1] 弗雷彻（A.Fletcher）在为《美国百科全书》1980年版撰写的“原型”一文中指出，原型乃是“想象的作品赖以构成的最强有力的结构素”。《美国百科全书》（*Encyclopedia Americanna*）第2卷，第215页。

在中国的洪水神话中，天帝和鲧分别扮演着上帝和魔鬼的角色，潜水取土造陆地的情节改换成了自天帝处取土造陆地的情节，魔鬼的听命于上帝变成鲧的不待帝命。不容忽视的一点在于：在两个神话中的上帝与天帝都不是主动的创造者，而是表现出某种被动状态，真正的主动者是魔鬼和鲧。他们或显或隐地表现为以上帝或天帝为代表的宇宙秩序和伦理价值的对立面或反叛者，因而成了神话中的反面主人公。此外，在两个神话中均出现了动物形象，在中欧神话中魔鬼的同伴是蜜蜂，在中国神话中扮演同样角色的是鸱龟。屈原《天问》问及鲧神话时这样写道："鸱龟曳衔，鲧何听焉？"

尽管两个神话在结构关系上显示出相同之处，但它们毕竟有着不同的主题：创世和治水。按照弗莱的原型理论，我们可以从原型结构的置换变形（displacement）[1]规律着眼解释这两类神话的同构性，即把鲧、禹治洪水的神话看成是更早的潜水型创世神话的置换变形。换言之，现存的中国上古洪水神话不是凭空产生或偶然产生的，而是以在华夏已经失传于后世的原始创世神话为原型范本，按照已有的结构模式而创造出来的。提出这一假说的主要依据有三：其一，如弗莱所阐述的，文学的发生，新作品的出现，必然要遵循着已有的叙述规则和潜在模式。其二，创世神话作为初民意识形态的核心，为特定文化中后起的其他神话和文学作品提供既定的表现程式，已如前述。其三，世界上许多民族的创世神话与洪水神话本为一个有机的叙述整体，其普遍逻辑程式是：

创世→造人→人的罪过→惩罚性洪水→再创世

这一普遍性的神话程式在西亚、印度、古希腊、大洋洲、南北美洲等地的神话体系中均可找到原型或置换型，[2]在中国少数民族神话中亦不乏其例。中国上古的洪水神话由于记载简略而残缺，并未直接叙述洪水的起因，但这

[1] 叶舒宪：《探索非理性的世界》，四川人民出版社 1988 年版，第 3 章 2 节。

[2] 弗雷泽：《旧约民俗学》（*Folklore in the Old Testament*），1923 年英文版，第 4 章"大洪水"。

并不意味着本来便不存在洪水发生的原因，倒是从反面为我们暗示了思考的方向：洪水后的再创世活动中，俨然存在着一位掌握着天下独一无二的“息壤”并操有生杀予夺权威的天帝，他能派火神祝融杀死违抗自己的意志去堙洪水的鲧，又能“命禹卒布土以定九州”[1]，这样一位至高无上的宇宙主宰神，如果说他与洪水的发生毫不相干，确是让人难以置信的。尽管经过后人的增饰改造，这位天帝在史籍上逐渐被人化、历史化，在《尚书·尧典》中成为一位集权君主；尽管我们至今仍无法断定究竟是出于什么原因这位天帝要用大洪水淹没人间世界，但是至少可以肯定的是，天帝、鲧与禹、息壤等神话形象的存在要比洪水的发生更早，他们是先于洪水浩劫的存在者，是第一次创世时期的存在者。由天帝和鲧、禹父子共同演出的治洪水故事，实际上是第二次创世，即以息壤原型为基础的潜水造陆型创世神话的一种变相重演。如果第一次创世意味着宇宙秩序的建立取代了原始混沌状态，人的堕落或罪恶意味着对宇宙秩序的变乱、破坏，那么惩罚性的洪水便是宇宙重返无秩序的混沌状态的象征，而混沌的复归又是开创新的、无罪恶的（洪水本身亦可意指某种世界性的洗涤罪恶）宇宙秩序和必要前奏。这种创造、毁灭、再创造的循环模式是神话思维的一种基础逻辑模式，对于我们从整体上认识单个神话很有助益。创造、毁灭、再创造的循环又可认同于生、死、再生的循环，这便同本书上编中所探讨的时空循环模式彼此吻合了。在研究太阳创世主型神话时我们发现，世界作为一种生命体，其生命源来自太阳。就这里所讨论的陆地潜水型创世神话而言，世界作为一种生命体，其生命源又是什么呢？我们说正是神秘的息壤。

对于鲧、禹治水的神话，人们往往强调治水方法的得失和治水效果的成败，对于鲧治水所凭借的神物息壤却不加深究。我们说，这个息壤正是可以

[1]《山海经·海内经》。

将潜水型创世神话同洪水治水神话（即第二次创世神话）联结起来的原型。

从心理学角度去理解，所谓原型，按照容格的观点，是种族记忆或集体无意识的显现形式，它相当于《原始思维》一书的作者列维－布留尔所说的“集体表象”[1]。弗莱则进而从文学史的角度把原型解说为一些具有广泛传播力的意象（象征）符号，它们具有相对约定俗成的意义联想，可以在文学中反复出现。从潜水型创世神话中可以看出，有关原始的、具有神圣生命力的土这一集体表象对于整个叙述起着至关重要的作用。不论活动的主体是动物，是魔鬼，还是主宰创世的神人，没有这种取自原始大水底部的能自己生长变大的生命之土，陆地世界便无以形成，宇宙的时空秩序也就无法从水中诞生。至于说到这一集体表象在海洋民族的神话思维中如何产生，笔者以为当是大海中岛屿升沉出没现象在初民心理中的神话化、神秘化反映。这也是尚不能客观认识事物的自然因果关系的神话思维的特有产物，就像在许多神话中把日月运行看成是有意志的人格化行为一样。

在中国洪水神话中，息壤（又称息土、青泥）这个来自潜水型创世神话的原型，正是作为一种具有传播力的、约定俗成的意象而出现的，它的含义似乎是由来已久，不言自明的，所以神话本文中只有“鲧窃帝之息壤以堙洪水”的直接叙述，而没有必要对其功能和性质做任何多余的解释。然而，海洋型的中国原始创世神话毕竟是湮没、散佚在以黄色为中心的大陆文明的历史过程中了，所以由海洋型神话所提供的息壤的集体表象也就在内陆文明中日渐淡化，在逐步远离史前神话思维时代的后人眼里，反倒成了不可思议的谜团。于是，在注疏家那里，我们看到了这样一些解释：

息壤者，言土自长息无限，故可以塞洪水也。（《山海经·海内经》郭璞注）

[1] 容格：《集体无意识的概念》，中译文见叶舒宪编《神话·原型批评》，陕西师范大学出版社 1987 年版，第 103 页。

息土不耗减，掘之益多，故以填洪水。（《淮南子·地形》高诱注）

前一说尚保留着某种真实的神话信息，后一说却变得更加神秘了。其实，息壤之所以不同于一般的土壤而能无限长大，能从原始混沌大水中生出大陆，关键就在于两位注家均未说出所以然的“息”字。

从造字结构看，“息”从自，从心。“自”在甲骨文中是鼻的象形：。《说文》：“自，鼻也，象鼻形。”又《说文》：“皇，大也，从自。自，始也。……自读若鼻，今俗以始生子为鼻子。”可知“自”有初始的意思。所谓“鼻子”便是第一个儿子，至今我们还说“鼻祖”，也是取其“最初”“最早”之意。左安民先生说：“在汉字中凡由‘自’所组成的字，大都与鼻子或鼻子的功能有关，如‘臭’‘息’等字。”[1]由此来看，“息壤”实际上可以暗指“最初的土壤”，这世界上最初的、能自己生长的土壤也就是创世时最先出现的土壤。甲骨文中尚无“息’字，后人把表示初始之意的“自”同表示心灵和中央之意的“心”合在一起成为“息”字，用来表示气息、呼吸——生命的开始，真是再合适不过了。《庄子·逍遥游》说“生物之以息相吹也”，便是把“息”作为生的一种条件，这反映着一种非常原始的生命观念。

息即是气，是呼吸，有气便是活物，便是有生命力的、能生长变化的东西。《说文通训定声》：“息，假借为孳。”《集韵》：“息，一曰生也。”《广雅·释诂》也有类似的注释：“息，生也。”《史记·高祖本纪》“臣有息女”句注：“正义曰：息，生也。”《孟子·告子上》“其日夜之所息”句注曰：“息，长也。”从这些训诂材料中可见，息的本义为气息，转引义为生命、生长。那么，由本义到引申义之间的逻辑联系是什么？笔者认为，应是神话思维、原始信仰中的灵魂观念。这是可以从神话学材料中得到证实的一种原始联系。

[1] 左安民：《汉字例话》，中国青年出版社 1984 年版，第 379 页。

古人曾相信生物与无生物的区别在于灵魂的有无。灵魂最通常的住所或附着物便是气息（如果把风看成是大自然的气息，那么风也是灵魂的载体），并能随气息的活动而转移。仅有物质形式而没有灌注气息的存在，由于缺少灵魂而只是没有生命的存在或失去了生命的僵死的躯壳。这种灵魂随气息转移的观念在《圣经·创世记》的造人神话中表现得至为明晰：

耶和华上帝用地上的尘土造人，将生气吹在他鼻孔里，他就成了有灵的活人，名叫亚当。[1]

这里不仅表明了气息与生命之间的逻辑中介是灵魂，而且表明了生命来自创造主这样一种古老的生命观。至此，我们似乎明白了汉字中表示鼻的“自”字，为何会有生命初始的意思，原来灵魂正是随着神——生命本源——的气息，从鼻孔开始进入人体的啊！为了确证这种生命观念并不是古希伯来人神话的独创，而是人类神话思维类比逻辑的普遍性使然，必须举出来自中国本土的神话实例：

我国仡佬族的造人神话说，造人的创造神是人皇，他先后造了四曹（批）人。

头一曹人，是用泥巴捏的，吹了三口气。给他们开了光（举行供奉仪式），就会走路了。没有吃的，吃树叶和草草；没有穿的，全身都长好厚的毛……[2]

独龙族的造人神话也说，创造主嘎美和嘎莎最初用泥土捏出了一男一女。

[1]《圣经·旧约·创世记》第二章，7节。

[2]《人皇制人》，见《民间文学资料》第49集（贵州）。

……可是这两个人的身上没有血液，也不会呼吸。嘎美和嘎莎就往他俩身上吹了一口气，顿时他俩身上有了血液，也会呼吸了。[1]

假若说这两则本土神话虽点明了气息与生命之间的因果联系和生命神授的观念，却没有暗示出生命与气息之间的联系中项是灵魂，那么下一则哈萨克族神话则弥补了这一缺憾，同时还告诉我们，负载灵魂的气息不仅可以从人鼻进入，还可以从人口进入：

……当时的大地上是空旷无边，寂然无声，什么也没有。（创世主）迦萨甘寻思着给大地创造一些有生命的东西，还要给大地创造主人。于是，迦萨甘在大地的中心栽了一棵生命树。生命树长大了，结出了茂密的“灵魂”。灵魂的形状像鸟儿，有翅可以飞（比较甲骨卜辞中作为大自然之灵魂的风被等同于可飞的凤）。这时候，迦萨甘用黄泥捏了一对空心小泥人。小泥人晾干以后，迦萨甘在他们的肚子上剜了个肚脐窝，然后取来灵魂，从小泥人的嘴巴里吹进去，一对小泥人便倏然站立，欢腾雀跃。他们就是人类的始祖。[2]

以上神话所揭示的原始生命观念不约而同地突出了气与魂的原型联系。弗雷泽指出，原始人“把人或动物的生命解释为灵魂的存在，而把睡眠和死亡解释为灵魂的离去：睡眠或昏迷是灵魂的暂时离去；死亡则是灵魂的永远离开。”[3] 正因为如此，初民们才一方面力图保障灵魂不要离开机体；另一方面则有必要把已逝去的灵魂召回到躯体中来。前一种努力恰好为《庄子·应帝王》所记载的原始混沌君因开窍而丧生的神话提供了答案；后一种希冀可

[1]《嘎美嘎莎造人》，《云南民族民间故事选》，云南人民出版社。
[2] 见《迦萨甘创世》，《新疆民族文学》1982 年第 2 期。
[3] 弗雷泽：《金枝》，插图节本，麦克米兰公司 1978 年版，第 83 页。

以为仰韶文化墓葬中瓮棺顶端凿有孔洞这一奇特现象提供稳妥的解释。诚如弗雷泽所说："人们普遍认为灵魂是从躯体的自然开口处离去的，特别是口和鼻。"[1]混沌君因为被凿开了口鼻而失去了灵魂，尘土人亚当因鼻孔中吹入了上帝之气而成为有灵魂的"活人"。在这里，文化的和地理的时空跨度已经被以共同的原型意象为运演符号的神话思维的同一性联结起来了。作为附加的实例，还可以举出中国读者熟知的孙悟空的"化身"秘诀：拔一把毫毛，吹一口气，顿时就生出一群活生生的小孙悟空。

由于孙悟空的原型来自印度古传说中的神猴哈奴曼，可以说孙悟空的化身同古代印度神话中的生命神授观念、生命之源在于气息的观念亦有潜在的联系。《梨俱吠陀》第十卷第 168 首便是歌唱大自然的生命之气——风——的神话诗，诗中把风颂赞为"一切世界之君"：

在空中道路上行走，
连一天也不停留。
水的朋友，首先降生者，守正道者，
他在何处降生？从何处来临？
众天神的呼吸，世间的胎孕，
这位天神任意游行。
只听得见他的声音，却不见形。
让我们向他呈献祭品。[2]

诗中点明了气（风）是神的呼吸，是世间生命的条件，由此可以反过来说明造人神话中"吹气"的母题。风与呼吸之间的这种神话认同给典型的印

[1] 弗雷泽：《金枝》，插图节本，麦克米兰公司 1978 年版，第 83 页。
[2] 金克木译：《印度古诗选》，湖南人民出版社 1984 年版，第 42 页。

度哲学的生命观提供了基础，美国学者在概括吠陀哲学的生命观时指出：“人的本质是什么？吠陀时代满足于一种通常的解答，它的根据是解剖学似的观察。吠陀诗人要在人体上找出一个对于人的生命来说不可或缺的器官或部分，结果发现，有呼吸便有生命。于是对生命本质的探讨集中到了某几个指代呼吸或其他与活的人体相关的气体的语词上。Vāta，世界之风，和 Prāma，人体内的气流，常被说成是生命的基本要素。不过更常用的词是 ātman，其含义亦与空气有关，但不是那么具体。人们认为 ātman 是一种存在于人体之内的神妙的物质，但也可同人体分离，它对人的生命来说不可或缺，它是人的灵魂。”[1]对于这种生命观的发生，普列汉诺夫曾追溯到史前狩猎的实际经验。他指出，原始人已经有了抽象的能力，即使观念远离实物而“蒸馏”出来。低等狩猎部落已经从狩猎对象的死亡现象中“蒸馏”出了灵魂观念，“在他们那里，灵魂的观念是同呼吸的观念牢牢地结合在一起的，其原因之一是，呼吸的一种结果，即呼出来的空气的运动，一方面无疑是存在的，另一方面却几乎是我们的外部感官所完全不能感觉到的。”[2]

懂得了风与呼吸的神话认同、灵魂与生命的因果联系，孙悟空吹气使毫毛变活猴的奥秘便昭然若揭了，那同上帝朝尘土人亚当夏娃吹气一样，是将灵魂送进体内，使本无生命者获得生气。原来孙悟空的印度前身哈奴曼正是印度神话中的风神之子！大史诗《罗摩衍那》中写得明白，因陀罗打击了哈奴曼，使哈奴曼的父亲风神发怒，停止了他的活动，这就使整个世界丧失了应有的生机：

风神本来无形体，
活动在众生体内；
身体如果没有风，

[1] 尼尔森等：《世界上的宗教》，1983 年英文版，第 103 页。
[2]《普列汉诺夫哲学著作选集》第三卷，三联书店 1962 年版，第 371 页。

就同尘土成一类。

风是生命风幸福，
风神就是全世界；
世界如果没有风，
它就不会有快乐，

世界生命那风神，
今天却把世界弃，
一切都不能呼吸，
都成木头和墙壁。[1]

为了揭示息壤之谜，我们似乎走得稍远了一点。不过，只有从跨文化的广泛比较之中，我们才能对古籍中语焉不详的问题有本质的认识。从六千年前仰韶文化已有灵魂观念这一事实出发，去证明原始神话中的息壤原型与古老的生命观念、灵魂观念的联系，也就顺理成章。

三、息壤的功能：创世与再创世

现在我们可以看到，中国古代典籍中偶尔提到的“息壤”，是一个内蕴深刻而丰富的原始意象，古代注疏家们只知其然，不知其所以然。息壤之所以能自行生长，是因为它具有生命，它之所以有生命，是因为神曾用吹气的方式将生命之息——灵魂注入其中。

[1]《罗摩衍那》，中译本，第七卷，人民文学出版社，第185—186页。

确证上述假说，是重构海洋型中国原始创世神话的基础。如果说上一节的讨论还仅限于从文字学、神话思维等方面对息壤原型做理论上的阐发，那么在本节中我们将看到这一原型在神话本文中的实际功能，从而为以上假说提供确证。

文明进化的洪流虽已在华夏地域中将息壤的原始故事荡涤殆尽了，但在太平洋彼岸尚处于原始状态的印第安人神话中依然保留着息壤原型的相对完整的结构。北美阿尔衮琴印第安人的创世神话《米恰勃》说：

神兔米恰勃（Michabo）是阿尔衮琴族的主神。古老的旅行者的记载中把他描写为风的主宰，图画文字的发明者，甚至是世界的创造者和保存者。他从海底抓起一粒沙（息壤之变体形式）来，用它造成一个岛，把岛投入原始时代的水中。这岛很快地伸展，变得很大很大。[1]

在这个神话中出现了能自行长大的一粒沙，虽然没有叙述主神对沙吹气的情节，但这位主神被说成“风的主宰”，显然是生命之气的拥有者，这粒沙能自行长大也就不足为奇了。对比之中，中国神话中息壤的原所有者是“帝”，而鲧正是从帝手中窃得息壤的。在甲骨卜辞中帝也正是风的主宰，故有“帝使风”的说法。白川静认为：“帝以至尊的地位使役诸神，而直接奉行使者之任务的则是风。风巡游各地，其命达于四方；然风亦非无形无态之物，万物均以具体之形态而存在。风是以鸟形出现的神祇，即凤鸟。凤是风字的初形。”[2] 而风之所以常以鸟形出现，在上一节中引用的哈萨克族神话已点明了原因：“灵魂的形状像鸟儿，有翅可以飞”。这样看来，中国古籍中屡屡提到的“帝”，原来也是灵魂——生命气息的主宰神，他拥有的息

[1] 丰华瞻编译：《世界神话传说选》，外国文学出版社 1982 年版，第 199 页。
[2] 白川静：《甲骨文的世界》，第 41 页。

壤之所以能活动变大，就因为帝曾经给它吹进了生命之气。美国哈得逊河海湾地区的蒙台格奈斯印第安部落的洪水神话说：

天帝怒而发洪水，世上只有一人乘舟逃生。他派一只水獭潜水找到一小块泥土，那人手持泥土，对它吹了一口气，那泥土立即开始长大。他将土放在水面上，不让它下沉，等到它长大为一个岛时，他又派一只鹿上岛探查岛的大小程度。鹿很快地在岛上跑了一周，回来对他说岛还不够大。于是，他继续向岛吹气，直到岛上有了山峰、湖泊和河流，他才下船走上这新创造的陆地。[1]

与这个能够复原息壤原型本来意义的故事十分类似的神话，还存在于奥吉布瓦、库利、黑足等众多的印第安部落之中。从弗雷泽已收集到的材料判断，这种“洪水→潜水取息壤→再创世”类型的神话分布，自北美洲的印第安语族一直延伸到墨西哥，从太平洋沿岸直到哈得逊湾。[2]

除了明确包含息壤本义的神话外，还有许多类似的陆地潜水者型的创世神话分布在太平洋沿岸地区。如南美哥伦比亚有一土著神话说：

天地最初唯有水与一香鼠，因为此兽常在河底觅取食物，故口中常满含烂泥。这些烂泥，它自然要吐出来的，久之，愈积愈多，便成了一个小岛；后来这个小岛又渐渐大起来，就成了大地。[3]

美国俄勒冈州瓦纳帕姆印第安人的创世神话说：

---

[1] 弗雷泽：《旧约民俗学》（*Folklore in the Old Testament*），1923 年英文版，第 116 页。
[2] 弗雷泽：《旧约民俗学》（*Folklore in the Old Testament*），1923 年英文版，第 120—121 页。
[3] 引自茅盾《神话研究》，百花文艺出版社 1981 年版，第 38 页。

从前，世界是一片汪洋。上帝孤独寂寞地生活着。他独自一人，连个立足之地都没有。于是，他从水底把沙子捞起来，创造了陆地……[1]

由创世神话提供的水底取土壤造陆的情节给洪水后的再创世神话准备了特定的叙述模式。阿尔衮琴印第安人的洪水神话说：

创世后的一场大洪水淹没了整个陆地。只有几个幸存者，他们躲在一只大龟的背上。这只龟如此年老，它的背壳上都长满了苔藓，就像小河的岸边似的。大龟在漂流中遇到一只潜水鸟，人们乞求它潜入水底带出一些土壤。潜水鸟应召下水，但找不见底，后从远处带回来一小块土。大龟游向那有土的地方，人们走下龟背登陆，从此定居下来，再繁衍出人类。[2]

我们不厌其烦地引证以上创世神话和洪水神话，意在说明息壤原型最先出现于潜水取土造陆的创世神话，后来又被运用到洪水神话之中，成为在洪水之后再创世的物质原质，而在中国的洪水神话中出现的息壤绝不会是孤立存在的，它预示着一个先于洪水神话而存在的海洋型的中国创世神话的原始母型。在对息壤原型的探讨结束之际，我们自然迎来了一个新的课题：太平洋两岸不约而同的息壤神话意味着什么，这一惊人的巧合对于探索和重构在太平洋西岸的亚洲大陆已失传的海洋型创世神话意味着什么？

四、“神州”的表象：息壤创世神话的重构

弗雷泽在《旧约民俗学》一书中为了说明《旧约·创世记》中的洪水神话，

[1]《美国俄勒冈州印第安神话传说》，中译本，中国民间文艺出版社，第8页。
[2] 弗雷泽：《旧约民俗学》，第115页。

搜罗了遍布世界五大洲的洪水神话和传说，上一节所引用的美洲印第安人的洪水神话便是其中的两个例子。然而，弗氏在搜集和罗列之余，似乎没有发现，在美洲的洪水神话同亚洲的洪水神话之间，存在着一个原型纽带——息壤，而这个原型在世界其他地区的洪水神话中却没有出现。在弗氏的分类中，似乎也没有严格考虑洪水神话与创世神话的区别，如下引加拿大蒙台格奈斯印第安人的神话：

……狼、乌鸦、水獭等动物都未能找到土壤，最后派出一只麝香鼠（musk-rat）潜入大水底，终于找出一小块土，原始巨灵梅索（Messou）用这块土创造了陆地，他本人娶麝香鼠为妻，他们生下的子女使世界上有了人烟。[1]

这个神话没有提到人类的灾难和人的治水等情节，因此不是典型的洪水神话。弗雷泽说："从动物在故事中所起的作用来看，我们可以推测，故事中的大水存在于地球上出现人类以前。"[2]按照创世神话的普遍叙述程序，总是先有世界的创造，然后才说到人类的出现。而洪水神话总是为了惩罚人类的"原罪"而发生的。弗雷泽没有意识到，他当作洪水神话而搜集的上述本文其实正与典型的陆地潜水型创世神话完全吻合。而他所列举的许多美洲洪水神话也都是以潜水取土造陆的创世神话为原型模式的，假如把故事中淹没人类的洪水替换成原始混沌大水，那就是标准的创世神话了。

那么，是不是可以用完整保存在太平洋东岸的潜水取土造陆的创世神话和中国现存的以息壤为原型的再创世神话（即洪水神话）作为双重参照，对中国史前时代的海洋型创世神话做一番钩沉和重构的工作呢？看来关键在于

[1] 弗雷泽：《旧约民俗学》，第115页。
[2] 弗雷泽：《旧约民俗学》，第115页。

寻觅海洋型创世神话的另一个重要原型——原始大水的集体表象是否存在于中国文化之中，因为这是唯一的一个被洪水神话（从海洋型创世神话中）置换掉了的重要母题，对于海洋型创世神话来说，它是必不可少的前提条件。

当我们试图开始这种寻觅之时，很快发现原始大水的表象在华夏文化及周围少数民族文化中都是根深蒂固的，它不仅反复出现在后世的神话传说中，而且也鲜明地反映在殷商之际发达起来的文字系统中，给我们留下了确凿无疑的语言古生物学化石证据。

中国自古以来就有“九州”“神州”之称，从原型研究的目光去看，“州”这个概念的发生是以特定的原始集体表象为其基础的，或者说是从集体表象中逐渐抽象出来的。“州”概念所由发生的原始表象无须他求，就保留在这个字的原始形态之中。“州”字在甲骨文中写作：

（《殷契粹编》二二六）

（《殷墟书契前编》四·一三·四）

在金文中写作：

（齐侯钟）

（散氏盘）

从字形上一眼可以看出，这个字的造字本义是大水中有块陆地。许慎《说文解字》仍保留着这个字的本义：“水中可居曰州，周绕其旁，从重川。”这就是说，在四周环绕的大水之中有那么一块可以立足、生息的陆地，这一生动具体的表象不是和息壤造陆的创世观念合若符契了吗？“州”字的本义足以说明，即使在原始的海洋型创世神话湮没无闻以后，中土人民关于国土

来源的观念仍然是同大水联系在一起的，只不过创世之前的混沌大水被置换成了再创世之前的大洪水（意即重返混沌状态，以便重演新的创世）。《说文》在解说“州”字时又说：

昔尧遭洪水，民居水中高土，故曰九州。

这是把中国人生存空间的确定同制定宇宙时空秩序的远古帝王相联系。《尚书·禹贡序》则说：“禹别九州。”按照这一说法，中国传统的政治地理区域划分“九州”就同远古的治水英雄联系起来了。洪水神话成了规定“赤县神州”之州县制起源的一种神圣“特许状”（charter）。其实，禹用区别于乃父鲧的疏导的方法治水，乃是古神话发展演变到后来才出现的理性化、科学化的说法，意在说明治水技术的优劣高下，而较为原始的说法表明，禹同他的父辈一样，也是靠息壤的神奇生命力来从大水中造陆地，创生九州国土的。《诗经·商颂·长发》说得分明：

洪水茫茫，禹敷下土方。

这种以“敷下土方”来治洪水的方式显然不是什么“疏导”法，而依旧是鲧曾使用过的“堙塞”法。《淮南子·地形训》说得更明白：

……禹乃以息土填洪水，以为名山。

不但治水方式与鲧相同，就连所使用的土都是同样一种“息土”即有生命力的、能自行长大的土。

由此可以判断，禹同鲧的主要区别，原本不在治洪水的技术方法。禹之所以能以大英雄的面目显名后世，鲧之所以被鄙视为“反面教员”，其实是“胜者为王败者为寇”这个荒谬的价值公式对原始神话扭曲改造的结果，而禹胜鲧败的终极原因则在于，前者谨守君臣之礼，唯帝命是听；后者“不待帝命”而行动，且偷窃帝所拥有的息壤珍宝，犯了以下犯上的死罪。这，也许就是息壤创神州的再创世神话逐渐丧失本义，日趋政治化、伦理化的轨迹吧。

原始大水的表象同中华民族的原始生存空间——九州——的获得具有如此密切的联系，难怪我们会在后来的各种文献中反复看到这个原型的再现与变体。在晚于潜水型创世神话而产生的其他类型的创世神话中，原始大水是以混沌的形态再现出来的。所谓混沌（又作浑沌）是一种黑暗的、未分化的单一液状存在，古希伯来人的《圣经·旧约·创世记》和古希腊、巴比伦的创世神话都以混沌作为开天辟地之前的原始状态。屈原《天问》中也透露了类似的观念：“遂古之初，谁传道之？上下未形，何由考之？冥昭瞢暗，谁能极之？”郭沫若便是用“混沌”一词来翻译这段古文的。又如《淮南子·精神训》中说：“古未有天地之时，唯象无形，窈窈冥冥，芒藏漠闵，澒濛鸿洞，莫知其门。”这段描述不仅突出了创世前的黑暗与未分化，还通过措辞暗示出液态存在的意思。”“澒濛”与“鸿洞”二词在音义两方面都与混沌相通，指无涯际的原始大水。后世有些注家将“濛”解释为创世前之元气，实受元气剖判宇宙论的影响。在《老子》中，混沌作为创造万有的本源，被抽象化为最高范畴“道”的起点与终点，实际上与“道”相混同了。但在对“道”的一些典型的描述中依稀可辨原始大水的原型：

敦若朴，混若浊，旷若谷。（第十五章）

有物混成，先天地生……吾不知其名，强字之曰道。（第二十五章）

道冲，而用之久不盈。渊乎似，万物宗。（第四章）

把“道”的诸多特征（先天地生，混沌恍惚，如水如渊，为万物之源）合而观之，则非原始大水莫能通解了。到了庄子那里，混沌又人格化为原始海神，赐号“中央之帝”。对混沌君的“开窍”工作象征着宇宙的开辟，混沌君之死从反面喻示着世界的诞生。

原始大水的表象还表现在古人的宇宙观念之中。我们在本书第二章讨论神话宇宙观的原型模式时已经提到这一点。典型的例证可以举出长沙马王堆一号汉墓出土的帛画，画面由天、地、水三大部分构成，地的部分表现为壶状，其下端由一裸身巨人支撑，使大地浮在水面之上，巨人脚下踏着两只似龟又似鱼的海生动物。这幅画面呈现出鲜明的海洋型创世神话宇宙观，即突出表现了陆地是漂浮在原始大水之上的这一集体表象。这样的画面构图自然使我们立刻联想到上面引用的印第安神话：陆地与人类先祖最早是寄存在一只漂浮于大水之上的龟背上的。与此相关的还有著名的女娲补天神话：在天塌地陷，“水浩洋而不息”的宇宙灾难后，女娲是在“断鳌足”之后才重新立起撑天的“四极”的。这里出现的鳌也就是大龟，龟本是水与陆之间的中介动物，神话思维选择龟作为支地的动物是理所当然的。袁珂先生已指出，“女娲补天神话，过去一般都从‘补天’这个角度去理解，但仔细研究，分析它的实际，中心内容却是治水。”[1]需要补充的是，神话中的女娲行使了再创世的功能，而天塌地陷与滔滔洪水正是旧世界毁灭、宇宙重返混沌的象征。从叙述功能上看，治水的女娲与大禹是同格的角色。

关于鱼、鳌类海生动物撑天或支地的母题，我们可以举出许多保留在中国少数民族神话、史诗中的集体表象，如布朗族的《顾米亚》、拉祜族的《牡帕密帕》、仡佬族的《开天辟地》、满族的《天神创世》、白族打歌《创世记》，等等。所有这些表象的发生都同创世之前的汪洋大水有关。更值得强调的是，

[1] 袁珂：《神话选译百题》，上海古籍出版社 1980 年版，第 14 页。

在我国众多少数民族的创世神话中，不仅有许多保留着原始大水（混沌）的原型，如水族《古双歌》：

初开天地，造成人类；天涯水边，紧紧相连。[1]

哈尼族《天、地、人传说》：

相传，远古年代，世界只有一片混沌的雾。这片雾无声无息地翻腾了不知多少年代，才变成极目无际的汪洋大海……[2]

满族《天神创世》：

原来没有地，天连着水，水连着天……[3]

还有一些创世神话干脆把大洪水同创世前的原始大水认同为一个表象了。如彝族《勒俄特衣》：

天地还未分明时，
洪水还未消退时，
一日反面变，
变化极反常，

[1] 朱桂元等编：《中国少数民族神话汇编·开天辟地篇》，中央民院少数民族古籍整理出版规划办公室印行，1985年，第294页。

[2] 朱桂元等编：《中国少数民族神话汇编·开天辟地篇》，中央民院少数民族古籍整理出版规划办公室印行，1985年，第261页。

[3] 朱桂元等编：《中国少数民族神话汇编·开天辟地篇》，中央民院少数民族古籍整理出版规划办公室印行，1985年，第225页。

一日正面变，
变化似正常。
混沌演出水是一，
浑水满盈盈是二，
水色变金黄是三，
星光闪亮是四，
……[1]

侗族《张良歌》：

开天辟地洪水登天，
整个天下没有人没有田了，
……[2]

面对着同时出现的“开天辟地”的宇宙时间坐标和“洪水滔天”的表象，我们已经无法判断这个神话讲的是创世还是再创世了，可见二者本属同一叙述模式，再创世只不过是创世的重演。再如布依族《阿祖犁土》：

开天辟地那阵，洪水滔天，满世界成了一片汪洋……[3]

以上这些神话表明，或在创世之前，或在创世之时，就存在一片无边无

[1] 朱桂元等编：《中国少数民族神话汇编·开天辟地篇》，中央民院少数民族古籍整理出版规划办公室印行，1985 年，第 96 页。

[2] 朱桂元等编：《中国少数民族神话汇编·开天辟地篇》，中央民院少数民族古籍整理出版规划办公室印行，1985 年，228 页。

[3] 朱桂元等编：《中国少数民族神话汇编·开天辟地篇》，中央民院少数民族古籍整理出版规划办公室印行，1985 年，第 151 页。

际的大洪水，后人所谓“宇宙洪荒”即指此而言。就集体表象来说，这种大洪水同原始大水（混沌）是一而二、二而一的。由此可以推测，在口头流传过程中，创世神话与洪水神话彼此混同的可能性是存在的，华夏上古的治水神话中出现了潜水型创世神话的息壤原型，也就不足为奇了。创世神话如何作为“元语言”为后起的其他类型的神话提供模式和原型，本书以前各章节已有充分说明。

总结以上讨论，从已知的三个原型母题，即帝（创世神）、原始大水（混沌）和息壤（原始陆地）出发，按照神话思维的普遍逻辑模式，以美洲印第安民族的同类神话为参照框架，可以把早已消隐在黄色的内陆文明之中的海洋型神话——即以息壤为中心的潜水造陆型创世神话的基本轮廓复原如下：

天帝从原始的混沌大水中得到一小块泥土，用吹气（风）的方式把生命之本灵魂赋予这块泥土，使之变成具有神秘生命力的、能够自行生长的“息壤”（息土），息壤的长大构成了漂浮于原始大水之上的陆地世界——神州（九州）。

五、史前亚美文化：从神话的重构到文化的重构

在重构中国史前的海洋型创世神话的过程中，我们实际上已经从具体的神话表象的研究中获得了具有文化寻根意义的重要信息：在中国这块“九州”大地上，在闭关自守了数千年之久的黄色内陆文化的背后，实际上曾经存在过一个史前的开放性的海洋文化。也就是说，在中国远古文化史上，“蔚蓝色”是先于“黄色”而存在的文化颜色。

求证这一假说的重要途径便是解决我们已经面临的疑问：太平洋两岸同时存在的息壤原型和原始大水原型现象该怎样解释？再有，我们在“天子明堂”一章中碰到的类似问题：中国古代模拟宇宙的明堂建筑与美洲原始文化中的太阳庙惊人相似，又该做何解释？显然，解释的可能性不外乎两种：或

是找出二者共同的渊源和影响关系，或是求助于“平行发生”论。

假如我们按照某些原型理论家特别是容格的看法，自然应该倾向于后一种答案，把息壤表象的跨时空存在解释为人类集体无意识的同构现象。但是，现代人类学的史前文化溯源研究已经使我们不再满足于这种简单化的答案，进而要寻求一种新的答案：大洋两岸的集体表象之所以雷同，不是偶然的巧合或平行发生，而是由于它们本属于同一个史前文化共同体。如果这一假说得以成立的话，反馈过来又将成为我们重构的中国原始创世神话的补充论证。好在中外学者多年来的努力已经使问题明朗化了，这就使以下的讨论有了较为坚实的基础。

人类学家用 Rh 血型的分布为新的尺度研究史前人种的形成和迁徙，发现亚洲人、美洲印第安人和澳大利亚土著几乎全是 Rh 阳性的种族的后代。[1] 考古学家对距今一万八千余年的山顶洞人头骨的研究表明，这些史前中国人的体质特征与爱斯基摩人、美洲印第安人特别接近，[2] 他们显然同属形成中的黄色人种。最近，日本大阪医科大学的松本秀雄教授和福岛县立医科大学的平岩幸一教授根据血液中抗体遗传基因的分析数据，做出了又一项惊人的报告：南太平洋库克群岛的居民祖先是源于中国的“南方型蒙古人种”。在他们采集到的 293 名没有混血的库克群岛居民的血液分析中，南方型蒙古人种的遗传基因占 67%。他们认为，库克群岛再往东的复活节岛上的原住民很可能属于同一人种。在海边耸立着巨型石像的神秘文化原来也是亚洲蒙古人种远渡太平洋所留下的遗迹。[3] 这一发现似可证明，史前中国存在过一个强大的航海文化，它跨越了一万多公里的大海，向东南方向迁移到南太平洋岛屿，进而到达美洲。这种看法与澳大利亚学者的观点不谋而合。[4] 值得注意

[1] 阿西摩夫（I.Asimov）：《人体和思维》，中译本，科学出版社 1978 年版。
[2] 参看中国科学院古人类研究所编：《古人类论文集》，科学出版社 1978 年版，第 33 页。
[3] 日本《每日新闻》1988 年 8 月 12 日，《复活节岛土著居民来自中国南部》。
[4] 莫雷诺：《向美洲移民》，联合国教科文组织编《信使》1984 年 2 月号。

的还有世界地域的板块移动说，该学说认为现今世界几大洲陆地在史前某些时期曾是联为一体的。这一学说目前已在某些局部范围内得到确认。

由苏联等国的考古学家提出的另一种假说是，现在隔开亚洲与北美大陆的白令海峡，在史前时代却有“陆桥”相联通，在二万五千年前至一万年前，这一陆桥依然存在，最早的美洲印第安种族原是从北部亚洲迁徙过去的，因为在今日白令海峡西岸的苏联境内已发现新石器时代的大规模迁徙前的集结地遗迹。美国语言学家李维在调查美洲各印第安语言时发现，在霍卡语族语言以及与之相近的中美洲各语言的词汇甚至文法构造中，有很多和马来亚—波利尼西亚的，尤其是美拉尼西亚的各语言相同之点和巧合之处，李维共找出了 280 多个相似的词根。[1] 另一位美国语言学家瑟皮尔则提出了关于纳—德涅语族语言和亚洲汉藏语言同出一源的假说。[2]

鉴于体质人类学和史前考古学方面的证据日益增多，有关环太平洋文化或古亚美文化统一体的假说现在已趋向于成为一门显学，受到越来越多的东西方学者的关注。已故台湾“中央研究院”民族学研究所所长凌纯声在这方面做出了重要贡献。他自 20 世纪 50 年代起先后发表了《中国古代海洋文化与亚洲地中海》《太平洋区嚼酒文化的比较研究》《古代中国及太平洋区的犬祭》《台东吐舌人像及其在太平洋的类缘》《中国台湾与东南亚的巴图石匕兵器及其在太平洋与美洲的分布》《中国古代几种玉石兵器及其在太平洋区的类缘》《台湾土著族的宗庙与社稷》等一系列论文，[3] 从民族学、民俗学、宗教学、金石学等方面探讨了环太平洋文化的统一性问题，提出了一些有力的证据。到了 20 世纪 70 年代，不少西方学者又从原始宗教世界观方面着手，研究古亚美式萨满教的意识形态内容。如韦斯顿·拉巴尔（Weston

[1] 苏联科学院编：《美洲印第安人》，中译本，三联书店 1960 年版，第 28—29 页。
[2] 苏联科学院编：《美洲印第安人》，中译本，三联书店 1960 年版，第 28—29 页。
[3] 以上论文大部分收入凌著《中国边疆民族与环太平洋文化》一书，台北联经出版公司 1974 年版。

Labarre）提出，美洲印第安人宗教多半保持有他们的祖先在进入新大陆时自亚洲老家所带来的石器时代基层的若干特征，尤其是萨满教对进入迷狂状态的强调。培特·佛尔斯脱（Perter T.Furst）则构拟出亚美萨满教所共有的八大特征。美国华裔人类学家张光直认为这些特征几乎全部与中国古文明相吻合，并进而举出了下列例证：

公元前五千到三千年前仰韶文化中的骨骼式的美术；公元前三千到两千年前东海岸史前文化里面带兽面纹和鸟纹的玉琮和玉圭；殷商时代甲骨文中所见对自然神的供奉、世界的四土，四方的凤和精灵，和凤为帝史的称号；商周两代祭祀用器上面的动物形象；中国古人对“在存在的所有形式中‘气’的连续存有”的信仰；东周《楚辞》萨满诗歌及其对萨满和他们升降的描述；和其中对走失的灵魂的召唤。……甚至于萨满教迷魂失神这一方面也可以由祭仪与酒的密切联系并由有迷魂效用的大麻在古代的使用看出来。[1]

除了上述海外学者的见解外，近年来国内也不断有这方面的研究成果问世。在论证大洋两岸的古文化统一性方面，学者们举出了仪式用锛、拔牙人头骨（大汶口文化）、商代虎神崇拜、四千年前的航海天文仪器、太阳神崇拜、射日神话与传说、太阳与鸟的象征关系等多方面的证据。在推测亚美文化交往的年代方面，除了旧石器时代说、新石器时代说之外，还有人论证了商代移民美洲的可能性。[2]与上述材料相比，还有一些更有说服力的考古学新发现：20世纪70年代以来先后在浙江吴兴钱山漾、江西修水跑马岭新石器文化遗址中发现了起源于美洲的花生种子，[3]在长沙马王堆一号汉墓中发现

[1] 张光直：《连续与破裂：一个文明起源新说的草稿》，《九州学刊》第一卷第一期（1986）。

[2] 房仲甫：《殷人航渡美洲再探》，《世界历史》1983 年第 3 期。

[3] 参看《考古》1980 年第 4 期汪济英等的报告。又：张小华《中国与大洋洲、美洲古代交往的探讨》，《中央民族学院学报》1984 年第 1 期。

了来自美洲的钩纹皮蠹虫，[1]这就足以说明自远古时期亚洲与美洲之间就存在着文化交往关系，不仅中国的文化成分可以东移到南北美洲的古印第安文化中去，美洲的文化成分也可以西移到东亚大陆上来。浩瀚的大洋非但没有阻隔住我们的远古祖先，反而奠定了共同的亚美海洋文化的深层基础。

这样看来，中国夏代的原始创世神话显示出鲜明的海洋文化特征就不是不可理解的，而是自然而然的了。正是由于自新石器时代至夏代和商代，华夏先民的集体意识中已牢固确立了由原始创世神话所奠定的原始大水和息壤的原型表象，所以虽然原始神话随着夏王朝的覆灭而湮没无闻，并且后代又产生了种种新类型的创世神话，但基于上述原型表象的神话宇宙观——天圆地方，地载于大水——却已经固化在“神州”“九州”“四海”这样一些符号形态中，成为中国传统宇宙生成论的深层结构素了。正像在太平洋彼岸至今仍可找到亚洲祖先的原始创世神话一样，后起的女娲化生创世神话也好，盘古化生创世神话也好，都只能占据中华民族的意识层次，却无法将同我们的文明本身一样古老的深层的原型结构素，从民族的无意识层次中磨灭。

意识层次的权威一旦动摇，无意识层次的原型必然要显现；而沉睡千年的种族记忆苏醒之时，离古文化流变之谜的破解也就不会太远了。

[1] 参看《考古》1973 年第 1 期朱弘复等的报告。